Das Rätsel von Leib und Seele

SIMONETTA IANVENSIS VESPVCCIA

Das Rätsel von Leib und Seele

Der Mensch zwischen Geist und Materie

Herausgegeben von
Reinhard Breuer

Mit Beiträgen von
Hubertus Breuer, Reinhard Breuer,
Christoph Drösser, Ulrich Eberl,
Joachim Fischer, Charlotte Kerner,
Franz Mechsner, Dagmar Metzger
und Gerhard Roth

Deutsche Verlags-Anstalt
Stuttgart

Illustrationen: Bernd Bexte, Bremen

Graphische Gesamtbetreuung: Jürgen Kryszons, Köln

Der Verlag dankt der Bauunternehmung
E. Heitkamp, die dieses Buch initiiert hat.

Die Deutsche Bibliothek – CIP Einheitsaufnahme

Das *Rätsel von Leib und Seele* : der Mensch zwischen
Geist und Materie / hrsg. von Reinhard Breuer.
Mit Beitr. von Hubertus Breuer … – Stuttgart :
Deutsche Verlags-Anstalt, 1997
ISBN 3-421-02773-0
NE: Breuer, Reinhard [Hrsg.]; Breuer, Hubertus

Für meine Mutter
Erika Breuer

INHALT

Seit Jahren wird die akademische Welt an allen Orten des Globus regelmäßig von Kongressen zur Frage nach dem Zusammenspiel von Leib und Seele heimgesucht. Das verwunderte einige Zeitgenossen, ist das Thema doch beinahe so alt wie die Menschheit selbst. Was sollte das heute? War der Konflikt zwischen Leib und Seele nicht schon seit zweitausend Jahren immer wieder hervorgezerrt, beackert und wieder *ad acta* gelegt worden – ohne ein letztlich befriedigendes Resultat? Füllten nicht schon tausende Fachbücher zu diesem Thema die Seminarräume an den Hochschulen wie auch die verstaubten Reihen in den Kellern mancher Buchhandlungen?

In der Zwischenzeit mußte irgendetwas passiert sein, was das neu aufgeflammte öffentliche Interesse erklärte. Als ich mich für dieses Buch in das Thema versenkte, wurden mir die Gründe überdeutlich: Jenseits aller Moden zeichnet sich hier eine Revolution unseres menschlichen Selbstverständnisses ab – und zwar sowohl auf der Seite der Naturwissenschaften als auch der Philosophie, die ihre Ergebnisse ordnet und in ein kritisches Menschenbild einfügt. Längst ist auch nicht mehr nur von dem ererbten Gegensatzpaar von Leib und Seele die Rede – die Diskussion setzt sich heute mit Begriffen wie Körper, Materie, Stoff, Funktionen, Komplexität, Geist und Bewußtsein auseinander. Im Schwange dieser neuen Diskussionen wurden die neunziger Jahre auch zur *Dekade des Gehirns* erklärt, denn viele der neuen Einsichten, die wir zur Zeit über uns gewinnen, entstammen der Erforschung jenes faszinierenden Stückes Materie in unserem Kopf. Nach der Entstehung des Lebens (immer noch unklar) und der

Entstehung des Universums, dem Urknall (auch noch unverstanden), behaupteten nun manche Forscher: „Wir können das Bewußtsein erklären". Prompt erschien zu Beginn der Neunziger wie ein Fanfarenstoß auch Daniel Dennetts Buch *Das Bewußtsein erklärt*, und auf der biennalen Tuscon Conference 1996 trafen sich Forscher und Philosophen „auf dem Wege zu einer Wissenschaft des Bewußtseins".

Einem Wunder gleicht es schon: Da blicken wir auf tote Materie – auf Staub, Stein, schieren Stoff. Wie entsteht daraus nicht nur Leben, sondern Geist? Wie müssen sich 10^{29} Atome und Moleküle formieren, um ein informationsprozessierendes System zu werden – ein Objekt gar, das nicht nur Intelligenz besitzt, sondern das auch „Ich" sagt? Der Konflikt zwischen Natur- und Geisteswissenschaftlern entzündet sich vor allem an dieser Frage. Die Naturforscher glauben, die Erklärung für Wahrnehmung und Bewußtsein läge in der Organisation des Gehirns verborgen – sie sind zuversichtlich, daß sie auf der richtigen Fährte sind. Viele Philosophen halten diesen Anspruch für vermessen – und sprechen stattdessen vom „harten Problem" des Bewußtseins, das eine eigenständige Seinskategorie bilde. Für sie hat das Bewußtsein einmalige Eigenschaften: privat, subjektiv, nur einem Individuum zugehörig, von Dritten nicht direkt beobachtbar. Die „harte Schule" glaubt, daß aus einem Verständnis des Gehirns noch keineswegs ein hinreichendes Verständnis des Bewußtseins folgt. Für einen Neurophilosophen wie Daniel Dennett von der Tufts University, der eng mit Naturwissenschaftlern zusammenarbeitet, gibt es dieses harte Problem nicht. Für ihn es kein mysteriöser Vorgang, wenn die informationsprozessierenden Eigenschaften des Gehirns bewußt werden – allein ein so großes Problem daraus zu machen, provoziere ein Mysterium, das es nicht gibt: Das Gehirn – und damit das Bewußtsein – ist für ihn eine Art komplexe Maschine, die ständig neue Hypothesen und Entwürfe über das aufstellt, was in der Welt passiert.

Um die Frage nach dem metaphysischen Zusammenhang von Leib und Seele gruppiert sich eine Reihe von weiteren Themen, die erst deutlich machen, wie weit – und aufregend – das Spannungsfeld zwischen Körper und Bewußtsein ist. So liefern unsere Sinne uns zum Beispiel laufend Daten über die Welt. Bislang ist es aber noch weitgehend unverstanden, wie aus diesem Datenfluß, den wir beobachten können, im Kopf eines Menschen die „Wahrnehmung" entsteht. Ebenso geben Gefühle Rätsel auf – was uns scheinbar allzu menschlich erscheint, ist nicht nur psychisch gesehen hochkomplex, es steht auch in engstem Zusammenhang mit der Chemiefabrik unseres Körpers. So beeinflussen manche Stoffe unsere Träume. Dieses Fenster in eine zweite, virtuelle Welt, das sich uns oft heimgesucht von den Dämonen der Vergangenheit, nachts im Schlaf auftut, bleibt immer wieder rätselhaft – denn woher kommen die Träume und was ist ihre Aufgabe in unserem Leben? Weiterhin gehört auch das Thema Gesundheit und Krankheit hierher; denn das sind schillernde Begriffe, die in der Zwischenwelt von Leib und Seele zu Hause sind. Gerade Abhängigkeiten von Drogen oder Alkohol zeigen deutlich das Zusammenspiel von Psyche und Physe, oder auch jene krankhaften psychischen Verfassungen, die früher als Schwermut oder Melancholie bekannt waren und heute Depression genannt werden.

Ein anderes Thema ist die Intelligenz – für jeden scheint es von Vorteil, intelligent zu sein, womöglich intelligenter als andere, mit denen wir – etwa im Beruf – in Konkurrenz treten. Doch so, wie wir unsere Umwelt auch global in Gefahr bringen, scheint es, daß unsere evolutionär entwickelte Intelligenz mit selbsterzeugten Problemen wie der Überbevölkerung nicht fertig wird. Da fragt sich, ob die Intelligenz vielleicht nur eine Sackgasse der Evolution ist, ein Fehlprogramm. Ein Blick zu den Computerwissenschaftlern kann lehren, ob deren lange schon propagierte Künstliche Intelligenz uns einst wird unterstützen können. Oder kann auch sie, einem elektronischen Zauberlehrling gleich, für uns zur Bedrohung werden – als eine weitere Umweltgefahr? Wenn Kommunikationsnetze den Globus überziehen werden, schließen sich potentiell Milliarden Gehirne zu einem globalen Verbund zusammen. Die Menschheit trifft sich dann auf dem virtuellen Marktplatz eines *Globalen Dorfes*.

Wir werden, so die These, Ausgangsbasis eines neuen, elektronischen Über-Ichs, das alte Kommunikationsformen ersetzt und so neue Gesellschaftsformen schafft. Doch weniger als diese neuen Technologien erscheint uns jener Ort bedrohlich, an dem die Spannungen zwischen Leib und Seele aufgehoben werden: im Tod. Einige Menschen wissen von ihm in sogenannten Nahe-Tod-Erlebnissen zu berichten. Doch was er zu bedeuten hat und wann er überhaupt eintritt, darüber streiten sich heute Mediziner, Theologen und Juristen mehr denn je. Denn niemand will in ausweglose Konflikte – etwa um aktive Sterbehilfe oder Euthanasie – geraten. Auch hier bleibt, trotz und oft gerade wegen der Erfolge der Medizin, am Rand des Lebens eine Zone, über der ein Geheimnis liegt und die uns ratlos zurückläßt.

Es ist das Privileg eines Herausgeberbuches, die Dimensionen des gewählten Themas in einer Breite und Tiefe zu umfassen, die einem einzelnen Autor kaum zugänglich sind. Bei den hier versammelten Experten wird die Sicht der Dinge nicht selten zur Summe lebenslangen Denkens. Für das Engagement bei der Zusammenarbeit an diesem Buch sei den Autoren hier besonders gedankt.

September 1996

Reinhard Breuer

11

Hubertus Breuer

»Ich denke, also bin ich«
Leib und Seele,
ein Jahrtausendkonflikt

Leib und Seele – der Jahrtausendkonflikt zwischen Geist und Materie beschäftigt Philosophen seit den Vorsokratikern. Viele Positionen wurden im Laufe der Geschichte angeboten: vom Dualismus über den Occasionalismus zum Epiphänomenalismus. Sie alle suchen mit Fragen zu Rande zu kommen, wie zum Beispiel die Materie auf den Geist wirkt, wie der Geist auf die Materie. Oder ist der Geist etwa nur ein Gespenst in einer Biomaschine? Was denken Philosophen heute darüber?

Nachdem Gott Himmel und Erde geschaffen hatte und er sich der Krönung der Schöpfung zuwandte, genügte es ihm nicht, allein den Körper des Menschen aus Erde zu formen. Es fehlte noch etwas, das dem tongeborenen Leib erst die Ähnlichkeit nach seinem Bilde verleihen sollte. Da hauchte Gott Adam seinen Atem ein – den Lebensgeist.

Dieser biblische Bericht ist eines der ältesten schriftlichen Zeugnisse für ein Bewußtsein der seltsamen Ehe von Leib und Seele – und einer der frühesten Versuche zu erklären, wie die ungleiche Gemeinschaft geschlossen wurde. Zugleich bildet der archaische Text den Auftakt für eine Jahrtausenddebatte, die sich durch die abendländische Geistesgeschichte zieht. In all seinen Transformationen ist der „Leib-Seele-Konflikt" durch die Jahr-hunderte virulent geblieben; auch heute bestimmt er als fundamentaler Gegensatz Denken und Selbstverständnis des Menschens der Moderne.

Die Wissenschaft, in der dieser Konflikt zumeist ausgetragen wurde und wird, ist die Philosophie – bislang ohne abschließendes Ergebnis. In ihrer Geschichte hat sie sich hauptsächlich mit der Frage auseinandergesetzt, wie die geistige Innenseite und die körperliche Außenseite des Menschen zusammenstimmen. Doch das ist nur ein Teil des Problems. Solche Theorien sollen nicht nur erklären, wie es dazu kommt, daß ein Gehirn ein Bewußtsein bildet; sie müssen auch wichtige Eigenschaften des Bewußtseins plausibel darstellen. Im Lichte ungeklärter Probleme wird erst deutlich, wie komplex die Frage nach dem Bewußtsein überhaupt ist.

DER GEIST
ALS KULTURSPIEGEL

Seit der biblischen Schöpfungsgeschichte wurden viele Mythen, Traktate und Gleichungen präsentiert, die erklären sollten, wie der menschliche Geist in die Welt und in den menschlichen Körper kam. Mindestens hunderttausend Jahre ist es her, nur ein Augenzwinkern in der Erdgeschichte, seitdem der Homo sapiens auftrat; er schuf die ersten Höhlenmalereien, Schmuck und Ritualgegenstände, die von Selbstbewußtsein zeugen.

Wer aber hat das Licht im Kopf des Menschen angezündet, das ihn später die Akropolis bauen, grauenhafte Kriege führen und auf dem Mond landen lassen sollte? Die Frage beschäftigt seit der Antike Philosophen, Naturwissenschaftler und selbst Theologen mindestens ebenso sehr wie die Frage nach dem Ursprung des Kosmos.

Wie kommt es, daß sich in einer von Naturgesetzen beherrschten Welt, in die sich auch der Mensch einfügen muß, plötzlich ein Raum voll von Gefühlen, Erinnerungen und Gedanken auftut, der scheinbar nur mehr menschlicher Willkür und der Assoziation gehorcht? Wie taucht inmitten eines Universums ohne Zentrum plötzlich ein bewußter Mittelpunkt auf, das Ich? Eine befriedigende Antwort gibt es bislang nicht. Ein wichtiger Grund dafür ist, daß *Seele*, *Bewußtsein* oder *Geist* Begriffe aus der Alltagspsychologie sind, die im Laufe der Geschichte mit verschiedensten Bedeutungsnuancen aufgeladen wurden und heute die Diskussion um das Rätsel vom bewußten Erleben mehr erschweren als erleichtern. Historische Aufklärungsarbeit tut also not. Sie kann nicht nur helfen, sich darüber klar zu werden, was wir eigentlich meinen, wenn wir von dem *Leib-Seele-Problem* sprechen. Die vielen Panoramen des Geistes, die in der Geschichte entworfen wurden, sind mehr als Zeugnis einer theoretischen Auseinandersetzung. Sie sind Brennspiegel kultureller Entwicklung.

Jede Zivilisation hat ihre Version von Leib und Seele. Sie sagt mehr über sie selbst als über das Problem des Geistes aus. Denn wenn ein Mensch nach dem Bewußtsein fragt, fragt er immer nach sich selbst. Und wie immer die Antwort ausfällt, sie spiegelt sich in seiner alltäglichen Handlungen wider. Wer das Bewußtsein für ein Geschenk Gottes hält, wird sich hüten, mit ihm zu experimentieren, hält Geisteskrankheit vielleicht für eine übernatürliche Fügung und wird dem Tod gegenüber eine bestimmte Haltung haben. Wer aber ein Bewußtsein für das Ergebnis evolutionärer Entwicklung hält, das vom Gehirn erzeugt wird, der sieht viele seelische Störungen für neuronal heilbar an; der stellt auch die Handlungsfreiheit des Menschen zumindest in Frage und hält den Tod für endgültig.

DAS SCHWIERIGE
VERHÄLTNIS DER
ÄGYPTER ZUM JENSEITS

Wie sprechend die Sicht von Leib und Seele sein kann, ist bereits bei Ägyptern und Israeliten Jahrtausende vor unserer Zeitrechnung zu beobachten – lange bevor die Griechen begannen, Körper und Geist theoretisch zu einem Problem zu machen. Für die Ägypter gab es schon im dritten Jahrtausend vor Christus einen eigenen geistigen Teil des Menschen, der zum Beispiel von *Ka*, dem persönlichen Schutzgeist eines jeden Menschen, verkörpert wurde. Die Einheit von Leib und Seele war ihnen untrennbar, die Seele Zentrum des Geistes und das Gehirn ein unwichtiges Organ.

Mit ihrem Glauben an die psychophysische Einheit des Menschen angesichts der Nachwelt hatten die Ägypter ein offensichtliches Problem. Wenn die Seele allein im Jenseits nicht leben konnte, mußte der Körper ihr mit auf den Weg gegeben werden – er wurde einbalsamiert. Doch damit nicht genug. Im Jenseits würden die irdischen Bedürfnisse auch kein Ende haben – deswegen wurde dem Toten, seiner Rangstellung entsprechend, alles mitgegeben, was er auch in jener Welt benötigte: vom Essen über Möbel bis hin zu ebenfalls einbalsamierten Tieren und Sklaven. Es wurde für alles gesorgt. In manchen Gräbern finden sich sogar Briefe, die Verwandte den Toten mit auf die Reise gaben, damit sie bei den Göttern Fürsprache einlegten.

Der Glaube der Israeliten war dem eng verwandt. Wie die Ägypter glaubten sie nicht daran, daß Leib und Seele getrennte Einheiten seien, auch wenn der Schöpfungsmythos das vielleicht nahelegte. Für sie waren beide untrennbar miteinander verbunden. Im Hebräischen des Alten Testaments stehen Wörter wie *nefesh*, Seele, immer auch für den belebten Körper und Blut; *ruach* meint sowohl den Atem, den Gott dem Menschen einhauchte, wie den tatsächlichen Atem; und *laev* schließlich bezeichnet das Herz wie auch die Quelle der Emotionen und der Gedanken. Das Wort Gehirn kommt überhaupt nicht vor. Doch hatten die Israeliten eine ganz andere Vorstellung von dem

Leben nach dem Tod als die Ägypter. Während für die Kultur im Niltal der Gedanke an die Nachwelt dominierte, spielte er im Alten Testament kaum eine Rolle.

Die Israeliten dachten, daß mit dem Körper auch die Seele zerfallen würde – kurz, man lebt nur einmal. Deshalb bestatteten sie ihre Toten auch völlig schmucklos, selbst ohne Sarg, meist nur in ein Tuch gehüllt, in einfachen Gräbern. Aber selbst wenn es eine Nachwelt geben sollte, war es ihnen durch das Bilderverbot unmöglich, sich das Reich Jahwes vorzustellen. Um so bedeutender war ihnen das diesseitige Schicksal des eigenen Volkes. Das spiegelt sich noch heute im Geschichtsbewußtsein der Juden wider.

DER MYTHOS FÜHRTE DIE GRIECHEN AUF DIE SPUR

Das eigentliche Kopfzerbrechen über Leib und Seele begann, als die Griechen an der Küste Kleinasiens vom achten Jahrhundert vor Christus an Leib und Seele als zwei verschiedene Dinge ansahen. Der Geist löste sich aus der bis dahin untrennbaren Einheit mit dem Körper. Am Beginn dieser Entwicklung stand Homer (achtes Jahrhundert vor Christus). Mit der Ilias und der Odyssee schuf er jene Epen, die den nachkommenden Griechen ihren Götterhimmel gaben. Bei Homer wird die Seele erstmals unabhängig gedacht. Sie bildet sich mit dem letzten Atemzug eines Menschen, verläßt seinen Körper und geht in den Hades ein, wo sie als Schatten umherwandert. Von dort kehrten sie in der Regel nicht mehr zurück. Der Tod trennte also Körper und Geist – im Diesseits bildeten beide für Homer aber weiterhin eine ununterschiedene Einheit, ganz wie bei den Ägyptern und Israeliten.

Der literarische Mythos hielt jedoch nicht ewig vor. Die ersten Philosophen traten auf den Plan, Denker, die Brücken schlugen zwischen Mythos und spekulativen Modellen. Im sechsten Jahrhundert vor unserer Zeitrechnung war es Pythagoras (vermutlich 570 – 480 vor Christus), der ein kosmologisches Modell entwarf, in dem die Seele, die göttlicher Abstammung sein soll, sich auf einem Rad der Wiedergeburt bewegt, um zu ihrem Ursprung zurückzukehren. Der Weg dorthin ist – dem ersten Philosophen nicht verwunderlich – die Weisheit. Pythagoras macht damit den Eröffnungszug in dem Schachspiel Leib gegen Seele, das bis heute andauert. Die Seele sei, sagt er, das wahre, unsterbliche Wesen des Menschen, zusammengesetzt aus Teilen, die harmonisch miteinander agieren können wie die Töne eines Musikstücks.

Der Körper aber ist nur eine vorübergehende, vergängliche Behausung. Das Modell wäre wohl nicht überliefert worden, hätte sich nicht in der griechischen Kolonie Croton in Süditalien eine Brüderschaft um den Philosophen gebildet – die Pythagoreer –, die seine Lehre auch nach seinem Tode hütete.

PLATON SÄKULARISIERT DEN KONFLIKT VON LEIB UND SEELE

Einen neuen Umgang mit Körper und Geist spiegelt der nun folgende Auftritt der Philosophen. Mit einem Male sind es keine Hohepriester oder Sänger mehr, die verkünden, was die Seele ist – mit der Suche nach dem endgültigen Wesen der

Seele werden nun Weltanschauungen erschaffen und wieder umgestoßen. Platon (428/427 – 348/347 vor Christus), der in Athen von Sokrates (470 – 399) beeinflußt wurde, fand zu seiner Sicht des Verhältnisses von Leib und Seele auf einer Reise nach Süditalien und Sizilien im Jahre 388/387 vor unserer Zeitrechnung.

Die Seele, schreibt er im Dialog *Gorgias*, ist unsterblich – im Körper sei sie nur zeitweilig gefangen auf einem langen Weg zur Weisheit, der über viele Wiedergeburten führt. Leib und Seele sind also zwei verschiedene Dinge – die Seele hat mehr zufällig eine bestimmte körperliche

Gestalt, die ohnehin der Zeit zum Opfer fällt. Das ist eine klassische Sicht des Geistes, die von Descartes wieder aufgenommen und heute noch von Philosophen wie Karl Popper (1902–1994) oder dem Biologen John Eccles (1903) vertreten wird. Diese Sicht ist verständlich. Weil bis heute unklar ist, wie Psyche und Physis miteinander agieren, ist es immer naheliegend, sie als verschieden anzusehen.

Platon beläßt es jedoch nicht bei der Idee des dualistischen Verhältnisses. Er bettet sie in ein metaphysisches Modell ein, das sich wie ein ewiger Himmel über das Treiben der Menschen wölbt – das Reich der Ideen. Dort kommt die Seele ursprünglich her, dorthin will sie wieder zurück. Es kann ihr zwar gelingen, aber das ist nicht einfach: „Dorthin, woher jede Seele kommt, kehrt sie nicht zurück vor zehntausend Jahren, denn sie wird nicht eher als in dieser Zeit wieder befiedert. Ausgenommen ist die Seele dessen, der ohne Falsch philosophiert und nicht unphilosophisch Knaben liebt. Diese können im dritten Jahrtausend, wenn sie dreimal nacheinander dasselbe Leben gewählt, also nach dreitausend Jahren, befiedert heimkehren." Die höchste philosophische Einsicht – die Ideenschau – gewinnt eine Seele nur, wenn sie sich körperlicher Genüsse enthält. Denn das irdische Reich ist nicht mehr als ein Schatten der wahren Erkenntnis. Platon entwickelte hier eine Art intellektueller Mönchstheologie für den Philosophen, die natürlich auch das Leben, das er mit seinen Schülern in der Akademie bei Athen führte, rechtfertigte.

Aber so gut Platons Gedankenmythologie sich seinem Lebensstil auch fügt, er kam nicht umhin, das enge Zusammenspiel zwischen Leib und Seele anzuerkennen. Deshalb begann der Athener, die Seele zu sezieren; eine Angewohnheit, die viele Denker nach ihm noch pflegen sollten. Platon entdeckte drei Teile der Seele, die er mit einer Kutsche vergleicht, die – von zwei Pferden gezogen – von einem Führer gelenkt wird. Der Kutscher führt das gute Roß dem Guten und Schönen entgegen, das den besseren Teil der Seele versinnbildlicht; das schlechte Roß aber versucht ständig, den Wagen tiefer zu ziehen – in die Sinnlichkeit, die unwerte Schattenwelt in den Augen Platons. Eine schwierige Aufgabe für den Wagenlenker. Aber es gibt Unterschiede. Je nachdem, welche hohen Ideen eine Seele im Himmel erblicken durfte, bevor sie das erste Mal in die irdischen Gefilde herabsteigt, kann sie die Seele eines Philosophen werden – die höchstmögliche Stufe; oder zum Beispiel die eines Tyrannen, die niedrigste. Das ist natürlich in vielen Teilen abstrakter Gedankenmythos. Aber es beeinflußte die aufkommende Diskussion um Leib und Seele bis in die Gegenwart.

ARISTOTELES KORRIGIERT PLATONS MODELL

Aristoteles war der berühmteste Schüler Platons und mehr als zwanzig Jahre Mitglied dessen Akademie, zunächst als Schüler, später als Lehrer. Mit Platons Ideenlehre war er ganz und gar nicht einverstanden. Denn anders als Platon war Aristoteles bereits stark von naturwissenschaftlichem Denken geprägt. Sein Vater war Arzt; Geographie und Astronomie waren hoch entwickelt. In Aristoteles' Gegenstück zur Akademie Platons, dem Lyzeum, in dem er nahe bei Athen lehrte, gab es eine

Sammlung von Pflanzen und Gesteinen, Insekten wurden bestimmt und seziert. Doch darin erschöpft sich das philosophische Projekt des Aristoteles nicht. Ihm ging es vor allem darum, das naturwissenschaftliche, aber auch alles andere Wissen in einem System zu vereinigen. Das entwarf er mit der Aufteilung der Wissenschaften in Metaphysik, Physik, Psychologie, Rhetorik, Poetik und Logik – und legte damit das systematische Fundament der heutigen Wissenschaften. Um diesem neuen Ansatz philosophisch gerecht zu werden, entwickelte er ein metaphysisches Konzept, das den aufkommenden Einzelwissenschaften seiner Zeit entsprach. Er naturalisierte die Ideen und holte sie als Formen in die Welt zurück; ein jeder Gegenstand und ein jedes Lebewesen, so lehrte er, besteht aus seiner Materie und seiner Form. Das hatte auch den Vorteil, die zielgerichtete Entwicklung des Lebens zu erklären. Ein Organismus versucht demnach, in seiner Entwicklung die in ihm angelegte Form zu erfüllen.

Aus Aristoteles' Lehre der Formen ergibt sich eine natürliche Hierarchie. Die Form der Lebewesen stellt deren Seele dar. Bei den Pflanzen ist sie vegetativ; sie ermöglicht es, sich an ihre Umwelt anzupassen und sich fortzupflanzen. Die Seele der Tiere verfügt außerdem über die Fähigkeit wahrzunehmen, Ziele zu verfolgen, sich in Maßen zu erinnern und sich etwas vorzustellen. Aristoteles spricht also bereits Tieren ein Bewußtsein zu. Die menschliche Seele aber hat all diese Fähigkeiten plus dem Intellekt. Der vegetative Seelenteil kommt von der Mutter, der sensitive vom Vater, wie auch die Fähigkeit zu denken.

Aristoteles versuchte als erster, keine fiktiven idealen Konstruktionen zu postulieren, sondern nur auf dem aufzubauen was greifbar ist. Sein Urteil über die Anhänger von Platons Ideenlehre war entsprechend hart: „Sie beschreiben nur die charakteristischen Eigenschaften der Psyche; sie sagen aber nichts über den Körper, in dem die Seele ruhen soll, als wäre es möglich, wie in den pythagoreischen Mythen, daß jegliche Psyche in egal welcher körperlichen Gestalt auch immer auftreten könne – eine absurde Annahme, da jeder Körper eine einzigartige Gestalt hat."

PLATON UND ARISTOTELES ALS ANTAGONISTEN DER FOLGENDEN DEBATTE

Platon und Aristoteles hatten zwei gegensätzliche Modelle entwickelt: Leib und Seele als zwei verschiedene Stoffe, von denen der eine unsterblich, der andere vergänglich ist, oder Leib und Seele als zwei Aspekte einer Natur. Alles, was folgte, läßt sich als eine Variation dieser beiden Ansätze verstehen. Im vierten Jahrhundert vor Christus widmeten sich Epikur und Zenon von Citium, der den Stoizismus begründete, dem Problem und erbrachten einen klassischen Beweis für die Materialität der Seele. Angenommen, die Seele sei immateriell: Das einzige Immaterielle, das sich der Mensch vorstellen kann, ist die Leere. Leere aber kann nicht mit Körpern reagieren – im Gegensatz zur Seele. Also muß die Seele selbst ein Körper sein. Jetzt war es natürlich schwierig, den Geist als Materie nachzuweisen. Da halfen sich die Philosophen mit einem Kunstgriff. Sie verfeinerten den Stoff so sehr, daß er nicht mehr greifbar war. Für Epikur und die Stoiker war der Stoff der Seele *Pneuma*, griechisch für Hauch, Wind, Atem, verdichtete Luft, die vom Herzen ausgehend im ganzen Körper verteilt sein sollte. Der römische Arzt und antike Vater der Physiologie Galen (129–199) stellte sogar bereits damals die Theorie auf, die Nerven würden das Pneuma zu den Muskeln transportieren und so die Bewegungen hervorrufen. Die luftige Seele, Materie und doch nicht greifbar, ist eine Theorie, die sich mit Wandlungen bis heute hält. Ein prominentes Beispiel lieferte jüngst der Mathematiker Roger Penrose, der die Grundlage der Seele in nicht nachgewiesenen quantenphysikalischen Effekten sieht.

Der Stoizismus – der vor allem durch die Haltung der Gelassenheit, der gesuchten Freiheit von Affekten und Neigungen gekennzeichnet ist – hatte großen Einfluß auf den Zeitgeist bis ins dritte Jahrhundert nach Christus. Einer der wichtigsten späten Vertreter dieser Lehre, Epictetes, stellte in seiner Philosophie des Geistes ein Phänomen in den Mittelpunkt, das bereits Aristoteles erkannt hatte: die Vorstellung.

Aristoteles gebrauchte die Vorstellung, um zu erklären, warum zwei Menschen denselben Gegenstand unterschiedlich wahrnehmen können. Die Stoiker verallgemeinerten dieses Konzept und tauften, was Aristoteles vorher *aisthesis* nannte, nun *phantasia* oder geistige Repräsentation. Damit beschreibt Epictetes erstmals eine allgemeine Qualität des Bewußtseins: *Das Ganze des augenblicklichen Seelenlebens*, im Besonderen alles, was der Mensch fühlt, erinnert oder wahrnimmt, sei ihm immer in einer bestimmten Weise gegenwärtig. Damit definierten die Stoiker das erste Mal so etwas wie eine einheitliche

Qualität des Bewußtseins. Diese Begriffsbildung vermeidet Probleme, die Platon und Aristoteles durch ihre Unterteilung der Seele hatten. Und diese allgemeine Qualität des Bewußtseins ist es auch, um die sich heute meist die Diskussion dreht: Wie kommt es, daß einem Menschen etwas erscheint, wie kommt es zu einem „phänomenalen Bewußtsein"?

Bei den Stoikern ist die Verbindung zwischen der Spekulation über die geistigen Repräsentationen und der Moral sehr eng. Denn der Mensch kann nicht allen seinen Vorstellungen trauen – es gibt Halluzinationen, Traumbilder oder einfach falsche Ansichten. Deshalb muß der Mensch seine Vorstellungen überprüfen, ob sie richtig sind oder falsch, gut oder schlecht. Als Prüfstein dienen für die Stoiker die von Gott geschaffene Natur sowie die individuelle Stellung des Menschen in der Gesellschaft – beide zeigen ihm, was angemessen ist. Die Stoiker sind damit auch die ersten Philosophen, die den Menschen als ein selbstverantwortlich handelndes Wesen verstehen.

AUGUSTINUS, DER URGROSSVATER DER MODERNEN SEELE

Jesus von Nazareth verkomplizierte die Lage wiederum. Denn als Sohn Gottes, der Mensch wurde, ist es mit Pneuma als Geistmodell allein nicht mehr getan. Deshalb wurden mit der Ausbreitung der christlichen Religion wieder Versionen des platonischen Modells präferiert. Augustinus (354–430), Bischof im römischen Afrika im Bereich des heutigen Algerien, vertritt einen klassischen Dualismus – der Körper ist vergänglich, die

Seele unsterblich. Gott hat die Seele aus dem Reich der Ideen, die jetzt göttliche Gedanken sind, auf die Erde gesandt, damit sie sich dort bewähren kann.

Das widerspricht dem stoischen Ansatz einer materiellen Seele. Doch Augustinus brach nicht völlig mit der Tradition der Stoiker. Während er zwar die körperliche Bestimmung der Seele vernachlässigt, entwickelt er doch die Idee des selbstverantwortlichen Bewußtseins weiter. Augustinus' großer Beitrag zur Leib-Seele-Diskussion ist, die Seele mit einem Innenraum zu versehen, in dem sich der Weg zur Wahrheit und schließlich zu Gott verbirgt. Die sinnliche Welt ist für ihn kein Weg zur Gotteserfahrung. Um sie zu erleben, muß die Seele sich vielmehr von irdischen Begierden ab- und dem Gott in sich zuwenden: „Jeder wird so wie das, was er liebt. Liebst Du die Erde? Du sollst zu Erde werden. Liebst Du Gott? Dann, sage ich, sollst Du Gott sein." Für Platon ist die Kontemplation der Welt der Weg, um die Ideen zu erkennen. Für Augustinus liegt der richtige Weg gerade in der entgegengesetzten Richtung – in der inneren Einkehr: „Wende Dich nicht nach außen, kehre dich zu Dir selbst. Im inneren Menschen wohnt die Wahrheit." Der Blick nach innen macht den Geist seiner selbst bewußt – und damit ist Augustinus der große Vorläufer Descartes', der augustinische Gedanken verwendet, um den Dualismus zwischen Leib und Seele in den Mittelpunkt seiner Philosophie zu stellen.

Während bereits Augustinus dem modernen Bewußtseinsbegriff den Boden bereitete, setzte sich die mittelalterliche Scholastik in Europa noch mit dem klassischen Problem auseinander, wie einerseits die Seele eine unsterbliche Substanz sein kann,

andererseits aber Leib und Seele miteinander agieren sollen – und noch dazu eine Einheit bilden, nämlich den Menschen. Die seinerzeit vorgelegten Lösungen waren raffinierte Kombinationen aristotelischer und platonischer Modelle, die den Scholastikern nachträglich den Vorwurf der Haarspalterei eingebracht haben. Die Seele wurde in mehrere Ebenen unterteilt, in unterschiedliche Typen des Intellekts, in sinnlich-vegetative Formen und eine unsterbliche Substanz. Die vertrackten Begriffsgebäude waren ein erneuter Versuch, das scheinbar paradoxe Problem von Leib und Seele zu lösen. In ihrem Spannungsfeld diskutierten sie außerdem für unser heutiges Selbstverständnis so wichtige Themen wie Personalität und Individualität. Doch die Zeit war reif für ein neues Paradigma, wie man heute in der Wissenschaftstheorie sagen würde – für die Mechanik.

Dem neuen Denken bereiteten Wissenschaft und Künste den Weg. In der italienischen Renaissance wurde seit dem vierzehnten Jahrhundert der menschliche Körper als weltlicher Gegenstand entdeckt und erforscht – die asketisch-mönchische Verneinung des Körpers im Mittelalter wurde aufgegeben, Maler wie Michelangelo, Tizian, Raphael entdeckten die Schönheit menschlicher Proportionen, Mediziner untersuchten körperliche Funktionen systematisch. Auf diesem Wege kam im sechzehnten Jahrhundert die Idee auf, den Menschen als mechanisches System zu begreifen. Aber nicht nur als Vorrichtung, die erst vom Geist bewegt wurde, sondern als Maschine, die für ihre Bewegungen selbst verantwortlich ist. Es war ein spanischer Arzt, Gomez Pareira, der 1554 behauptete, Tiere hätten kein Bewußtsein, sondern alle ihre Reaktionen seien mechanisch erklärbar. Auch beim Menschen sah er jede körperliche Aktivität mechanisch, ohne bewußte Aufmerksamkeit gelenkt. Pareiras Thesen wurden aber kaum beachtet – vermutlich zu seinem Glück, denn ansonsten hätte ihn die spanische Inquisition wohl unangenehmen Verhören unterzogen.

Descartes, Leuchtturm der Neuzeit

Über ein Jahrhundert dauerte es, bis die Idee der Maschine öffentliche Aufmerksamkeit erhielt. Es waren die Fallgesetze Galileo Galileis, die Entdeckung des Blutkreislaufs, Stoffwechselexperimente und die Erfindung der mechanischen Uhr, die den Zeitgeist für solche Ideen aufnahmefähig machten. Ein Philosoph, René Descartes (1596–1650), machte sich das Modell von der Maschine zunutze. Bis heute bestimmen die von ihm formulierten Probleme die Leib-Seele-Diskussion.

Die Außenwelt, die *res extensa*, sah er von mechanischen Gesetzen beherrscht. Aber nicht nur die unbelebten Dinge, sondern auch die Lebewesen waren diesen Gesetzen unterworfen, Tiere wie Menschen. Sie waren für Descartes Maschinen, nur viel raffinierter konstruiert, als es der Mensch je vermag. Angetrieben vom Herzen, eine Art Verbrennungsmotor in Descartes' Augen, der das Blut nicht nur durch den Körper pumpt, sondern auch erwärmt. Wie reguliert sich aber der körperliche Kreislauf? Descartes glaubte nicht daran, daß die Organe wie Maschinen in einer Fabrik seien, die von unsichtbarer Hand gelenkt würden, auch nicht von der menschlichen Seele. Stattdessen „funktioniere" der Körper auf der unbewußten Ebene einfach – Descartes faßte hier das erste Mal eine Idee, die er nicht adäquat auszudrücken vermochte. Das geschah erst viel später. Nach dem Zweiten Weltkrieg beschrieb Norbert Wiener Systeme, die sich selbst steuern – und erfand so die Kybernetik.

Descartes' Gedanken über den Körper blieben in der Geschichte der Medizin und damals gerade erwachenden Chemie aber weitgehend ohne Folgen. Seine These, das Herz sei die zentrale Energiequelle des Körpers, war bald widerlegt – so ziehen sich aus dem Körper frisch herausgeschnittene Muskeln noch zusammen. Auch die Behauptung, das Herz sei ein Ofen, der das Blut erwärme, konnte sich nicht lange halten. Und seine Mutmaßung, der Geist wirke über die Zirbeldrüse auf den Körper ein, wurde nicht recht ernst genommen. Doch seine Beiträge zu Mathematik, Physik und Philosophie erwiesen sich für die Zukunft als fruchtbar. Der zwar nicht von ihm erfundene, doch von ihm gehuldigte Grundsatz, die Welt sei mathematisch faßbar, liegt noch jedem Forschungsprojekt in der Physik zugrunde. Er entdeckte die analytische Geometrie. Und er brachte die gesamte Philosophie mit seiner Fassung des Leib-Seele-Problems noch einmal richtig in Bewegung.

Denn neben der Außenwelt, der *res extensa* (der Materie), postulierte Descartes für den denkenden Menschen auch eine Innenwelt, die *res cogitans* (den Geist). Diese klare Trennung von außen und innen ist das Ergebnis von Descartes' Versuch, die metaphysischen Prinzipien der Welt so klar zu bestimmen wie die Geometrie. Die grundlegende Eigenschaft der Außenwelt ist für ihn die Ausdehnung. Ihr Raum sei mit kleinsten, nicht beobachtbaren Partikeln gefüllt, deren Zusammenspiel deterministisch ablaufe. Das stehe aber im Widerspruch zur Welt des Bewußtseins. Eindrücke wie Gerüche, Empfindungen wie Schmerzen oder die Möglichkeit, frei zu wählen, lassen sich so nicht erklären. Descartes sah das wohl – und nahm deshalb an, es gäbe neben der Welt der Physik noch jene immaterielle Welt der res cogitans. Das kam natürlich auch religiösen Interessen entgegen – der Mensch muß in der Lage sein, frei zu handeln, sonst hätte er auch niemals sündigen können.

Descartes begründet die Trennung von Körper und Geist mit drei Argumenten. Das erste handelt von der Natur des Geistes: Anders als der Körper ist das Bewußtsein unteilbar und nicht zusammengesetzt. Das zweite ist erkenntnistheoretischer Natur: Man muß sich auf keine körperlichen Eigenschaften berufen, um den Geist zu verstehen. So glaubte er auch nicht, daß sich alle geistigen Vorgänge im Gehirn widerspiegelten: „Das Gehirn hat für das reine Verstehen keinen Nutzen" schrieb er. Das dritte Argument schließlich ist spekulativ und findet sich auch in der heutigen Diskussion um Künstliche Intelligenz wieder: Für Descartes können Maschinen den Menschen zwar imitieren, doch nie so perfekt, daß sie sich wie Menschen an unterschiedliche Situationen anpassen könnten.

Selbst wenn man diese Argumente akzeptiert, stellt sich ein klassisches Problem, an dem die Schwierigkeiten seines Ansatzes deutlich werden. Denn wenn Leib und Seele zwei verschiedene Substanzen sind, wie wirken sie dann aufeinander ein? Descartes glaubte, die Seele würde über die Zirbeldrüse Einfluß nehmen auf die willkürlichen Handlungen des Körpers – sie dirigiere einen feinen Stoff, den „Lebensgeist", zum Beispiel in das rechte Bein und verursache so eine gewünschte Bewegung. Doch wie kann eine immaterielle Substanz auf die physische Welt wirken, in der es nach den Gesetzen der Mechanik doch keine körperliche Wirkung ohne körperliche Ursache gibt? Das hatten ja bereits die Stoiker und Epikureer so gesehen. Descartes' These vom *Interaktionismus* fand deshalb auch mehr Kritiker als Anhänger. So liegt sein Verdienst weniger in seinen Aussagen über das Wechselspiel von Leib und Seele, als in den Fragen, die er hinterließ.

DESCARTES' DILEMMA

Es dauerte nicht lange, bis Philosophen mit spekulativen Lösungen aufwarteten, die dem descartesschen Dilemma entgehen wollten. Einen Ausweg offerierte der sogenannte Occasionalismus, den unter anderem der französische Philosoph Malebranche (1638–1715) vertrat. Er behauptet, Gott trete als Vermittler zwischen Leib und Seele auf, wann immer es notwendig sei. Der Mathematiker, Philosoph und Naturwissenschaftler Gottfried Leibniz (1646–1716), der eine der ersten Rechenmaschinen baute, glaubte an eine prästabilisierte Harmonie: Leib und Seele würden miteinander synchron ablaufen, wie zwei aufeinander abgestimmte Uhren. Baruch Spinoza (1632–1677) wartete mit der Variante auf, die erklären sollte, warum die Prozesse in der körperlichen wie der geistigen Welt parallel angesehen werden können. Leib und Seele sind nach Spinoza keine Substanzen, sondern nur Eigenschaften einer Substanz, die man Natur oder Gott nennen kann – ein monistischer Ansatz.

Doch als „Lösungen" ließen sich diese Ansätze auf lange Dauer nicht durchhalten – sie waren zu sehr vom spekulativen Geist der Philosophen geprägt und zuwenig im Einklang mit dem Fortschritt der Naturwissenschaften. So versuchten einige Denker, die Probleme gewissermaßen mit einem Hieb durch den gordischen Knoten zu lösen. Einer von ihnen war der französische Philosoph und Physiker Julien Offray de La Mettrie (1709 bis 1759). In seinem Werk *L'Homme machine* argumentierte er, daß selbst die Seele körperlich verstanden werden könne. Seine Überlegungen setzten auf der Chemie und Newtons Physik auf und nahmen auch Bezug auf die Automaten des Jacques Vaucansons (1709–1782): der Franzose baute unter anderem einen me-

chanischen Flötenspieler sowie eine Ente, die mit den Flügeln schlagen, schwimmen und fressen konnte. La Mettries Ansatz gab der Physiologie die Rechtfertigung, den menschlichen Körper als eine Maschine zu untersuchen – experimentell, ohne großartige Mutmaßungen über das Leib-Seele-Problem.

IM ZEICHEN DER NATURWISSENSCHAFT

Doch gab es ebenso Philosophen, die von den Naturwissenschaften geprägt waren, ohne sich aber darin festzulegen, wie das Zusammenspiel von Leib und Seele denn nun genau funktioniere. Für einen empirischen Philosophen wie David Hume (1711–1776) gibt es keine vorgegebene Architektur der menschlichen Seele, keine angeborenen Ideen, keine Unsterblichkeit. Stattdessen untersuchte er den menschlichen Geist, wie er sich seiner Erfahrung – der inneren Beobachtung – darbot. Dabei kam Hume zu dem Schluß, daß der Geist frei von Vorstellungen sei und erst durch Erfahrung mit Gedanken, Ideen, Hoffnungen gefüllt werde. So ist der Gedanke der Kausalität nach Hume dem Menschen weder angeboren noch gibt es so etwas wie ein strenges Verhältnis von Ursache und Wirkung. Der Mensch assoziiert nur aus Gewohnheit bestimmte Ereignisse, verbunden mit einem Konzept der Kausalität. Hume war damit ein Vorläufer der modernen Psychologie und – was überraschen mag – er läßt sich auch als Urgroßvater der Künstlichen Intelligenz sehen, die in den assoziativen Eigenschaften von *neuronalen Netzen* eine Grundlage bewußten Handelns sieht.

Sowohl La Mettrie wie Hume spiegeln den Überdruß wider, ein Problem lösen zu wollen, das vielleicht gar nicht lösbar ist. Für Philosophen ist es einfacher, über den Geist nur zu spekulieren; das ist ihr tradiertes Vorgehen. Für Naturwissenschaftler ist es dagegen Pflicht, allen Spekulationen das Experiment als letzte Instanz entgegenzusetzen.

Immanuel Kants (1724–1804) Kritik des Leib-Seele-Problems spiegelt genau dieses Ungenügen. In seinem epochalen Werk, der *Kritik der reinen Vernunft*, legt er dar, daß die Diskussion um die Seele in einer Sackgasse stecke, weil sie vorgebe, die Seele sei ein normaler Gegenstand der Erfahrung. Doch das sei ein Irrtum, das Bewußtsein könne nicht untersucht werden wie Steine oder Gräser. Bewußtsein sei vielmehr eine Voraussetzung, die gegenständliche Erfahrung erst möglich mache. Welche Beschaffenheit es aber habe, lasse sich nicht mit Sicherheit sagen; nur die Kategorien, in die es die Welt einteilt, ließen sich am Denken ablesen – diese Konzepte wären jedoch *a priori*, also nicht hinterfragbar.

Es war für Naturwissenschaftler schwer, dem genialen spekulativen Geiste Kants die Stirne zu bieten – ihnen fehlten noch die technischen Mittel, das wechselseitige Abhängigkeitverhältnis von Geist und Materie genau zu erkennen. Das änderte sich erst im 19. Jahrhundert. Zwei wesentliche Gründe gibt es dafür. Zum einen war es die Lehre von Charles Darwin (1808 bis 1882). Seine Evolutionstheorie beschrieb erstmals, wie es zu einer Hierarchie der Lebensformen kam und warum es nützlich war, Bewußtsein zu entwickeln: Es ermöglichte Anpassung durch Lernen. Zum anderen war es die experimentelle Physio-

logie, die damals entstand. Der Physiker und Physiologe Herrmann Helmholtz (1821–1894) maß 1850 die Geschwindigkeit, mit der Nerven Impulse weitertransportierten. Kriege und Unfälle versorgten die Physiologen außerdem mit genügend Fällen von Gehirnverletzungen, die es ermöglichten, wichtige geistige Funktionen – wie zum Beispiel Spracharele in der Hirnrinde – zu lokalisieren.

Es war also an der Zeit, Leib und Seele erneut zusammenzudenken. In der geistigen Tradition Humes entwickelte der amerikanische Philosoph und Psychologe William James (1842–1910) eine Assoziationstheorie des Gehirns. In seiner Einführung in die junge Wissenschaft der Psychologie von 1890 behauptet er: „Wenn zwei einfache Gehirnprozesse zusammen aktiv sind oder unmittelbar aufeinander folgen, dann ist es wahrscheinlich, daß einer der beiden, wenn er erneut auftritt, auch den zweiten wieder aktiviert." Wie Hume nahm er so den Gedanken der neuronalen Netze vorweg. Doch der neue Materialismus hatte seine Grenzen. Während Verbindungen zwischen der Gehirnarchitektur und bestimmten intellektuellen Fähigkeiten erkannt wurden, blieben die Gesetze im Reich des Geistigen dennoch weitgehend unbekannt. Der Philosoph Edmund Husserl (1859–1938) versuchte zu Beginn des zwanzigsten Jahrhunderts, sich dem Phänomen Bewußtsein mit genauer geistiger Selbstbeobachtung zu nähern – Basis seiner *Phänomenologie*. Doch strenge Wissenschaft gelang ihm dabei nicht; zu flüchtig waren die Phänomene des Geistigen.

Auf solche Schwierigkeiten reagierten Psychologen und Philosophen weltweit, indem sie radikale Positionen gegen die *Introspektion*, die Selbstanalyse des Bewußtseins, bezogen.

Die amerikanischen Behavioristen lehnten den Begriff des Bewußtseins völlig ab, da er viel zu ungenau sei. Stattdessen verlegten sie sich auf ein Studium des Verhaltens, das objektiv beobachtbar war. Das berühmteste Experiment dieser Schule sind Iwan Petrowitsch Pawlows (1849 bis 1936) Versuche zum bedingten Reflex. Ebenso reagierten die Philosophen des logischen Positivismus, der von Wissenschaftlern wie Bertrand Russell und dem frühen Ludwig Wittgenstein (1889–1951) geprägt war: Sie akzeptierten nur empirisch überprüfbare Aussagen als wissenschaftlich. Da Behauptungen – zum Beispiel über Gefühle – nicht prüfbar waren, galten sie den Positivisten auch nicht als wissenschaftlich relevant.

LEIB UND SEELE IM ZUGRIFF DER NEUROINFORMATIK

Aber die Sachfrage hat sich deswegen nicht geändert – Leib und Seele, wie gehören sie zusammen? Eine Auflösung des Rätsels ist noch immer nicht oder nur ansatzweise in Sicht. Seit dem Zweiten Weltkrieg hat sich gleichwohl vor allem in den angelsächsischen Ländern eine Schar von Kognitionswissenschaftlern, Kybernetikern, Künstliche-Intelligenz-Forschern und Neurowissenschaftlern darangemacht, der Seele im Leib auf die Spur zu kommen. Die Erfolge der Naturwissenschaftler sind beachtlich: Die Medizin behandelt inzwischen bestimmte Sprachstörungen oder Epilepsie bereits mit chirurgischen Eingriffen ins Gehirn; Neuroinformatiker und Robotikforscher arbeiten daran, mathematische Modelle für die Frage zu entwickeln, was es für ein System – einen Organismus oder eine Maschine – bedeutet, ein Bewußtsein von sich oder seiner Umwelt zu haben; und nicht zuletzt gelingt es Hirnforschern, das Zusammenspiel einzelner Gehirnregionen bei bestimmten menschlichen Verhaltensweisen zu erklären. Unterstützt werden die Neurobiologen dabei von der Technik: von Mikroelektroden, die selbst einzelne aktive Nervenzellen unterscheiden können, und modernsten Abbildungstechniken, die zeigen können, welche Areale im Gehirn aktiv sind, wenn man zum Beispiel Thomas Manns *Zauberberg* liest.

Doch all die Ergebnisse können nicht darüber hinwegtäuschen, daß bislang nur Einigkeit herrscht, den Substanzen-Dualismus von Descartes aufzugeben. Zuletzt flackerte er in abgeschwächter Form bei Karl Popper und John Eccles auf. Doch selbst wenn der Geist als eine Eigenschaft des Körpers angesehen wird, rätseln die Forscher über seine Entstehung. Jedes Fachgebiet offeriert einschlägige Vermutungen. Manche Physiker sehen im Bewußtsein gerne spezielle Quantenprozesse aktiv, Neurobiologen setzen auf neuronale Wirkungen, für Informatiker stehen Prozesse der Informationsverarbeitung im Vordergrund.

Der bekannteste Vertreter des quantentheoretischen Einflusses ist Roger Penrose, Mathematiker an der Universität Oxford, der in Fachkreisen eher als Experte für die Relativitätstheorie und Geometrie bekannt ist. Die Quantentheorie gilt vielen als ein modernes Mysterium: Sie handelt von der Mechanik der atomaren Bausteine, die sich nicht genau verorten lassen. Denn wann immer ein Beobachter in ein atomares System eingreift, verändert er seinen Zustand.

Um den „tatsächlichen" Zustand zu kennen, müßte der Beobachter sich selbst beobachten, was nicht möglich ist. Penrose glaubt, das Mysterium des Bewußtseins lasse sich mit diesen Prozessen im atomaren Bereich des Gehirns erklären. Denn auch das Bewußtsein agiert oft in nicht vorhersehbarer Weise. Es könnten dafür nur unberechenbare, *nichtalgorithmische* Prozesse verantwortlich sein; Prozesse, wie sie von der Quantenmechanik beschrieben werden.

Neurowissenschaftler versprechen sich da eine größere Aussicht auf Erfolg. Eines ihrer klassischen Themen ist der Sehsinn – er hat den Vorteil, verschiedenste Aspekte des Bewußtseins, wie Aufmerksamkeit oder Erinnerung, miteinzuschließen. Mit moderner Abbildungstechnik ist es den Wissenschaftlern zum Beispiel möglich, jene Areale direkt zu bestimmen, die beim Sehen tätig sind, doch ebenso beim Sprechen, Träumen oder Denken. So läßt sich eine grobe mentale Karte des Gehirns entwickeln, die einzelnen Fähigkeiten Areale im Gehirncortex zuweist. Aber der Teufel steckt auch hier im Detail. Auf Photographien leuchtende Inseln verraten natürlich noch nicht, was dort im einzelnen vor sich geht, oder wie es an unterschiedlichen Stellen arbeitende Neuronen vollbringen, im Bewußtsein einen homogenen Seheindruck zu erzeugen.

Die neurobiologische Forschung kann dennoch das Selbstverständnis des Menschen allein durch einzelne Experimente ins Wanken bringen. So wurden Versuchspersonen von dem in Kalifornien lehrenden Neurobiologen Benjamin Libet während eines Experimentes gebeten, auf eine Stoppuhr zu drücken, wann immer sie sich entschlossen hätten, ihren Finger zu bewegen. Zwischen ihrer Entscheidung und der tatsächlichen Bewegung lagen meist 0,2 Sekunden. Aber tatsächlich bereitete das Gehirn sich bereits 0,3 Sekunden vor der bewußten Entscheidung darauf vor, den Finger zu bewegen. Also war die Entscheidung wohl schon gefallen, bevor sie bewußt wurde. Einige Philosophen sehen hier die klassische Idee der Entscheidungsfreiheit wieder einmal ins Wanken geraten.

Die Künstliche-Intelligenz-Forschung ermöglicht es, wichtige Annahmen der Neurowissenschaften zu überprüfen. Denn für beide ist Bewußtsein zuallererst Informationsverarbeitung. Das erinnert natürlich an den Computer, der lange Zeit als ein Modell für menschliches Bewußtsein galt: der Geist als Software und das Hirn als Hardware. Doch unsere Computer arbeiten zumeist seriell, nach vorgegebenen Regeln lösen sie einen Schritt nach dem anderen. Das Gehirn arbeitet dagegen parallel – Tausende von Neuronen erledigen gleichzeitig verschiedenste Aufgaben. Das Bewußtsein ist offensichtlich in einem Netz gefangen. Seit den fünfziger Jahren werden künstliche Netze entwickelt, die zum Beispiel Muster oder ganze Tonfolgen erkennen können. Das funktioniert im wesentlichen über Rückkopplung – es gibt einen Regler, der eingegebene mit ausgegebener Information vergleicht und, gemessen an seinem Soll, Änderungen im Netz vornimmt. Das entspricht einem Lernprozeß, der eine Eigenschaft hat, die Penrose gefallen müßte: Er ist nicht vorhersagbar.

Aber weder bei den Künstliche-Intelligenz-Forschern noch bei den Neurobiologen ist abzusehen, ob sie mit einer Lösung der Rätsel um das Bewußtsein aufwarten können. Denn wie kommt es, daß ein Mensch subjektiv einen Rot-Eindruck hat, während in seinem Gehirn objektiv nur Nervenzellen feuern? Die Antwort steht aus. Da möchte man jenen Philosophen glauben, die behaupten, zwischen Leib und Seele klaffe für unseren Intellekt eine unüberwindbare Kluft. Selbst wenn das Bewußtsein vom Gehirn erzeugt werde, ließen sich seine besonderen Eigenheiten doch niemals neuronal erklären. Es sei wie mit einer Summe, die nicht auf ihre Teile reduziert werden könne, wenn man ihre Eigenschaften verstehen will.

Doch es gibt eine noch dringendere Frage, die sich angesichts des Aufsehens um die Bewußtseinsforschung stellt. Für wen wäre eine Lösung des Problems überhaupt von Bedeutung? Aus der Ferne betrachtet, wirken die Diskussionen auf den Laien leicht wie Stürme im Wasserglas, die Streiterei der Wissenschaftler wie akademische Selbstbeschäftigung und die große Aufmerksamkeit, die ihr zuteil wird, wie ein Kunstprodukt der Medien. Die Alltagspsychologie wird sich aufgrund neuer Erkenntnisse ohnehin nicht besonders wandeln; genausowenig, wie die Relativitätstheorie unser alltägliches Verständnis von Raum und Zeit veränderte. Das ist ein verführerischer Gedanke. Und er führt zu dem Schluß, daß eine Diskussion, die unsere übliche Weltsicht nicht verändert, auch nicht wichtig sein könne.

Das ist natürlich trügerisch. Einsteins Entdeckungen haben die Welt revolutioniert; die Atombombe ist nur ein Beispiel. Ebenso wird die Bewußtseinsforschung der Gesellschaft ein neues Gesicht geben. Denn je mehr die Menschen über das Zusammenspiel von Leib und Seele erfahren, desto mehr ändert sich das Bild vom Menschen.

Welchen Wandel die Erforschung des menschlichen Geistes auch bringen wird, er enthält das Potential einer epochalen Wende. So hat zu Beginn der Neuzeit der Wechsel vom ptolemäischen Bild des Kosmos hin zum kopernikanischen Sonnensystem den Menschen zwar aus der Mitte des Universums vertrieben – doch es hat ihm auch ermöglicht, die grenzenlose Weite des Alls zu entdecken.

„Ich denke, also bin ich": Mit diesem Satz formulierte Descartes das biblische Schöpfungsdrama für die Neuzeit. Er begleitet den Leib-Seele-Konflikt vielleicht noch ein weiteres Jahrtausend.

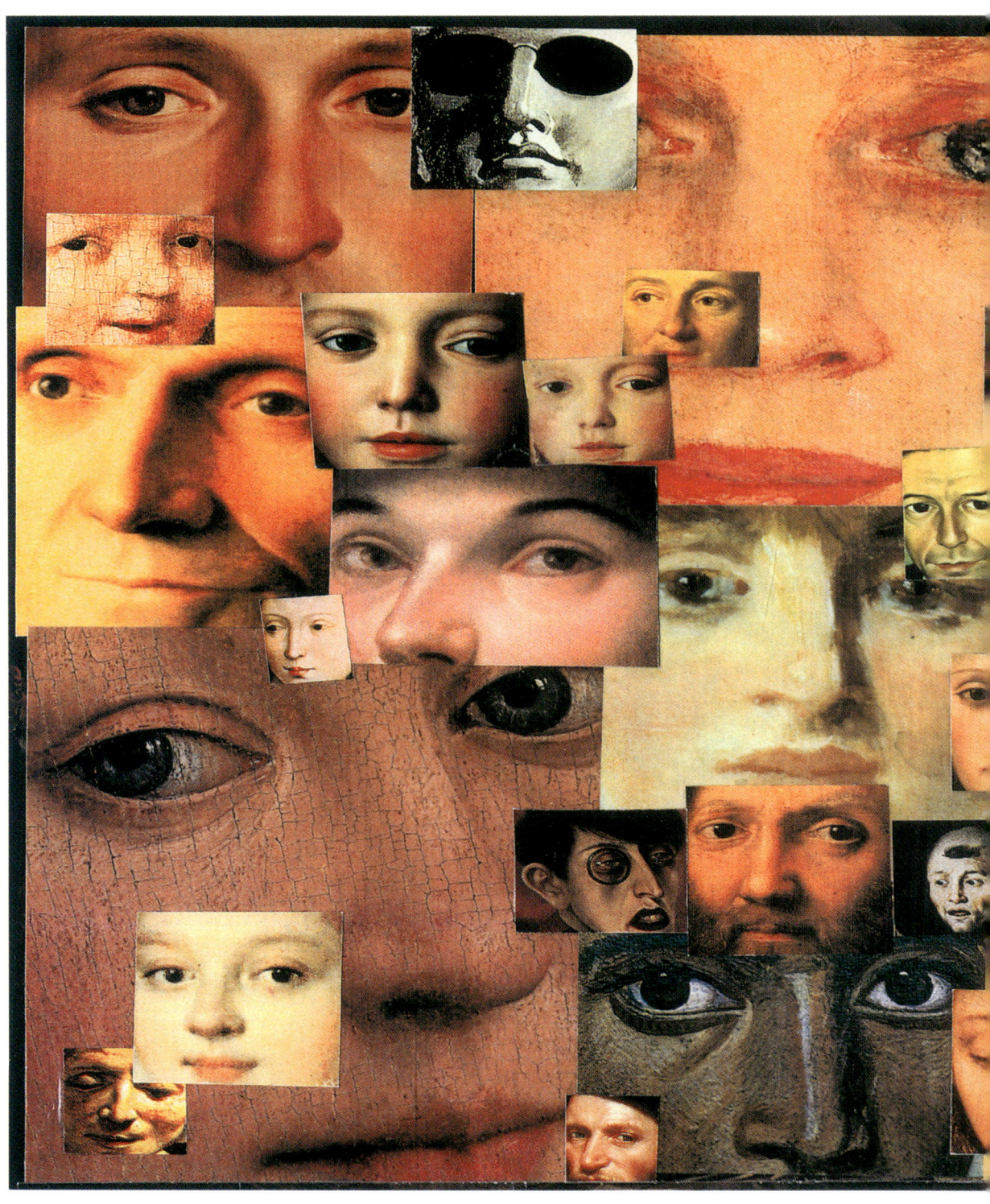

Gerhard Roth

Gehirn und Bewußtsein

Für die einen ist Bewußtsein eine unvollständige Inhaltsangabe der Vorgänge im Gehirn, für andere bezeichnet es den magischen Sitz der Persönlichkeit. Aber haben nicht auch Tiere ein gewisses Bewußtsein? Die Wissenschaft vom Gehirn hat heute eine neue Phase erreicht. Einige Forscher behaupten, demnächst das Bewußtsein erklären zu können.

Was ist Bewußtsein? Bewußtsein ist – wen wundert es – ein sehr bedeutungsreicher Begriff. Viel ist darüber von philosophischer, psychologischer und klinisch-neurologischer Seite geschrieben worden, und es wäre unmöglich, alle unterschiedlichen Standpunkte und Auffassungen auch nur in Kürze darzustellen. Zwei davon seien an dieser Stelle genannt: Für die einen – hierzu zählen Descartes, Leibniz und nach ihnen viele illustre Philosophen der Neuzeit – ist Bewußtsein das Wesensmerkmal des Menschen. Der Mensch ist das bewußt Seiende und ist als solcher *Geist*. Für die anderen – hierzu zählen die englischen und schottischen Empiristen wie Locke und Hume und nach ihnen viele Psychologen und Neurobiologen – ist Bewußtsein ein charakteristischer Erlebniszustand, ein „innerer Sinn", ein „inneres Theater von Empfindungen und Vorstellungen", sonst „nichts dahinter", keine Seelensubstanz, keine Wesenheit.

Wir wollen in der Nachfolge der Empiristen Bewußtsein als ein psychisches *Phänomen* und nicht als eine Wesenheit betrachten. Gleichzeitig stellen wir fest, daß es nicht *das* Bewußtsein gibt, sondern daß wir ganz verschiedene Bewußtseinszustände unterscheiden müssen. Hierzu gehört erstens der Zustand, wach zu sein und auf Umweltreize überhaupt zu reagieren, im Gegensatz zu bewußtlos oder im Tiefschlaf zu sein. Diesen Zustand bezeichnet man üblicherweise als „Wachheit" oder „Vigilanz". Zweitens bezeichnet „Bewußtsein" den Zustand, Sinneswahrnehmungen und eigene geistige oder emotionale Vorgänge in ganz eigentümlicher Weise zu *erleben* und über sie zumindest im Prinzip *berichten* zu können.

Dieser Zustand kann unterschiedlich intensiv sein und ist eng mit *Aufmerksamkeit* verbunden.

Drittens gehört zu „Bewußtsein" das Gefühl, sich seiner eigenen Existenz gewahr zu sein; derselbe zu sein, der man vorher war. In diesem Sinn hat Bewußtsein mit Ich-Identität zu tun und hängt eng mit dem autobiographischen Gedächtnis zusammen. Schließlich gibt es ein Bewußtsein der Körper-Identität, nämlich das Gefühl, eine körperliche Einheit zu bilden. Einige dieser Bewußtseinszustände sind immer da, wenn wir überhaupt hinreichend wach sind, das heißt, ich habe immer das Gefühl, daß ich etwas *empfinde* und daß *ich* es bin, der dies empfindet, und daß dieses Ich-Empfinden mit *meinem Körper* verbunden ist. Auch im Traum und im Zustand des völlig unaufmerksamen „Gedanken-Treibenlassens" haben wir in aller Regel das Gefühl der Ich-Identität und ebenso unser Körpergefühl. Wachheit, Ich-Bewußtsein und Körper-Identitätsbewußtsein bilden einen ständigen Hintergrund, vor dem das Aufmerksamkeitsbewußtsein sich verändert.

Bewußtsein ist also nichts Einheitliches und Ganzes, wie viele meinen, und man kann sicherlich noch mehr Bewußtseinszustände unterscheiden als eben aufgezählt. Neurologie, Neuropsychologie und Psychiatrie zeigen, daß die unterschiedlichen Formen von Bewußtsein gelegentlich unabhängig voneinander ausfallen, „dissoziieren" können, zum Beispiel aufgrund von Hirnverletzungen, Schlaganfällen oder psychischen Störungen. So kann das Empfindungs-Bewußtsein vorhanden, das Gefühl der Ich-Identität aber gestört sein; der Patient nimmt dann seine Empfindungen und Gedanken als

„fremd" beziehungsweise „fremdverursacht" wahr. Ebenso kann das Gefühl der Körper-Identität nachhaltig gestört sein, zum Beispiel bei Schizophrenen oder nach Verletzungen des parietalen Cortex (*siehe „Aufbau und Funktion des Gehirns"*). Schließlich kann ich wach sein, mich als Ich und eins mit meinem Körper fühlen, ohne meine Aufmerksamkeit auf irgendetwas zu richten.

Im folgenden will ich mich vor allem mit dem *bewußten Erleben* von Sinneswahrnehmungen befassen, also mit dem, was Aufmerksamkeit erfordert und worüber man berichten kann; denn hierüber weiß man in der Hirnforschung am meisten, wenn dies auch wenig genug ist.

WAS IN UNSEREM TUN IST VON BEWUSSTSEIN BEGLEITET UND WAS NICHT?

Bevor wir nach den neurobiologischen Grundlagen von Bewußtsein fragen, müssen wir ein wenig Phänomenologie des Aufmerksamkeits- und Erlebnis-Bewußtseins betreiben. Bemerkenswert ist, daß wir im täglichen Leben viele komplizierte Dinge tun, ohne zu wissen, wie wir es tun. Wir haben dabei ein begleitendes Bewußtsein, das uns sagt, daß wir wach sind, daß wir es sind, die handeln, und daß unser Körper damit zu tun hat. Wenn wir Fahrrad fahren, dann führen wir mit dem ganzen Körper in jeder Sekunde komplizierte Balancebewegungen aus, die wir im Detail gar nicht beschreiben könnten. Wir brauchen darauf überhaupt nicht zu achten, und wenn wir es täten, hätte es wahrscheinlich schlimme Folgen, denn wir würden stürzen. Wir können beim Radfahren unseren Blick in die Landschaft schweifen lassen oder intensiv über etwas nachdenken und dabei völlig automatisiert balancieren, die Pedale bewegen und außerdem noch mit einer gewissen oberflächlichen Aufmerksamkeit auf die Straße achten. Beim Sprechen bewegen sich unsere „Sprechwerkzeuge" (Kehlkopf, Gaumen, Lippen, Zunge und so weiter) in komplizierter Weise so, daß die von uns beabsichtigten Laute produziert werden. Sind wir keine Phonetiker und Sprachbildner, dann haben wir in aller Regel keine Ahnung, wie dies geschieht. Wir beherrschen es einfach. Ähnliches läßt sich von den meisten alltäglichen Verrichtungen sagen, denn wir erledigen sie „routinemäßig" und ohne besonderen geistigen Aufwand.

Natürlich gibt es Dinge, die wir *nicht* ohne Bewußtsein tun können. Hierzu gehört zum Beispiel das Erfassen der Bedeutung dieses Textes. Je schwieriger ein solcher Text ist, desto bewußter, aufmerksamer, konzentrierter müssen wir sein. Oft passiert es uns, daß wir einen Abschnitt lesen und mit den Gedanken „ganz woanders" sind; dann haben wir typischerweise keine Ahnung, was wir gelesen haben. Auch sind wir nicht imstande, etwas Kompliziertes zu erkennen, zum Beispiel einen Druckfehler in diesem Text, ohne unsere Aufmerksamkeit darauf zu lenken. Ebenso wären wir nie imstande gewesen, Fahrradfahren oder Klavierspielen zu lernen, ohne uns intensiv darauf zu konzentrieren.

Wir erkennen an diesen Beispielen, daß wir Bewußtsein in Form von Aufmerksamkeit und Konzentration immer dann benötigen, wenn wir mit etwas konfrontiert sind, das *neu, unerwartet* und/oder *kompliziert* ist, und mit dem wir uns – aus welchen Gründen auch immer – zu beschäftigen haben. Natürlich ist die Welt voll von neuen, unerwarteten und komplizierten Dingen, die unsere Sinnesorgane und unser Gehirn erregen, die wir aber deshalb nicht bewußt wahrnehmen, weil unser Gehirn in einem bestimmten Augenblick sie nicht für „bemerkenswert" hält.

Mehrere Dinge sind an diesen Vorgängen bedeutsam. Das erste ist, daß Dinge, die *zuerst* unsere höchste Aufmerksamkeit erforderten – wie das Erlernen des Fahrradfahrens oder Klavierspielens oder das erstmalige Erkennen eines bestimmten Gegenstandes aus einer ganzen Kollektion von ähnlichen Objekten –, mit zunehmender Übung immer weniger bewußte Hinwendung erfordern, bis wir diese Dinge „im Schlaf" können, und daß Bewußtsein zum Teil sogar stört. Daraus leiten wir die Regel ab: *Je ungeübter wir bei derartigen Aufgaben sind, desto mehr Aufmerksamkeit müssen wir aufwenden; und je automatisierter bestimmte Leistungen ablaufen, desto weniger Aufmerksamkeit erfordern sie.*

Allgemein gilt in diesem Zusammenhang: „Wissen", also der Inhalt des sogenannten *deklarativen* Gedächtnisses, ist in aller Regel mit Bewußtsein verbunden, im Gegensatz zum *prozeduralen* oder Fertigkeits-Gedächtnis, also all den Handlungen, die wir – wie bereits geschildert – automatisiert tun. Allerdings gibt es auch ein automatisiertes, „prozedurales" Wissen, nämlich das, was „wie aus der Pistole geschossen" kommt oder „im Schlaf beherrscht" wird. Entsprechend können wir dieses Wissen reproduzieren, ohne aufmerksam zu sein. So könnten wir – eventuell – die Frage: „Wann wurde Caesar ermordet?" ohne Nachdenken mit „Vierundvierzig vor Christus" beantworten, weil dieses Faktum im Geschichtsunterricht endlos wiederholt wurde. Alles nicht derart automatisierte Wissen jedoch können wir nicht ohne Bewußtsein aktivieren. So erfordert die Beantwortung der Frage: „Was genau haben Sie am Mittwoch voriger Woche morgens um halb zehn getan?" üblicherweise einige Aufmerksamkeit und Konzentration.

Ein weiteres wichtiges Phänomen ist der Zusammenhang von *Umfang* und *Tiefe* der bewußten Aufmerksamkeit. Wir sind durchaus in der Lage, verschiedene Dinge mit einer bestimmten „flachen" Aufmerksamkeit zu verfolgen. Zum Beispiel können wir gleichzeitig uns mit irgend jemandem unterhalten, Radio hören und noch durchs Fenster nach draußen schauen. Voraussetzung ist, daß die Unterhaltung nicht sehr tiefsinnig, die Musik im Radio nicht fesselnd und die Vorgänge draußen nicht besonders interessant sind. Wenn uns aber draußen irgendetwas auffällt, dann wenden wir unsere Aufmerksamkeit unwillkürlich diesem Vorgang zu, und im selben Maße schwindet unsere Aufmerksamkeit gegenüber den anderen Vorgängen. Der Extremfall tritt dann ein, wenn draußen etwas ganz Aufregendes passiert, oder unser Gesprächspartner etwas mitteilt, was unser Leben ändern könnte, oder im Radio etwas Sensationelles verkündet wird. Dann verschwinden die jeweils anderen Dinge, die wir zuvor mit einer gewissen Aufmerksamkeit verfolgt hatten, völlig aus unserer bewußten Wahrnehmung. Ein spannendes Buch oder Gespräch können die Welt um uns herum „vergessen" lassen. Es scheint also, als sei die Menge an Aufmerksamkeit, die wir in jedem Augenblick

zur Verfügung haben, konstant. Wir können sie auf viele Dinge verteilen, die aber dann alle nur wenig Aufmerksamkeit „zugeteilt" bekommen, oder wir können die gesamte verfügbare Menge auf einen einzigen Vorgang konzentrieren, und dann werden alle anderen Vorgänge buchstäblich aus unserem Bewußtsein ausgeblendet.

Diese geschilderten Phänomene und Zusammenhänge sind uns allen völlig geläufig. Aber warum sind sie so beschaffen? Warum können wir eigentlich nicht komplizierte Dinge „so nebenher" lernen, und warum können wir nicht zwei Vorgänge gleichzeitig mit höchster Konzentration verarbeiten? Beides – so könnte man meinen – wäre doch sehr praktisch. Was im menschlichen Gehirn ist derart beschaffen, daß so etwas nicht möglich ist?

Aufbau und Funktion des Gehirns

Das menschliche Gehirn wiegt rund 1,3 Kilogramm und enthält nach neueren Schätzungen zwischen hundert Milliarden und einer Billion Nervenzellen. Es besteht wie alle Wirbeltiergehirne aus sechs Teilen, und zwar von hinten (*caudal*) nach vorn (*rostral*) aus dem verlängerten Mark (*Medulla oblongata*), der Brücke (*Pons*), dem Kleinhirn (*Cerebellum*), dem Mittelhirn (*Mesencephalon*), dem Zwischenhirn (*Diencephalon*) und dem Endhirn (*Telencephalon*) – siehe Abbildung 3.

Das *verlängerte Mark* gliedert sich in einen oberen (*dorsalen*) Bereich, der mit der ersten Stufe der Verarbeitung von Sinnesinformationen im Bereich des Hörens (auditorische Wahrnehmung), der Tast- und Körperempfindungen (somatosensorische Wahrnehmung), der Geschmacksempfindungen (gustatorische Wahrnehmung) und des Gleichgewichtes (vestibuläre Empfindungen) befaßt ist, und einen unteren (*ventralen*) Bereich, der mit der Steuerung von Körperbewegungen (Motorik) zu tun hat sowie mit vegetativen Funktionen im Bereich von Schlafen, Wachen, Kreislauf, Atmung, Blutdruck und Wärmehaushalt. Die *Brücke* koordiniert (unter anderem) die Aktivitäten von Großhirnrinde und Kleinhirn im Zusammenhang mit Bewegungssteuerung.

Das *Mittelhirn* hat ebenfalls einen dorsalen Teil – *Tectum* oder *Vierhügelplatte* genannt – der visuelle, auditorische und somatosensorische Informationen integriert, und einen ventralen Teil – das *Tegmentum* – der Zentren enthält (*Nucleus ruber* und *Substantia nigra*), die sensorische Prozesse in motorische Aktionen umsetzen. Im Tegmentum sowie in der Brücke und dem verlängerten Mark befinden sich Zentren, die zusammen die *retikuläre Formation* bilden und mit der Kontrolle unseres Bewußtseinszustandes und unserer Aufmerksamkeit zu tun haben.

Das *Kleinhirn* ist beim Menschen trotz seines Namens von beträchtlicher Größe und betreibt den komplizierten Abgleich der Bewegungskommandos, die von den unterschiedlichen motorischen Zentren kommen, sowie zwischen diesen Kommandos und den sensorischen Rückmeldungen aus der Körperperipherie. Es ist ein wichtiger Ort motorischen Lernens; nach neuesten Erkenntnissen nimmt es aber auch an kognitiven Leistungen einschließlich der Sprache teil.

Das *Zwischenhirn* liegt tief im Innern des Endhirns (siehe Abbildung 4). Es gliedert sich in vier Teile, den

• Epithalamus, der die Epiphyse trägt, von der Descartes irrigerweise meinte, hier träfen Geist und Materie aufeinander;

• dorsalen Thalamus, der mit sehr vielen Kernen die Umschaltstationen sensorischer Bahnen auf dem Weg von den Sinnesorganen zur Großhirnrinde enthält;

• ventralen Thalamus, der mit Bewegungssteuerung zu tun hat (*Globus pallidus*);

• Hypothalamus, der wie das verlängerte Mark, die Brücke und das Mittelhirntegmentum mit der Regulation vegetativer Funktionen wie Schlafen, Wachen, Kreislauf, Atmung, Blutdruck und Wärmehaushalt befaßt ist.

Im Hypothalamus finden sich auch Zentren, die mit der Kontrolle grundlegender Verhaltensweisen wie Sexualverhalten, Brutfürsorge, Angriff, Verteidigung und mit der Erzeugung von Affekten (Lust, Unlust, Wut, Furcht) zu tun haben.

Abbildung 1:
Schema der Reizverarbeitung
im menschlichen Gehirn,
der Entstehung des Bewußtseins
und der Verhaltenssteuerung.

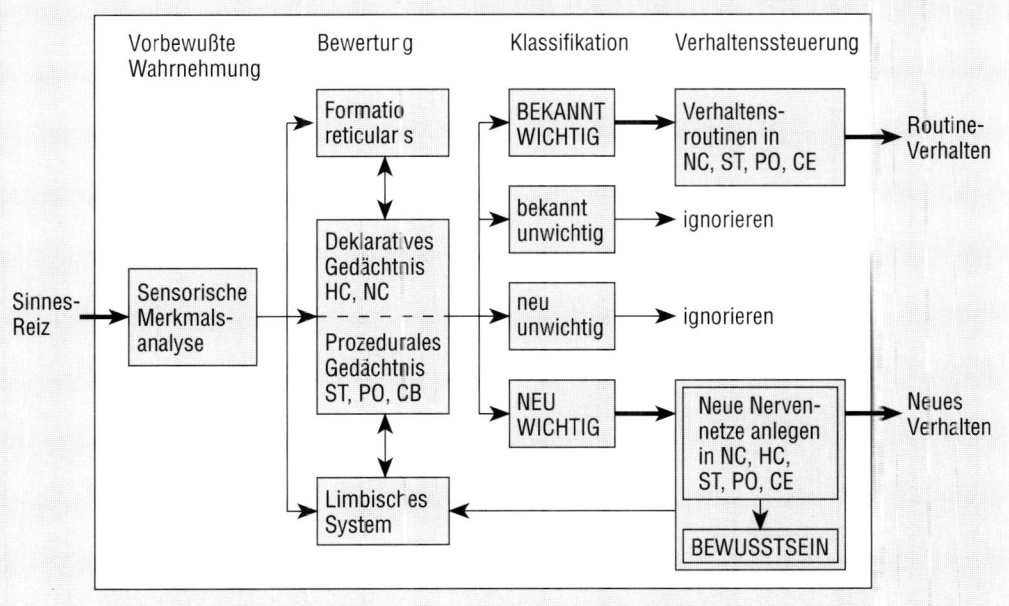

Das *Endhirn* oder Großhirn macht beim Menschen rund 80 Prozent des gesamten Gehirns aus (Abbildungen 3–5). Es besteht aus zwei Hälften (Hemisphären), die über eine massive Faserstruktur, den Balken (*Corpus callosum*), miteinander verbunden sind. Innerhalb jeder Hemisphäre unterscheidet man einen Rindenanteil, den *Neo-* oder *Isocortex* (etwas unzutreffend meist einfach Cortex genannt), sowie eine Reihe davon umschlossener Strukturen, die alle als „subcorticale" Zentren des Endhirns bezeichnet werden.

Zu letzteren gehören die sogenannten Basalganglien, zu denen der Streifenkörper (*Corpus striatum*), das heißt *Putamen* und *Nucleus caudatus*, das *Septum* und das basale Vorhirn gezählt werden (siehe Abbildung 4).

Abbildung 2:
Darstellung kognitiver Leistungen im menschlichen Gehirn mit Hilfe der funktionellen Kernspintomographie (fNMR). Die Hirnoberfläche ist gelb dargestellt. Der Bereich des Übergangs zwischen Hirnhauptslappen und hinterem Schläfenlappen ist „angeschnitten" (graue Flächen). Die Versuchsperson hatte einen zentralen Fixationspunkt im Gesichtsfeld zu fixieren und sich gleichzeitig auf andere Geschehnisse im Gesichtsfeld zu konzentrieren. In der kernspintomographischen Aufnahme zeigt sich dabei deutlich eine Aktivitätsänderung (rote Gebiete) im Übergangsbereich zwischen Schläfenlappen und Hinterhauptslappen.

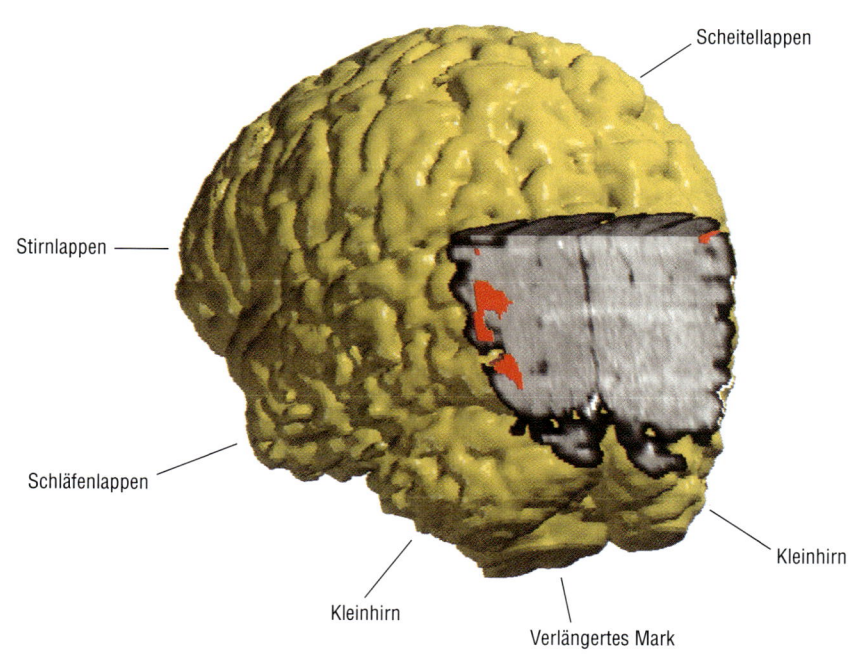

Diese Strukturen haben mit Verhaltenssteuerung und Verhaltensbewertung zu tun; hierbei stehen sie in engem Zusammenhang mit der Großhirnrinde.

Teils der Hirnrinde und teils den subcorticalen Zentren wird der Mandelkern (*Amygdala*) zugerechnet, der zusammen mit dem räumlich eng verbundenen Septum ebenfalls mit der Erzeugung und Kontrolle von Gefühlen (besonders von Angstgefühlen) und mit Verhaltensbewertung befaßt ist (siehe Abbildung 4, rechts).

Die Großhirnrinde (*Neocortex*) bildet den größten Teil des Endhirns (siehe Abbildung 5). Dessen Oberfläche ist stark gefaltet und wird in vier „Lappen" eingeteilt. Die Großhirnrinde beherbergt primäre und sekundäre sensorische Gebiete für Sehen, Hören, Körperempfindung und Schmecken.

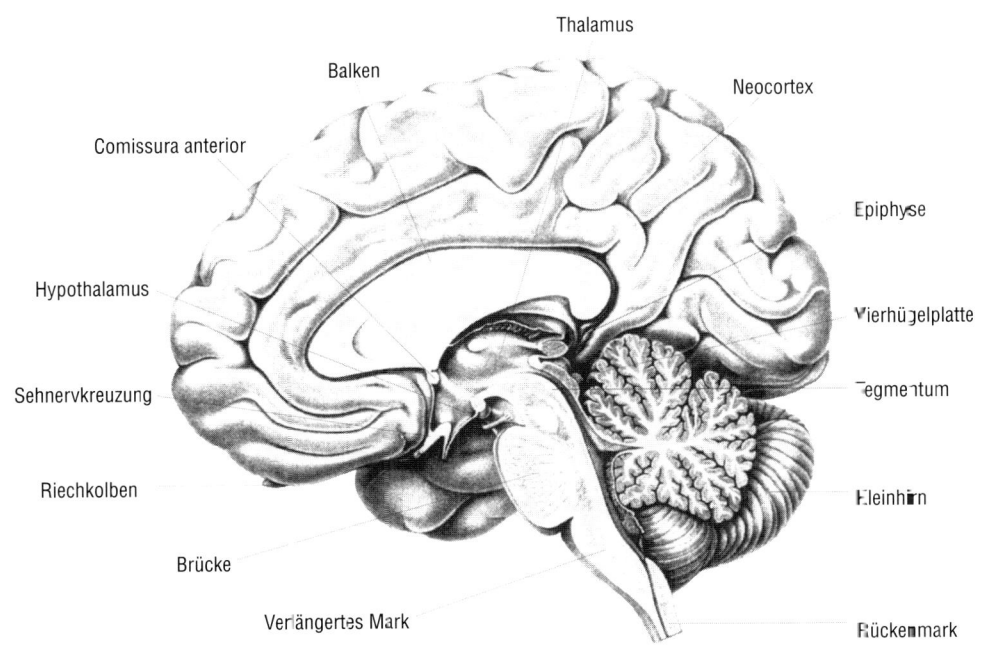

Abbildung 3:
Das menschliche Gehirn im Längsschnitt
(nach Nieuwenhuys et al. 1991)

Der größte Teil des Cortex wird durch *assoziative* Gebiete eingenommen, in denen komplexe Informationsverarbeitung einer Sinnesmodalität beziehungsweise die Integration mehrerer Modalitäten stattfinden. So geschehen im Scheitellappen Körper- und Raumwahrnehmung und das Erkennen und Verarbeiten von Symbolen (wie etwa von abstrakten mathematisch-geometrischen Symbolen oder Schrift) sowie Aufmerksamkeitssteuerung; der Schläfenlappen hat mit komplexer visueller und auditorischer Wahrnehmung einschließlich des Sprachverstehens (Wernicke-Spachzentrum) zu tun. Im Stirnlappen einschließlich des präfrontalen Cortex finden Handlungssteuerung, -planung und -bewertung und die Kontrolle der Aufmerksamkeit statt; hier befindet sich auch das Broca-Sprachzentrum, das mit der zeitlich-logischen Struktur der Sprache (Grammatik, Syntax) befaßt ist.

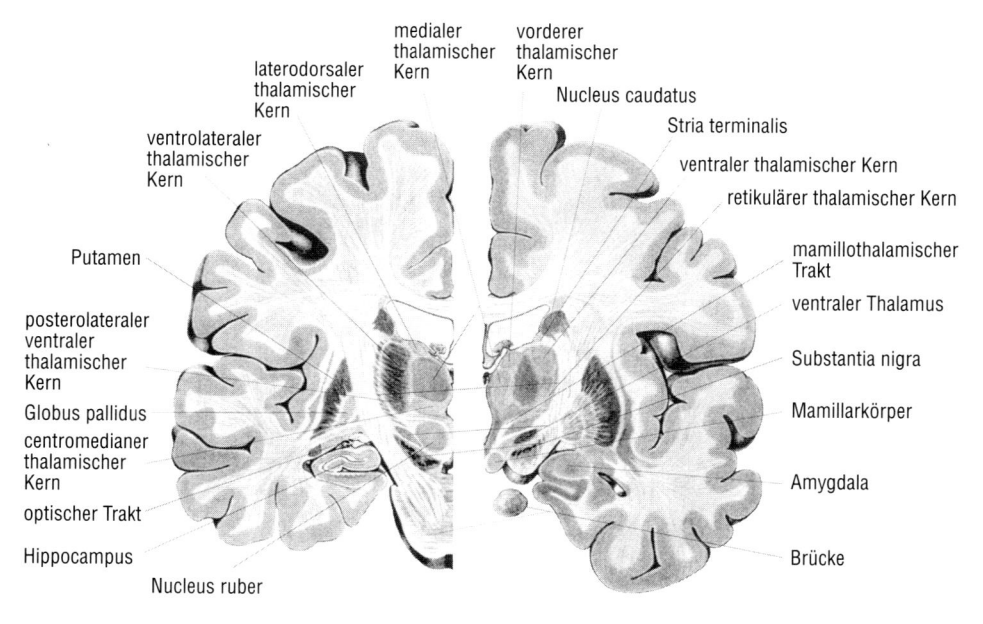

Abbildung 4:
Das menschliche Gehirn im Querschnitt
(auf der Höhe des Hippocampus, links, und der Amygdala, rechts)
(nach Nieuwenhuys et al. 1991)

Eine auffällige, am unteren Innenrand des Schläfenlappens sitzende Struktur ist der *Hippocampus* (siehe Abbildung 4, links). Er ist der Organisator unseres Wissensgedächtnisses, des sogenannten deklarativen Wissens. Die Speicherung dieses Wissens findet allerdings nicht im Hippocampus selbst statt, sondern modalitäts- und funktionsspezifisch in den verschiedenen Rindenarealen, das heißt, das visuelle Gedächtnis befindet sich in den visuellen Cortexregionen, das auditorische Gedächtnis in den auditorischen Regionen, die sprachlichen Erinnerungen in den Sprachzentren. Der Hippocampus ist Teil des *limbischen Systems*, zu dem auch der präfrontale Cortex und der vorn und innen liegende cinguläre Cortex gehören, der Mandelkern (*Amygdala*), der Hypothalamus und Kerne des Thalamus (mediale, intralaminare und Mittellinienkerne) und viele andere kleinere Hirnregionen. Zusammen mit der Amygdala und anderen limbischen Zentren legt der Hippocampus fest, welche Erfahrungsinhalte in welchem Bedeutungskontext gespeichert werden.

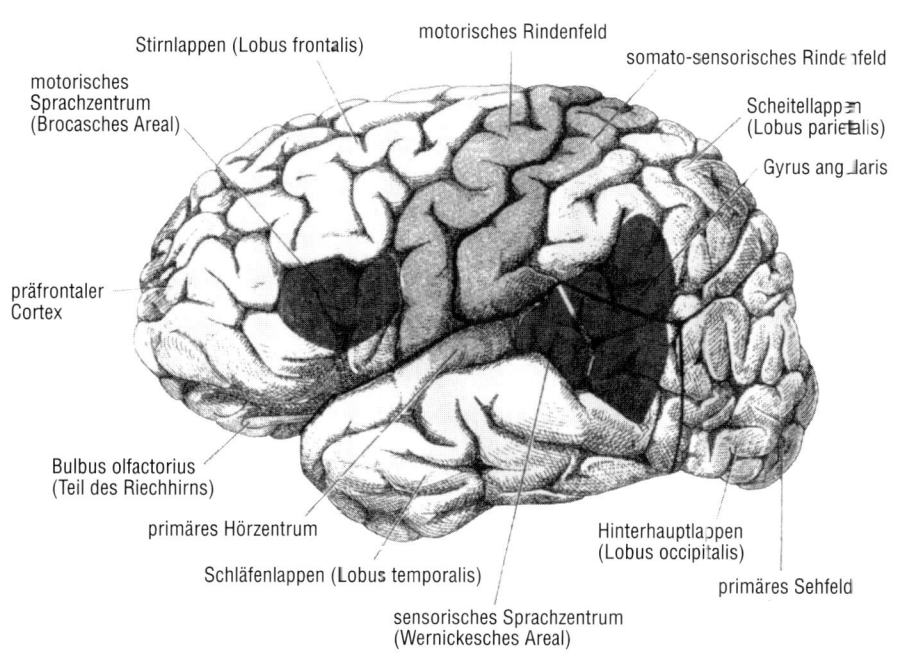

Abbildung 5:
Die menschliche Großhirnrinde (linke Hemisphäre)
in der Seitenansicht

NEUROBIOLOGISCHE
GRUNDLAGEN DES
BEWUSSTSEINS

Wie hängen nun Bewußtsein und Gehirn zusammen? Die wichtigste Feststellung lautet, daß uns überhaupt nur Vorgänge im Gehirn bewußt sein können, wenn die Großhirnrinde dabei aktiv ist. Alles, was nicht in der Großhirnrinde abläuft – so komplex es auch sein mag – ist uns grundsätzlich nicht bewußt. Aber auch das allermeiste von dem, was in der Großhirnrinde abläuft, ist uns aktuell nicht bewußt; zumindest einiges davon kann aber bewußt werden. Ob es auch in der Großhirnrinde Prozesse gibt, die uns prinzipiell nicht bewußt sind, ist umstritten. Es scheint, daß überhaupt nur Prozesse, die in den *assoziativen Rindenarealen* ablaufen (*siehe „Aufbau und Funktion des Gehirns"*), bewußt sein können, nicht aber solche in den primären sensorischen und motorischen Gebieten. So haben wir ganz offenbar keinen bewußten Zugriff zu den Prozessen, die in der primären Sehrinde oder im primären Hörcortex stattfinden. Wir nehmen auch nicht die dort verarbeiteten sensorischen Detailinformationen wahr, sondern einigermaßen komplexe Gestalten und Szenen, es sei denn, unsere Umwelt ist im psychophysischen Experiment künstlich verarmt. Dies deutet in der Tat stark darauf hin, daß Bewußtsein notwendig mit der Aktivität der *assoziativen* Cortexareale verbunden ist.

Bewußtseinsprozesse werden nicht allein vom Cortex „erzeugt", sondern kommen nur dann zustande, wenn der Cortex und Zentren im Endhirn unterhalb des Cortex, im Zwischenhirn sowie im Hirnstamm (Mittelhirn, Brücke und verlän-

gertes Mark) miteinander interagieren. An erster Stelle sind hierbei Zentren in der *retikulären Formation* zu nennen, die sich in dem selbst in Neurobiologie-Lehrbüchern fälschlich als „stammesgeschichtlich älter" angesehenen Hirnstamm befinden (Cortex beziehungsweise der Großhirnmantel, Pallium, und Hirnstamm sind stammesgeschichtlich gleich alt.). Die retikuläre Formation ist für unser biologisches Überleben notwendig und kontrolliert Atmung und Kreislauf, Schlafen und Wachen, enthält aber auch Teile, die Bewußtsein und Aufmerksamkeit steuern. Während selbst umfangreiche Verletzungen im Bereich des Großhirns und Zwischenhirns keine Bewußtlosigkeit hervorrufen, können kleine Verletzungen in der retikulären Formation zu tiefer Bewußtlosigkeit bis hin zur völligen Reaktionslosigkeit (tiefes Koma) führen.

Die retikuläre Formation besteht aus drei langgezogenen Kerngruppen, einer medianen (das heißt auf der Mittellinie des Gehirns liegenden), einer medialen und einer lateralen Kerngruppe. Die Kerne der medialen Kerngruppe bilden das *aufsteigende aktivierende System*. Sie erhalten von allen Sinnessystemen ständig Meldungen, und sobald sich hierbei irgendetwas verändert, erhöhen sie den generellen Erregungszustand der Großhirnrinde und damit unseren Wachheitszustand. Tut sich auf der sensorischen Seite wenig oder gar nichts, dann geht die Großhirnrinde in verminderte Aktivität über, und wir werden schläfrig, bis uns ein „Weckreiz" wieder munter macht (etwa ein lautes Geräusch in der Nähe). Die mediane und die laterale Kerngruppe, zu denen die *Raphekerne* und der *Locus coeruleus* gehören, sieben das heraus, was neu und gleichzeitig interessant beziehungsweise wichtig ist (siehe Abbildung 1). Das allermeiste von dem, was sich um uns herum und in uns ändert, ist relativ unwichtig, und unsere Großhirnrinde und ihre Sinnessysteme würden völlig überfordert sein, wenn sie all dem nachgehen wollten. Aufgrund der Einwirkung dieser Kerne auf die Aktivität der Hirnrinde und subcorticaler Zentren entsteht *Aufmerksamkeit*, das heißt die Konzentration auf das, was für den Augenblick interessant beziehungsweise wichtig ist.

Bei dieser Annahme ergibt sich jedoch sofort die Frage, was diese Kerne im Cortex „überschwellig" werden lassen müssen? Natürlich – so lautet die Antwort – das, was interessant und/oder wichtig ist. Woher aber wissen sie, *was* interessant und/oder wichtig ist? Die Raphekerne und der Locus coeruleus sind relativ klein und keineswegs ein „Gehirn im Gehirn"! Überdies ist die Bewertung „interessant" und „wichtig" außerordentlich subjektiv und kann sich in ein und derselben Person schnell ändern.

Die Einstufung des ständig Erlebten in alt-neu und unwichtig-wichtig hängt natürlich von der *Vorerfahrung* ab. Nur im Lichte dieser Vorerfahrung ist etwas alt oder neu, wichtig oder unwichtig. Diese Vorerfahrung ist nicht in den Raphekernen oder im Locus coeruleus, sondern im Gedächtnis gespeichert. Das Gedächtnis, sofern es unser *Wissen* betrifft, das sogenannte *deklarative Gedächtnis*, ist nach herrschender Auffassung in der Großhirnrinde niedergelegt, und zwar an ganz unterschiedlichen Orten je nach Art und Inhalt des Gedächtnisses. Dabei gilt, daß die verschiedenen Gedächtnisinhalte dort niedergelegt sind, wo entsprechende Pro-

zesse der Wahrnehmung oder andere kognitiv-geistige Tätigkeiten wie Vorstellen und Handlungsplanen stattfinden. Dies bedeutet, daß sich das visuelle Gedächtnis in denjenigen Cortexarealen befindet, in denen Sehvorgänge und visuelle Vorstellungen stattfinden, zum Beispiel das Gesichtergedächtnis dort, wo Gesichter wahrgenommen und identifiziert werden (nämlich im hinteren unteren Temporallappen), das Farbgedächtnis dort, wo Farbwahrnehmung verarbeitet wird. Entsprechendes gilt natürlich auch für Gedächtnissysteme anderer Modalitäten, zum Beispiel für Sprache und genauer für Wörter einer bestimmten Bedeutungskategorie.

Das Wissensgedächtnis gliedert sich offenbar in nahezu unzählige Untergedächtnisse, von denen viele überraschenderweise unabhängig voneinander ausfallen können. Seit langem ist bekannt, daß beim Erwerb solchen Wissens der *Hippocampus* notwendig ist (*siehe „Aufbau und Funktion des Gehirns"*). Ein beidseitiger Verlust dieser Hirnstruktur führt zur Unfähigkeit, neues Wissen zu erwerben (dies nennt man „anterograde Amnesie"). Offenbar legt der Hippocampus fest, *wo* in der Großhirnrinde *was* in *welchem* Kontext beim Lernen abgespeichert wird; er ist aber selbst nicht der Ort des Gedächtnisses, und er wird auch nicht beim „Abruf" von Wissen benötigt, das gut eingeprägt (automatisiert) ist.

Das Niederlegen und Abrufen von Gedächtnisinhalten hängt wesentlich von emotionalen Begleitumständen ab: Alles, was wir erleben und tun, wird in bezug auf „gut-angenehm-positiv" und „schlecht-unangenehm-negativ" bewertet, und es ist diese Bewertung, die letztendlich darüber entscheidet, *wie* etwas in unserem Gedächtnis niedergelegt wird. Diese Bewertung wird vom *limbischen System* vorgenommen, in dem viele Zentren des Gehirns in komplexer Weise zusammenwirken. Wir sehen, daß an der Bewertung und Klassifikation der vom Gehirn registrierten Ereignisse fast das ganze Gehirn teilnimmt.

Wir können uns die Steuerung von Aufmerksamkeitsbewußtsein nun so vorstellen (Abbildung 1): Bei allem, was die Sinnessysteme erregt, muß das Gehirn entscheiden, ob es sich lohnt, sich weiter mit diesen Erregungen zu befassen. In der allerersten, etwa hundert Millisekunden umfassenden vorbewußten Phase der Wahrnehmung wird daher vom retikulären System im Verein mit dem Gedächtnissystem und dem limbischen System eine Klassifikation nach „wichtig/unwichtig" und „alt/neu" vorgenommen. Ist etwas unwichtig (gleichgültig, ob neu oder bekannt), dann wird es abgetan, ohne daß es ins Bewußtsein dringt. Ist es jedoch wichtig, so daß das Gehirn sich damit befassen muß, dann wird gefragt, ob es im Gehirn irgendein vorgefertigtes „Programm" gibt, nach dem das Gehirn vorgehen kann, wenn es zum Beispiel um das Identifizieren eines Gesichtes, das Verstehen eines komplizierten Satzes oder die Bewältigung einer manuellen Aufgabe geht. Ist dies der Fall, dann wird dieses Programm in Anspruch genommen, und unser Gehirn führt die entsprechende Leistung aus, ohne daß wir uns besonders konzentrieren müssen und ohne daß dies uns tiefer ins Bewußtsein dringt. Das betrifft das allermeiste von dem, was wir tun, die „alltägliche Routine". Wird aber *kein* Routineprogramm für etwas gefunden, das gleichzeitig als wichtig zur weiteren Bearbeitung eingestuft wurde, zum Bei-

spiel ein neues Gesicht, ein Satz mit unbekanntem Inhalt, ein neues Klavierstück, eine neue Tastatur, dann muß das Gehirn Anstrengungen unternehmen, diese neue Aufgabe zu bewältigen.

BEWUSSTSEIN UND CORTICALE REORGANI-SATIONSPROZESSE

Ein zentrales Dogma der kognitiven Neurobiologie lautet, daß die Leistung der verschiedenen Hirnteile das Resultat der *synaptischen Verknüpfungsstruktur* zwischen den dort angesiedelten Nervenzellen ist. Veränderte synaptische Kontakte bedeuten eine veränderte Funktion der Neuronen-Netzwerke. Entsprechend geht die derzeitige Deutung der geschilderten Vorgänge dahin, daß bei der Bewältigung neuer und vom Gehirn als wichtig angesehener Aufgaben das Verknüpfungsmuster zwischen Nervenzellen verändert wird, und zwar in denjenigen Hirnrindenarealen, die für die spezifischen Aufgaben zuständig sind. Beim Erkennen eines neuen Gesichtes ist dies der hintere, untere Teil des Schläfenlappens, beim Verstehen eines neuen Satzes werden die beiden Sprachzentren, das *Broca-* und das *Wernicke-Zentrum*, aktiviert. Diese aufgabenspezifischen Cortexregionen werden von der retikulären Formation in Zusammenarbeit mit dem Gedächtnis angesteuert. Es geht in diesen Regionen darum, *neue Netzwerkeigenschaften* durch Reorganisation der synaptischen Kopplungsstärken anzulegen.

Dabei werden viele in separaten Netzwerken vorliegende Einzelinformationen daraufhin untersucht, ob sie sich zu einem sinnvollen Ganzen zusammenfügen, was das Meistern der Aufgabe ermöglicht. Je mehr sich dann diese Verbindungen und Verknüpfungen *konsolidiert* haben, desto effektiver werden die Netzwerke, und damit werden sie auch kleiner Subjektiv erleben wir dabei: Je glatter wir die Aufgabe beherrschen, desto weniger ist sie mit Aufmerksamkeit und Bewußtsein verbunden. Schließlich bewältigen wir sie in einer Weise, bei der Aufmerksamkeit nur stören würde, zum Beispiel beim Fahrradfahren oder Klavierspielen.

Solche Aufmerksamkeitsprozesse sind stoffwechselphysiologisch teuer, denn im Gegensatz zur normalen neuronalen Aktivität des Gehirns verbrauchen die synaptischen Umbaumaßnahmen viel Sauerstoff und Zucker. Der Umstand, daß die Bewältigung neuer kognitiver Aufgaben stoffwechselintensiv ist, verursacht die uns allen bekannte Tatsache, daß wir im hungrigen Zustand oder bei Sauerstoffmangel Denkschwierigkeiten haben. Das Gehirn ist nämlich derjenige Teil des Körpers, der besonders viel Stoffwechselenergie benötigt: zehnmal mehr (zwanzig Prozent), als ihm vom Relativvolumen her zukäme (zwei Prozent). Gleichzeitig hat das Gehirn keinerlei Zucker- und Sauerstoffreserven; es lebt bei seinen Aktivitäten von der Hand in den Mund. Aus der Tatsache, daß das Gehirn jede lokale Erhöhung des Stoffwechsels durch eine Erniedrigung an anderer Stelle kompensieren muß, erklärt sich auch das bereits erwähnte Phänomen: Je mehr wir uns auf ein Ereignis konzentrieren, desto mehr entschwinden andere Ereignisse unserem Bewußtsein, bis wir schließlich alles um uns herum „vergessen".

Die hier vertretene These lautet also: Bewußtsein und Aufmerksamkeit treten

zusammen mit neuronalen Reorganisationsprozessen bei der Bewältigung neuer kognitiver und motorischer Aufgaben auf. Derartige Reorganisationsprozesse laufen in jeder Sekunde in unserem Gehirn ab, wenn auch mit unterschiedlicher Intensität. Verhindert man das Auftreten dieser Prozesse, zum Beispiel durch das Verabreichen bestimmter Pharmaka, dann treten auch die charakteristischen Erlebniszustände nicht auf; umgekehrt treten die Erlebniszustände nicht ohne diese Prozesse auf. Das heißt, das eine existiert nicht ohne das andere.

NEUROBIOLOGISCHE VERFAHREN ZUR MESSUNG KOGNITIVER AKTIVITÄT

Wie läßt sich das alles experimentell überprüfen? Die meisten von uns sind mit der Überzeugung aufgewachsen, geistige Zustände wie Bewußtsein, Denken, Vorstellen, Erinnern könnten zwar innerlich erlebt, aber nicht objektiv dargestellt werden. Gedanken – so heißt es – kann man nicht sehen, hören oder anfassen. Sie scheinen nicht einmal einen Ort zu haben und auch nicht den physikalischen Gesetzmäßigkeiten zu unterliegen. Wie sollte man also feststellen, wann jemand in einem bestimmten Bewußtseins- oder Aufmerksamkeitszustand ist, um dann nach dessen neuronalen Grundlagen zu fragen?

Mit der Einführung neuartiger Methoden sowie der Verbesserung bereits vorhandener ist man aber heute in der Lage, die neuronalen Grundlagen kognitiver, geistiger Leistungen auf ganz unterschiedlichen funktionalen Ebenen zu untersuchen. So ist es heute möglich, die Aktivität einzelner Nervenzellen im Cortex von wachen Affen zu registrieren, während diese Tiere kognitive Leistungen vollbringen. In einem dieser Versuche wurde von einer Nervenzelle im assoziativen visuellen Cortex des Affen (im sogenannten Areal V4) abgeleitet, während der Affe sich auf einen von zwei räumlich auseinanderliegenden visuellen Reizen konzentrieren mußte (dies hatte er in einem zeitraubenden Training gelernt). Einer der beiden Reize lag in dem Teil des Gesichtsfeldes, von dem aus das registrierte Neuron aktiviert werden konnte (in seinem „rezeptiven Feld", wie man sagt). Wenn immer der Affe seine Aufmerksamkeit auf den Stimulus lenkte, der im rezeptiven Feld des registrierten Neurons lag, erhöhte sich die Aktivitätsrate (das heißt die Zahl der Aktionspotentiale, der „Spikes") um rund die Hälfte. In einem anderen Experiment mußte ein Affe

lernen, seine Aufmerksamkeit auf einen visuellen Reiz zu richten, während er ein Fadenkreuz fixierte, bis er schließlich über ein Signal die Erlaubnis bekam, dorthin zu blicken. Dies zu lernen (das heißt etwas aus den Augenwinkeln zu beobachten) ist auch für uns Menschen nicht einfach, aber der Affe schaffte es. Im parietalen Cortex des Affen fand man Neurone, die so lange „feuerten", wie das Tier den seitlichen Reiz aus den Augenwinkeln beobachtete und seine Aufmerksamkeit durch ihn „gefesselt" war.

Aus psychophysischen Untersuchungen ist bekannt, daß sich unsere Sehschärfe stark erhöht, wenn wir unsere Aufmerksamkeit auf die zu erkennenden Sehdetails richten (wir nehmen dies subjektiv als „genau hinsehen" wahr). Bei entsprechenden Versuchen mit Affen wurde festgestellt, daß sich beim aufmerksamkeitsbegleiteten Detailsehen die rezeptiven Felder von Neuronen im primären und sekundären visuellen Cortex verkleinern. Gleichzeitig werden mehr Neurone aktiviert als bei nicht aufmerksamem Sehen. Durch beide Vorgänge wird die räumliche Auflösung des Sehsystems stark erhöht, denn erheblich mehr Neurone „blicken" nun auf dieselbe Stelle im Gesichtsfeld. Es wird angenommen, daß dabei „höhere" visuelle Aufmerksamkeits-Zentren im assoziativen Cortex die Neurone in den primären und sekundären visuellen Arealen steuern. Ähnliche Vorgänge müssen wir auch im auditorischen System fordern, denn uns allen ist geläufig, daß Aufmerksamkeit und Konzentration unsere Hörschärfe deutlich steigern. Einzelzell-Untersuchungen sind am menschlichen Gehirn nur sehr gelegentlich (zum Beispiel im Zusammenhang mit

Gehirnoperationen) durchzuführen. Da aber das Gehirn von Affen sich vom menschlichen Gehirn – bis auf die Existenz von Zentren für verbal-syntaktische Sprache – nur in seiner Größe unterscheidet, kann kein Zweifel daran bestehen, daß entsprechende Experimente beim Menschen zu denselben Resultaten führen. Allerdings gibt es auf globaler Ebene die Möglichkeit, die aufmerksamkeits- und bewußtseinsabhängige Aktivitätserhöhung von Gehirnzentren am Menschen festzustellen, und zwar mit Hilfe der sogenannten bildgebenden Verfahren. Hierzu gehören im wesentlichen die Positronen-Emissions-Tomographie (PET) und die Kernresonanz-Spektroskopie (NMR).

Beim PET wird dem Blut ein Positronen aussendendes Isotop – etwa das Sauerstoff-Isotop ^{15}O – in Verbindung etwa mit Wasser oder Zucker zugeführt. Dieser Stoff gerät im Gehirn vor allem dort in den Stoffwechsel, wo das Hirn besonders aktiv ist. Detektoren, die ringförmig um den Kopf angebracht werden, registrieren die Gammastrahlen, die beim Zerfall der Isotope freiwerden. Aus diesen Daten errechnet ein Computer ein dreidimensionales Bild der Hirnaktivität – bei einer Auflösung im Millimeterbereich braucht er dazu bis zu 90 Sekunden.

NMR beruht auf einem anderen Prinzip als PET und nutzt die Tatsache aus, daß sich in einem starken Magnetfeld viele Atomkerne mit ihren Magnetachsen parallel zu den Feldlinien ausrichten. Sie senden nach Störung mit einem Radiowellensignal Hochfrequenzsignale aus, die Aufschluß über die Art und Position des Kerns sowie die physikalische und chemische Beschaffenheit seiner Umgebung liefern. Hiermit lassen sich zum Beispiel mit Hilfe von Wasserstoff-Atomkernen – anders als beim EEG oder bei PET – genaue anatomische Darstellungen von Gehirnen erreichen. Beim *funktionellen* NMR werden Schwankungen im Sauerstoffgehalt des arteriellen oder des venösen Blutes in Abhängigkeit von der leistungsabhängigen Stoffwechselaktivität des Gehirns erfaßt und bildlich dargestellt. Damit läßt sich zeigen, wo im Gehirn die neuronale Aktivität lokal erhöht ist.

Wenn man nun mit Hilfe der bildgebenden Verfahren die Hirnaktivität (über Hirnstoffwechsel und Hirndurchblutung) von Versuchspersonen untersucht, dann zeigt sich – dies dürfte uns jetzt nicht mehr überraschen –, daß sich die Aktivität immer dann erhöht, wenn das Gehirn mit komplexen Aufgaben konfrontiert ist, die Konzentration und Aufmerksamkeit erfordern, zum Beispiel das Erkennen eines unbekannten, aber interessanten Gesichtes oder das Verstehenwollen eines komplizierten Satzes. Die Aktivität erhöht sich dort, wo man es aufgrund der Kenntnisse der funktionalen Organisation der Hirnrinde und subcorticaler Zentren auch erwarten würde (mit einigen Überraschungen hinsichtlich unerwarteter Beteiligung subcorticaler Zentren). Beim Wechsel der Aufmerksamkeit zwischen verschiedenen Reizen ist zusätzlich der obere parietale Cortex stark aktiviert. Je vertrauter die Versuchsperson mit der Aufgabe ist, je weniger Aufmerksamkeit sie aufbringen muß und je glatter sie die Aufgabe beherrscht, desto mehr geht die lokale Aktivierung des Gehirns zurück.

Genau dies ist im Rahmen der hier aufgestellten Hypothese zu fordern: Bei erstmaliger Konfrontation mit der kognitiven Aufgabe sind weite Bereiche des Cortex besonders aktiv, denn jetzt muß viel Zusammenschaltungs- und Verknüpfungsarbeit geleistet werden. Dies erfordert erhöhte Stoffwechselarbeit und daher den Antransport von viel Sauerstoff und Zucker über die Blutbahnen.

SPEKTAKULÄRE BEWUSSTSEINS- UND AUFMERKSAMKEITS- STÖRUNGEN

Eine merkwürdige Bewußtseinsstörung, welche die Forscher seit längerem fasziniert, ist „Blindsehen". Patienten, die unter einer solchen Krankheit leiden, besitzen kein bewußtes Sehen, verfügen jedoch noch über eine unbewußte Sehfähigkeit, wie sich anhand der Pupillenreaktion auf Helligkeits- und Kontrastwechsel, Reaktionen auf flackernde Stimuli, auf Orientierung und Farbe visueller Reize zeigt.

Ebenso sind diese Patienten fähig, unbewußt Objekte zu erkennen und nach ihnen zu greifen. Dies tun sie in aller Regel erst nach energischer Aufforderung, denn für sie ist es nichts anderes, als „ins Leere" zu greifen. Sie erfassen unbewußt auch die Bedeutung von Aufforderungen, die im „blinden" Gesichtsfeld gezeigt wurden, denn sie können – wiederum ohne daß sie wissen, warum – den Aufforderungen entsprechend handeln. „Blindsehende" Patienten können also sehen, ohne daß ihre visuelle Wahrnehmung mit Bewußtsein verbunden ist. Die genauen Ursachen von Blindsehen sind nach wie vor unklar. Allen Fällen gemeinsam ist eine völlige oder weitgehende Zerstörung

des primären visuellen Cortex (A 17, auch V1 genannt).

Ein ebenso merkwürdiges Phänomen im Zusammenhang mit bewußter Wahrnehmung ist die Unfähigkeit von bestimmten Patienten, krankhafte neurologische Ausfälle an sich selbst zu erkennen oder zur Kenntnis zu nehmen. Diese Erkrankung wird *Anosognosie* genannt. Ausfälle, deren Existenz geleugnet wird, können etwa der Verlust der motorischen Kontrolle (Hemiplegie) sein oder der Ausfall der Empfindung einer Körperhälfte (Hemiparese, Hemianästhesie), die zum Beispiel nach einem Schlaganfall auftreten, oder der Ausfall des Sehvermögens im ganzen Gesichtsfeld oder in Teilen davon. Derartige Schäden werden natürlich nicht von allen Patienten geleugnet, sondern in der Regel von solchen, die eine *zusätzliche* Schädigung des Parietallappens aufweisen und zwar interessanterweise meist des rechten. Gelegentlich treten sie auch bei Schäden im präfrontalen Cortex auf.

Die meisten Anosognosie-Patienten versuchen so zu tun, als sei alles in Ordnung, oder sie schreiben den Defekt oder dessen Folgen Ursachen außerhalb von ihnen selbst zu. Fordert man Anosognosie-Patienten mit gelähmter linker Körperseite auf, die linke Hand zu reichen, so ignorieren sie entweder die Aufforderung, versuchen abzulenken oder geben Pseudoerklärungen wie „Ich kann den Arm nicht heben, weil ich so müde bin". Oft werden Gliedmaßen auch als fremd angesehen; Patienten behaupten dann etwa, man habe ihnen über Nacht ein fremdes Bein angenäht oder ins Bett gelegt, wie dies Oliver Sacks in einem seiner Bücher schildert. „Visueller Hemineglect" ist ein Spezialfall von Anosognosie und betrifft den Verlust bewußten Sehens in einer Gesichtsfeldhälfte. Hemineglect-Patienten vernachlässigen das, was in einer Gesichts- oder Körperhälfte, meist der linken, vor sich geht. Ihre Augenbewegungen überschreiten selten oder gar nicht die Mittellinie zwischen beiden Hälften. So kann es vorkommen, daß Hemineglect-Patienten nur den Teil der Speisen auf dem Teller aufessen, der der bewußten Gesichtsfeldhälfte entspricht. Dreht man den Teller um 180 Grad, dann essen sie wieder eine Hälfte der Hälfte auf. Dasselbe geschieht bei der Orientierung auf der Straße: Hemineglect-Patienten nehmen in aller Regel nur eine Straßenhälfte bewußt wahr. Erst wenn sie kehrtmachen, entdecken sie die andere Straßenseite, während die vorher wahrgenommene verschwindet.

Es wird bei Anosognosie und Hemineglect vermutet, daß hier nicht das Sehen selbst beeinträchtigt ist, wie möglicherweise beim Blindsehen, sondern das Vermögen oder die Neigung, die Aufmerksamkeit auf etwas zu richten. Die Anosognosie- und Hemineglect-Patienten „übersehen" also Dinge und Vorgänge, genauso wie es uns passiert, wenn wir unsere Aufmerksamkeit nicht darauf richten. Mit der Interpretation, daß es sich bei Anosognosie und Hemineglect um eine Störung der Bewußtseins-Aufmerksamkeit handelt, stimmen auch zwei weitere Tatsachen überein; nämlich erstens, daß bei Patienten mit visuellem Hemineglect die „erkundenden" Augenbewegungen, die bekanntlich hochgradig aufmerksamkeitsgesteuert sind, deutlich an der Mittellinie von Bildern oder Szenen haltmachen und nur selten die

„fremde" Hälfte betreten. Zweitens tritt – wie erwähnt – Anosognosie überzufällig häufig nach Schädigungen des rechten parietalen Cortex auf, also des Hirnrindenareals, das nicht nur für Raumwahrnehmung, sondern auch für Aufmerksamkeit besonders „zuständig" ist.

Ein drittes merkwürdiges Phänomen von Bewußtseinsstörung tritt bei Patienten mit durchtrenntem Balken („Split-Brain-Patienten") auf. Bei diesen Patienten ist der Informationsaustausch zwischen der linken und der rechten Großhirnhemisphäre, der normalerweise über den Balken mit seinen vielen Millionen Fasern verläuft, unterbunden. Da die subcorticalen Hirnanteile nach wie vor ungetrennt sind, ist das nichtbewußte, prozedurale und automatisierte Wissen davon nicht betroffen. Als Folge der Durchtrennung des Balkens weiß die linke Hemisphäre bewußtseinsmäßig nicht, was die rechte tut. Man kann diese Patienten daher mit der linken und der rechten Hemisphäre unterschiedliche Dinge wahrnehmen, lernen und tun lassen. So kann man einem Patienten den Befehl geben, mit der linken Hand durch Tasten und ohne Sichtkontakt einen bestimmten Gegenstand aus einer Kollektion von Gegenständen herauszufinden, und er wird dies korrekt tun, wenn man der *rechten* Hemisphäre (welche die linke Hand steuert) die Bezeichnung des gesuchten Gegenstandes auf einem Schirm schriftlich mitteilt. Dabei muß man dafür sorgen, daß nur die rechte Hemisphäre das Wort lesen kann.

Dies erreicht man, indem man es in der linken Gesichtsfeldseite, die in der rechten Hemisphäre abgebildet wird, kurzzeitig darbietet, ohne daß die Versuchsperson es binokular fixiert (sonst würde es auch die linke, sprachbegabte Hemisphäre lesen können). Tut man dies, dann weiß die linke Hemisphäre nicht, was vor sich geht. Hat man der rechten Hemisphäre das Wort „Schlüssel" dargeboten und der linken das Wort „Ring", so wird der Patient mit der linken Hand (korrekt) den Schlüssel heraussuchen, aber auf die Frage, was er herausgesucht habe, die Antwort „Ring" geben. Die Split-Brain-Patienten können nur über das berichten, was in derjenigen Hirnhälfte verarbeitet wird, in der die Sprachzentren lokalisiert sind (der „dominanten" Hemisphäre), und dies ist bei den meisten Menschen die linke. Die abgetrennte rechte, nichtdominante Hemisphäre hat wegen der Kommissurotomie keinen Zugriff auf die Sprachzentren mehr.

Einige Forscher, so der Neurophysiologe und Neurophilosoph John Eccles,

haben diese Befunde so gedeutet, daß nur die sprachbegabte, dominante Hirnhälfte Bewußtsein beziehungsweise Geist besitze, während die andere ein bewußtseinsloses, „sehr gehobenes tierisches Gehirn" darstelle und nicht wisse, was sie tut. Demnach wären Geist und Bewußtsein an die Existenz von Sprache gebunden, was aber von den meisten Forschern bezweifelt wird. Die Deutung von Eccles ist allein schon deshalb unbefriedigend, weil auch die nichtdominante (meist rechte) Hemisphäre nachgewiesenermaßen ein Wortverständnis besitzt; denn sonst könnte sie ja nicht das Wort „Schlüssel" lesen und diese Instruktion korrekt befolgen. Sie kann aber nicht über das, was in ihr vorgeht, sprachlich berichten. Wäre diese Sprachlosigkeit der einzige Grund der Unfähigkeit des Patienten, etwas über den Gegenstand in seiner linken Hand auszusagen, so könnte er zumindest die Frage, ob er das richtige Objekt ausgewählt habe, per Kopfnicken bejahen, denn die nichtdominante Hemisphäre kann ja rudimentär Sprache verstehen. Dies wird aber nicht berichtet. Es mag sein, daß die rechte Hemisphäre zwar Worte lesen, aber komplexere Fragen nicht verstehen kann.

DAS PHILOSOPHISCHE QUALIA-PROBLEM UND DIE KENNZEICHNUNGS-HYPOTHESE

Wir haben gesehen, daß die Hirnforschung durchaus in der Lage ist, eine Verbindung zwischen Zuständen aufmerksamen Bewußtseins und bestimmten Hirnstrukturen und -prozessen herzustellen. Ebenso lassen sich Angaben darüber machen, welche Teile im Gehirn zusammen-wirken müssen, damit ein solches Be-wußtsein auftritt. Schließlich können wir eine plausible Hypothese über den funk-tionalen Zusammenhang zwischen Be-wußtseinszuständen und der Reorganisa-tion corticaler Netzwerke bei der Bewälti-gung neuer kognitiver Aufgaben aufstel-len. Haben wir damit Bewußtsein und Aufmerksamkeit neurobiologisch *erklärt*?

Viele Philosophen würden dies ent-schieden verneinen und uns entgegen-halten, wir hätten immer noch nicht das *Eigentliche* des Bewußtseins und des Men-talen erklärt, nämlich das *Erleben* dieser Zustände! Dieses *phänomenale* Erleben (philosophisch ausgedrückt handelt es sich um das *Qualia-Problem*) neurobiolo-gisch zu ergründen, sei völlig unmöglich; denn Erleben könne nur aus der Per-spektive der „ersten Person" erfahren wer-den, und nicht „von außen", aus der Per-spektive der „dritten Person", wie es für die empirischen Wissenschaften charak-teristisch sei. Damit sei auch das Pro-gramm einer „Neurobiologie des Geistes" im Kern gescheitert!

Eine andere Kritik kommt von Seiten der *Epiphänomenalisten*. Diese wenden ein: Es mag ja sein, daß es eine eindeutige Kopplung zwischen bestimmten neuro-nalen Prozessen einerseits und subjektiv erlebten Bewußtseinsprozessen anderer-seits gibt. Diese Kopplung hat aber keiner-lei Bedeutung, denn das Erleben ist ein nutz- und wirkungsloses Beiwerk, ein *Epi-phänomen*. Was *kausal* wirksam ist, das sind einzig die neuronalen Prozesse. Es ist ir-relevant für das Ablaufen kognitiver Pro-zesse in unserem Gehirn, daß wir diese Zustände auch noch subjektiv erleben, denn dieses Erleben bewirkt nichts. Was

nichts bewirkt, kann auch nicht naturwis-senschaftlich erfaßt werden, und deshalb können (und müssen) wir innerhalb un-seres Erklärungsmodells für kognitive Lei-stungen des Gehirns völlig von der Erleb-niskomponente absehen. Während also die einen Philosophen das Qualia-Pro-blem für neurobiologisch *unlösbar* halten, erklären es die anderen (epiphänomena-listischen) für *irrelevant*.

Mein Bremer Kollege Helmut Schweg-ler und ich haben in Hinblick auf das Qualia-Problem eine *Kennzeichnungshypo-these* entwickelt. Wir gehen dabei von der bekannten Tatsache aus, daß alle neuro-physiologischen Grundereignisse, das heißt Nervenimpulse, ihre Änderung, Fortleitung, synaptische Übertragung und Integration, von ihrer physikalisch-che-mischen Natur her *gleich* sind. Nervenim-pulse im visuellen System sind von solchen im auditorischen, somatosensorischen oder motorischen System nicht zu unter-scheiden; sie haben keinerlei modalitäts-oder qualitätsmäßige Spezifität. Dasselbe gilt für das anatomische corticale Substrat. Der Cortex ist hinsichtlich seiner zellu-lären Komponenten und seiner intrin-sischen Verknüpfungsstruktur sehr ho-mogen aufgebaut, und man kann unter dem Mikroskop nicht unterscheiden, ob ein bestimmtes Stück Cortex visuelle oder auditorische Funktionen hat oder im visuellen System Farbe oder Form verar-beitet und im auditorischen System Ton-höhe, Melodie oder Sprache.

Die spezifischen Empfindungen der verschiedenen Sinnesmodalitäten und -qualitäten sind vielmehr durch den *Ort der Verarbeitung* der zugrundeliegenden Erregung festgelegt. Dies bedeutet: Alles, was im Hinterhauptslappen und unteren

Temporallappen passiert, wird vom Gehirn als „Sehen" interpretiert und deshalb von uns in einer bestimmten Weise erlebt, und alles was im oberen Temporallappen passiert, wird als „Hören" erlebt, gleichgültig, woher „eigentlich" diese Erregung kommt, ob von einem „natürlichen Input" (zum Beispiel von der Retina über den lateralen Kniehöcker) oder von einer direkten elektrischen Stimulation der Hirnrinde. Entsprechendes gilt auch für die corticalen Sub-Areale innerhalb eines Sinnessystems. Wir haben bei Reizung des visuellen Areals V4 Farbempfindungen und bei Reizung des visuellen Areals V5/MT Bewegungsempfindungen, unabhängig von der Quelle dieser Erregung. In der Tat werden ja bei Akten der Vorstellung beziehungsweise Erinnerung von Farbigem oder Bewegtem diese Areale ohne sensorischen Input, das heißt rein cortex-intern aktiviert.

Diese Zuordnung von Rindenareal und Erlebnis ist nicht (oder nur zu einem sehr geringen Grade) phylogenetisch fest vorgegeben, sondern entsteht zum allergrößten Teil „selbstorganisiert" während der ontogenetischen Gehirnentwicklung, und zwar im Zusammenhang mit der funktionalen Aufgliederung des Cortex. Schwegler und ich nehmen an, daß Erleben eine besondere Art der *Kennzeichnung* bestimmter corticaler Prozesse ist, damit das Gehirn sich in seiner überaus komplexen Ordnung zurechtfindet. Eine solche Kennzeichnung tritt nur im Cortex auf und scheint zumindest beim Menschen außerhalb des Cortex nicht notwendig oder möglich zu sein. Dies mag daran liegen, daß der Cortex der einzige Ort im Gehirn ist, in dem sensorische Afferenzen mit Eingängen aus dem Erin-

nerungssystem, dem limbischen und retikulären Bewertungssystem zusammenkommen und in dem außerdem ein genügend hohes Maß an Plastizität vorhanden ist, damit schnell neue Netzwerke geformt werden können.

Erlebensprozesse erleichtern oder ermöglichen überhaupt erst eine sehr differenzierte Unterscheidung zwischen unterschiedlichen Modalitäten und Qualitäten, zwischen Ich und Nicht-Ich, zwischen Vorher, Jetzt und Nachher, zwischen gewollten Handlungen und Reflexen. Hiermit ist auch die Annahme verträglich, daß das subjektive Erleben genauso wie die Konstruktion eines Ich, das sich als Subjekt der Wahrnehmungen und als Verursacher von Handlungen ansieht, zumindest teilweise von bestimmten historischen soziokulturellen Bedingungen abhängt.

Die Behauptung des Epiphänomenalismus, das Erleben sei ein überflüssiges Beiwerk zu den kausal wirksamen neuronalen Prozessen, wäre dann ernstzunehmen, wenn es tatsächlich oder im Prinzip gelingen würde, die Erlebniszustände in irgendeiner Weise von den normalerweise gekoppelten neuronalen Prozessen abzutrennen, ohne daß diese Prozesse ihre spezifische Wirkung verlören. Dies wäre dann gegeben, wenn bei der Einnahme bestimmter Drogen vorübergehend unser Bewußtsein ausgelöscht wäre, wir aber dennoch neue sprachliche Sachverhalte erfassen oder komplizierte Handhabungen erlernen könnten. Das ist jedoch nach allem, was man aus dem Alltagsleben, der Neuropharmakologie und der Narkoseforschung weiß, nicht der Fall. Wir können zwar auch in Narkose *implizit* etwas Einfaches lernen oder auf irgendetwas konditioniert werden, aber wir werden nicht wissen, warum wir dies können, das heißt wir haben darauf keinen deklarativen Zugriff.

Beeinträchtigungen des subjektiven Bewußtseinszustandes gehen immer mit einer Beeinträchtigung bestimmter kognitiver Leistungen einher, und ebenso treten unter diesen Umständen die mit Aufmerksamkeitsbewußtsein normalerweise korrelierenden Zustände im Gehirn nicht auf. Noch viel deutlicher sind die *Verhaltensstörungen*, die bei Beeinträchtigungen der verschiedenen Bewußtseinszustände auftreten. Wir nehmen an unseren Mitmenschen sofort wahr, ob sie bei Bewußtsein sind, ob sie unaufmerksam sind, und erst recht, ob sie eine normale Ich-Identität und ein normales Körperempfinden haben. Den von Philosophen im Zusammenhang mit der Bewußtseinsdebatte beschworenen „bewußtlosen Doppelgänger" (oder „Zombie"), der sich rein äußerlich so verhält wie ich im Bewußtseinszustand, gibt es real nicht. Wir müssen annehmen, daß die Erlebniskomponente ein *unabtrennbarer Teil* bestimmter kognitiver und verhaltenssteuernder Prozesse des Gehirns ist, und daß ohne diese Komponente ein komplexes adaptives Verhalten, so wie wir es tagtäglich bei uns und unseren Mitmenschen beobachten, unmöglich ist.

HABEN TIERE BEWUSSTSEIN?

Die Frage, ob Tiere Bewußtsein haben, ist so alt wie die Frage nach dem Sitz und der Funktion von Bewußtsein beim Menschen. Wir werden diese Frage niemals mit absoluter Gewißheit bejahen oder ver-

neinen können, wir können aber mehr oder weniger plausible Gründe für oder gegen die Existenz von Bewußtsein bei Tieren anführen. Nur darum kann es im folgenden gehen. Welche Gründe veranlassen uns, unseren Mitmenschen Bewußtsein zuzusprechen? Der stärkste Grund besteht darin, daß sie sich in den meisten Situationen ungefähr so verhalten wie ich, der ich ja Bewußtsein habe. Auch habe ich gelernt, daß Menschen sich in einer bestimmten Weise verhalten, wenn sie bei Bewußtsein sind, ihre Aufmerksamkeit auf etwas richten, ein Körper-Identitätsgefühl oder eine Ich-Identität haben.

In welcher Weise hilft uns das bei Tieren weiter? Genetik und Verhaltensforschung an Schimpansen zeigen, daß diese Primaten sehr eng mit uns genetisch verwandt sind (Schimpansen und Menschen sind enger miteinander verwandt als

Schimpansen mit Gorillas oder Orang-Utans!) und daß das individuelle und das soziale Verhalten beider Gruppen in jeder Beziehung sich sehr ähnlich sind. Schimpansen zeigen Nachdenklichkeit, Handlungsplanung (zum Beispiel im Form von geistigem Probehandeln) und Erkennen der eigenen Identität (zum Beispiel im Spiegel). Umstritten ist in Fachkreisen, ob sie ihren Artgenossen beziehungsweise ihren menschlichen „Kollegen" Wünsche, Absichten und Handlungsplanung, das heißt eine „Welt im Kopf" unterstellen und diese Welt bei ihrem eigenen Handeln einkalkulieren. Viele Primatenforscher sind aber geneigt, dies anzunehmen. Wir liegen also nicht ganz falsch, wenn wir den Schimpansen ein Bewußtsein unterstellen, das dem unseren gleicht oder zumindest sehr ähnlich ist. Diese Annahme wird dadurch unterstützt, daß das Gehirn des Schimpansen dem unseren sehr ähnlich ist und alle Strukturen und Funktionen besitzt, die wir – wie beschrieben – bei uns mit dem Entstehen von Bewußtsein in Verbindung bringen.

Bei Gorillas und Orang-Utans, den anderen Menschenaffen, sind wir nicht mehr so sicher. Zwar ist ihr Gehirn dem unseren ebenfalls sehr ähnlich, aber ihr individuelles und soziales Verhalten ist bereits recht verschieden von unserem. Noch schwieriger wird die Sache bei denjenigen Affen, die nicht zu den Menschenaffen gezählt werden. Man hat bei ihnen zum Beispiel nicht die Fähigkeit entdeckt, sich im Spiegel zu erkennen. Es ist also unklar, ob sie eine Ich-Identität besitzen. Andererseits zeigen sie deutliche Zeichen von Aufmerksamkeitsbewußtsein und von Handlungsplanung. Noch schwieriger wird es bei anderen Säugetieren wie

Hunden und Katzen. Ihre Gehirne haben ungefähr die gleichen Strukturen, und die Verbindungen zwischen diesen Strukturen sind dieselben wie bei uns. Kein Hunde- oder Katzenfreund wird diesen sehr lernbegabten Tieren ein Aufmerksamkeitsbewußtsein absprechen wollen. Aber haben sie eine Ich-Identität und ein Körperidentitätsgefühl? Zumindest benutzen sie nicht wie Menschen und Schimpansen einen Spiegel zur Körperpflege, auch wenn man ihnen dazu Gelegenheit gibt.

Wir können uns nun weiter fragen, ob Ratten, Meerschweinchen, Vögel, Krokodile und Frösche ein Bewußtsein haben, und wenn ja, was für eines. Anzeichen für Aufmerksamkeitszustände liefern sie alle, und alle haben ein ähnlich aufgebautes Gehirn. Ihre Gehirne sind aber viel kleiner als das unsere und sehen auch schon einigermaßen anders aus, und bei manchen von ihnen ist es schwierig, assoziative Cortexareale auszumachen. Und was ist mit den anderen Bewußtseinszuständen? Wir erkennen hieran eine grundlegende Schwierigkeit: Je unähnlicher das Verhalten und die Gehirne solcher Tiere unserem Verhalten und unserem Gehirn sind, desto schwieriger ist es, die Frage nach der Existenz von Bewußtsein zu beantworten. Viele Säugetiere sind uns sehr fremd, zum Beispiel Wale und Delphine mit Gehirnen, die sehr viel größer sind als die unsrigen, und mit einem Verhalten, das wir kaum oder gar nicht verstehen. Bei Nicht-Wirbeltieren, zum Beispiel bei Insekten oder Tintenfischen, stoßen wir an vielleicht unüberwindliche Grenzen, denn ihr Verhalten und ihre Gehirne sind grundverschieden von den menschlichen Verhältnissen.

Wir sollten also in jeder Hinsicht vorsichtig sein und annehmen, daß die verschiedenen Arten von Bewußtsein in ganz unterschiedlicher Zusammensetzung und Intensität im Tierreich vorhanden sind. Kaum Zweifel können wir haben, daß viele Tiere, auch Wirbellose mit großen und komplexen Gehirnen wie ein Octopus, ein Aufmerksamkeitsbewußtsein haben. Es kann durchaus sein, daß Vögel und Säugetiere ein Bewußtsein der Körperidentität und der eigenen Existenz besitzen. Ob sie auch ein Bewußtsein einer andauernden Identität – eines Ich – und einer eigenen Geschichte haben, ist ganz unklar. Dies mag man am ehesten Säugetieren mit großen und komplexen Gehirnen (und entsprechend großen assoziativen Cortexarealen) zusprechen wie Elefanten, Walen, Delphinen und Menschenaffen. Uns Menschen schreiben wir diese Bewußtseinszustände ganz natürlich zu; dabei vergessen wir aber die Möglichkeit, daß sie sich auch beim Menschen erst in einer bestimmten sozialen Umgebung voll entwickeln. All dies ist aber empirisch-experimentell wenig erforscht und entsprechend mit vielen Vormeinungen und Vorurteilen belastet.

AUF DEM WEG ZU EINER WISSENSCHAFT DES BEWUSSTSEINS

Im Gegensatz zu der Meinung vieler Philosophen, Bewußtsein und andere mentale Zustände seien einer empirisch-experimentellen Untersuchung *grundsätzlich* unzugänglich, erkennen wir, daß wir anhand des täglichen Verhaltens von Menschen, mit Hilfe psychophysischer Experimente und unter Ausnutzung einer Vielzahl neurobiologischer Methoden auf das Vorliegen von Bewußtseinszuständen verschiedenster Art schließen können. Wir sind heute in der Lage, sowohl auf der Ebene einzelner Nervenzellen als auch auf der Ebene großer Zellverbände nachzuweisen, daß Zustände von Aufmerksamkeits-Bewußtsein mit einer erhöhten neuronalen Aktivität und in diesem Zusammenhang mit einem erhöhten lokalen Hirnstoffwechsel und einer erhöhten lokalen Hirndurchblutung verbunden sind. Neuronale Aktivität, Stoffwechsel und Durchblutung bilden die Grundlage bestimmter Reorganisationsprozesse in grösseren oder kleineren Nervennetzen. Das ist die Grundlage für die Möglichkeit, das Auftreten dieses kognitiven Zustandes im Gehirn von Tieren und Menschen intersubjektiv festzustellen und gilt für wahrgenommene Inhalte genauso wie für erinnerte beziehungsweise vorgestellte. Wie detailliert ein solches „Gedankenlesen" mit Hilfe der geschilderten (oder ganz anderer) Methoden einmal sein wird, ist nicht zu sagen.

Bewußtsein stellt also ein Phänomen dar, das nicht „völlig privat" existiert, sondern untrennbar mit bestimmten Körper- und Gehirnvorgängen verbunden ist. Der Erlebniszustand als die „Erste-Person-Perspektive" ist nur *ein* Zugang neben mehreren der „Dritten Person" (Studium von Verhalten, psychophysischen Reaktionen, Hirnprozessen) zu Geist und Bewußtsein und keineswegs ein privilegierter oder gar der einzige. Dies bedeutet auch, daß eine „Wissenschaft des Bewußtseins", wie sie von fortschrittlicher philosophischer Seite gefordert wird, eine interdisziplinäre Aufgabe sein muß.

Dagmar Metzger

Gefühle: Triebfedern unserer Existenz

Glück, Freude, Trauer, Liebe, Haß, Schmerz und Angst – Facetten der Seele. Wie entwickeln sich Gefühle, wie beeinflussen sie unsere Existenz, inwieweit sind sie körperlich oder von Instinkten geleitet? Gesteuert von einer Fabrik chemischer Stoffe, lernen wir, die Balance zwischen Ratio und Intuition zu finden – indem wir auch die „Intelligenz" der Gefühle nutzen. Offenbar ist es nicht nur der Verstand, der uns hilft, in einer komplexen Welt zu überleben.

Ich denke, also bin ich." Der Satz des Descartes war lange das Credo von Gehirnforschern. Mit großem Eifer haben sie sich damit befaßt, unsere „Denkwerkzeuge" zu analysieren. Naturphilosophen, Biologen, Hirnforscher und Psychologen suchten vor allem nach Erkenntnissen über Wahrnehmen, Lernen und Erinnern. Ihr Ziel: rationale Prozesse nachvollziehbar zu machen und damit – auch – Grundlagen zu schaffen für eine „Künstliche Intelligenz". Nach ihrer Vorstellung ließe sich eines Tages vielleicht eine Maschine erfinden, die wie ein Mensch denken kann.

Viele Forscher gingen von dem Grundgedanken aus, daß das menschliche Gehirn ähnlich deterministisch und „algorithmisch" arbeitet wie ein Computer. Demnach müßten nur der passende Input gefunden und ein Programm für die In-formationsverarbeitung geschrieben werden, um „intelligente" Resultate zu bekommen. Die Idee, daß unser Bewußtsein wie ein hochkomplizierter, aber doch prinzipiell durchschaubarer Computer funktioniert, paßt in unser Weltbild. Wir gefallen uns als Vernunftswesen – je rationaler und intellektueller, desto zivilisierter und damit weiter entfernt vom primitiven Tier, desto höher auf der evolutionären Skala.

Daß dieses Bild nicht stimmt, erleben wir jeden Tag im Guten wie im Bösen. Menschen haben Mitleid, teilen ihr letztes Stück Brot – ganz gegen jede Vernunft – mit völlig Fremden. Zur selben Stunde, im selben Land, führen andere Krieg, quälen und töten ihre ehemaligen Freunde und Nachbarn ohne Sinn und Verstand. Warum? Die Antwort auf diese Frage müßte selbst für harte Neuroinformatiker spannender sein als jeder noch so ausgeklügelte Schaltplan. Denn die verwirrendsten und rätselhaftesten Momente im Leben sind gerade die unvernünftigsten. Die Momente, in denen das Gefühl die Rationalität beherrscht. Warum verlieben sich Romeo und Julia ineinander? Sie haben keine Chance, zueinander zu kommen. Warum erschießt eine Schauspielerin in einem Anfall von Zorn ihren Geliebten? Sie kannte die Konsequenzen.

Die Frage nach dem Warum „irrationaler" Emotionen ist keine rein philosophische Frage mehr. Sie wird auch von Naturwissenschaftlern gestellt. Die Antwort ist freilich noch längst nicht vollständig, denn die Forschung über den Bereich des Irrationalen ist noch in der Entwicklung. Das Wort Emotion hat seine Wurzel im Lateinischen: *Emovere* bedeutet „sich hinausbewegen", oder im übertragenen Sinn „aus den Angeln heben". Darin steckt die Erkenntnis, daß jede Emotion auch eine Tendenz zum Handeln enthält.

In den Anfängen der Menschheitsgeschichte war dies der entscheidende Punkt: Gefühle wie Furcht, Wut, Abscheu oder Liebe steuerten in erster Linie die biologische Handlungsbereitschaft, und körperliche Zustände waren somit notwendig für das pure Überleben ebenso wie für das Wohlbefinden. Den Beweis liefert die Beobachtung der Reaktionen, die in unserem Körper ablaufen, wenn wir fühlen:

Bei *Angst und Furcht* werden Hormone ausgeschüttet, die die Aktionsfähigkeit des Körpers steigern (unter anderem Adrenalin und Noradrenalin). Auf einen kurzen Moment der Erstarrung folgt eine Phase der Gereiztheit, der Alarmbereit-

schaft. Blut strömt zum Herzen (es schlägt schneller) und in die starken Skelettmuskeln (etwa in die Beine). Das versetzt uns in die Lage, bei Gefahr schneller fliehen zu können. Gleichzeitig wird das Gesicht blaß, denn das Blut fließt dort ab.

Bei *Zorn* kommt es ebenfalls zu einem Adrenalinstoß, der zu einem explosionsartigen Energieschub führt. Der Puls beschleunigt sich. Blut fließt in die Hände (manchmal so stark, daß sie zittern). Das macht es leichter, sich zu wehren – beispielsweise den Feind, der den Ärger provoziert hat, in die Flucht zu schlagen.

Ein *Glücksgefühl* aktiviert jene Gehirnteile, die negative Gefühle hemmen, Energie steigern, den Körper ansonsten aber in Ruhe versetzen.

Bei *Liebe* und sexueller Befriedigung wird das parasympathische Nervensystem angeregt, was eine allgemeine Entspannung bewirkt.

Trauer verlangsamt den Stoffwechsel des Körpers (beispielsweise nimmt das Hungergefühl ab). Dieser Energieverlust hemmt vor allem Lust und Begeisterung für gewöhnliche, alltägliche Dinge des Lebens. In früheren Zeiten hatte diese Starre wahrscheinlich die Funktion, den trauernden Menschen in seiner vertrauten, sicheren Umgebung zu halten, wenn er mit der seelischen Bewältigung einer Niederlage oder eines Verlustes beschäftigt, unkonzentriert und „draußen" deshalb gefährdet war.

Die überlebenswichtigen Kopplungen zwischen Gefühl und Reaktion kann man auch bei Tieren gut beobachten: Ein Hund beißt zu, wenn er erschreckt wird. Ein Reh läuft davon, wenn es Gefahr wittert. Beim Menschen haben diese Emotionen im Laufe der Zivilisierung ihre Bedeutung mehr und mehr verloren; er setzt ein Gefühl nicht mehr automatisch in Handlung um.

Schon der griechische Philosoph Aristoteles forderte in der *Nikomachischen Ethik*, seiner Betrachtung über Tugend und Charakter, der Mensch solle sein Gefühlsleben mit Intelligenz steuern. Auch in unserer Gesellschaft gilt es als Zeichen von Unbeherrschtheit und Schwäche, seinen Emotionen kopflos nachzugeben. Wer seinen Impulsen ausgeliefert ist, wem es an Selbstbeherrschung mangelt, leidet nach allgemeiner Ansicht an einem charakterlichen Defizit. Im Laufe der Kindheit lernen wir, Gefühl und Intellekt zu trennen. Wir lernen, uns zu zügeln, die Emotion vom entsprechenden Handlungsimpuls zu trennen. Und dieses Erziehungsziel wird von den meisten von uns erfüllt.

Viele Menschen fühlen, daß ihr Herz schneller klopft und ihre Hände feucht werden, wenn sie sich in einem Horrorfilm gruseln. In Experimenten konnten diese körperlichen Reaktionen aber bei einer ganzen Reihe von Versuchspersonen gar nicht nachgewiesen werden. Die Daten der medizinischen Meßgeräte ließen nur einen Schluß zu: Die Kinobesucher saßen selbst bei den grausamsten Szenen so ruhig und entspannt in ihrem Sessel, als ob sie gerade eine Chopin-Sonate hörten. Ihr Gefühl signalisierte ihnen freilich etwas ganz anderes: Sie gruselten sich.

Die Diskrepanz zwischen meßbaren körperlichen Reaktionen und subjektivem Gefühl erklären die Wissenschaftler mit einem Paradoxon: Bei diesen Menschen existiert das angebliche Herzflattern nur im Kopf. Sie haben unbewußt

gelernt, es zu unterdrücken. Aber sie meinen, ihre Angst tatsächlich körperlich zu spüren. Weil sie *glauben*, daß diese Urantwort des Körpers einfach dazugehört. Schon Schulkinder haben die Botschaft verinnerlicht: *Cool* muß man bleiben, wenn man etwas erreichen will, auch wenn einem das Herz bis zum Hals klopft.

In den Intelligenztests, die in den sechziger und siebziger Jahren entwickelt wurden, wird nur der kühle Kopf geprüft. Talente wie Einfühlsamkeit oder Gemüt wurden damals kaum berücksichtigt. Das hatte einen ganz praktischen Grund, nämlich Meßprobleme. Die Gefühlseigenschaften erschienen den Forschern nicht objektivierbar genug. Mathematisches Verständnis und Gedächtnisleistungen konnten sie mit Zahlen und Begriffen erfassen. Bei Emotionen stießen diese Methoden auf Probleme.

Erst Ende der achtziger Jahre begann man umzudenken. Um diese Zeit stellte die Wirtschaft fest, daß sie mit hochqualifizierten, aber gefühlsarmen Einzelkämpfern nicht weiterkam. Hierarchien schienen überholt. Das Wort des Chefs war nicht mehr unbedingtes Gesetz. Entscheidungen durften in Frage gestellt werden. Mit barockem Führungsstil wurden Mitarbeiter nicht gefordert; Motivation entstand erst, wenn auch Gefühle zugelassen wurden.

Neben den klassischen Medien rollt über globale Kommunikationsnetze eine ungeheure Woge neuen Wissens auf uns zu. Statistiker haben vorgerechnet: Jede Minute werde eine neue chemische Formel, alle drei Minuten ein neuer physikalischer Zusammenhang, alle fünf Minuten eine neue medizinische Erkenntnis entdeckt. Das Wissen auf der Erde verdoppele sich alle fünf bis sieben Jahre. Der einzelne kann diese Anforderungen nicht mehr bewältigen. Es besteht Gruppenzwang. Neben einer ständigen Lernbereitschaft werden daher auch soziale Talente wie Kommunikationsfähigkeit und Einfühlungsvermögen immer wichtiger.

Auch in den Wissenschaften hat ein Umdenken eingesetzt. Psychologen beschäftigen sich nun verstärkt mit dem sogenannten *Emotionalen Intelligenzquotienten* (*EQ*), der unter anderem über das Verständnis für die Anliegen anderer, Konfliktbereitschaft und Selbstsicherheit Aussagen macht. Personalberater großer Wirtschaftsunternehmen bewerten den EQ zuweilen höher als den IQ. Pilotenanwärter von Fluggesellschaften müssen neuerdings in Rollenspielen beweisen, daß sie im Cockpit kooperationsfähig sind. Manager bekommen in mehrtägigen Seminaren „positive Sichtweisen und Grundhaltungen als Basis erfolgreichen (Selbst-) Führungsverhaltens" beigebracht, bei denen sie unter anderem „Bewahrung von Gelassenheit und Souveränität in Belastungssituationen" trainieren müssen. Gefühlsmanagement ist freilich kein einfacher Lernstoff.

Zum einen sind wir schon von Geburt an mit bestimmten Temperamenten ausgestattet. Heißblütigkeit oder Harmoniebedürfnis, Cholerik oder Gutmütigkeit – zumindest die Tendenz wird vererbt. Was für Talente des Verstandes gilt, ist auch auf emotionale Fähigkeiten anwendbar: Wer gutes räumliches Vorstellungsvermögen mitbringt, tut sich leichter, Architekt zu werden. Die Parallele auf Gefühlsebene: Wer ein Gespür für die Nöte und Sorgen seiner Mitmenschen besitzt, wird

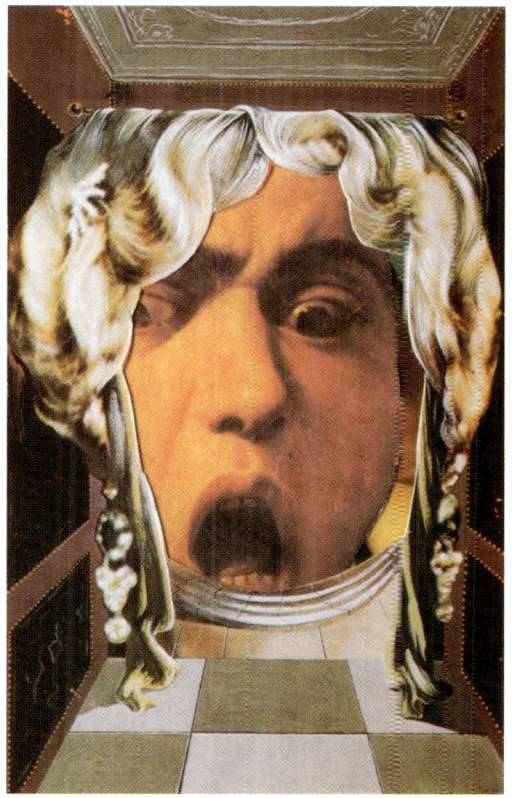

der bessere Vorgesetzte. Schwierig wird es, wenn wir den angeborenen Begabungen entgegensteuern wollen oder müssen.

Zum anderen lernen schon Kinder, ihre emotionalen Talente zu fördern oder zu unterdrücken, mithin möglichst nutzbringend einzusetzen. Als „nützlich" gilt bisher vor allem die intellektuelle Leistung: Gute Noten in den klassischen Schulfächern wie Mathematik und Sprachen, gutes Gedächtnis, stringente Problemlösungen. Und Gefühlstraining im Fach Durchsetzungsvermögen findet schon im Kindergarten statt. Sieger im *Mensch ärgere Dich nicht* wird derjenige, der das Ziel als erster erreicht – egal, wie viele andere er vom Brett gewürfelt hat.

Das Problem, das für die neuen Manager daraus erwächst: Wer zeitlebens auf „Kopf" getrimmt wurde, dem fällt es nicht leicht, die „Seele" wieder zu aktivieren. Und natürlich sind auch Intellektuelle stolz darauf, sich vom Gefühl leiten zu lassen – beeindruckt von einem Gedicht, einer Sinfonie oder einem Gemälde. Auch wenn sie es rational nicht begreifen können: Selbst kühle Strategen sind fasziniert von den Funden aus den Tiefen der Seele und von deren Schöpfern.

Allerdings finden nicht nur Künstler ihre Inspiration in diesen Tiefen des Irrationalen. Auch Denker wie Newton oder Einstein folgten oft vagen Ahnungen und spontanen Eingebungen. Ihre Genialität basierte auf Intuition, war emotionsgeladen und folgte keinem logischen Ablauf. Nur so konnte der Schachweltmeister Garri Kasparow im März 1996 den Megacomputer *Deep Blue* schlagen. Den bis zu 500 Millionen Stellungen pro Sekunde, aus denen der Rechner den logisch optimalen Zug berechnete, setzte Kasparow unkonventionelle Ideen entgegen. Nachdem er die erste Partie verloren und die zweite gewonnen hatte, spielte er zweimal remis und gewann die beiden letzten Spiele zum Gesamtsieg von 4:2. Zum Sieg habe ihm seine Fähigkeit verholfen, sich in seinen (elektronischen) Gegner – unmerklich, aber unwiderstehlich – hineinzuversetzen und sich ihm anzupassen: eine sehr menschliche Mischung aus „Erfahrung, Risiko, Analyse und Intuition".

Das Beispiel zeigt, wie unterschiedlich Ratio und Gefühl reagieren. Während der Verstand dazu neigt, ein Problem zunächst auseinanderzunehmen und es Stück für Stück zu analysieren, kommt die Intuition wie ein Blitzschlag, urplötzlich

und allumfassend. Der Sechste Sinn, das plötzliche innere Wissen, kennt keine rationale Begründung. Entscheidungen aus dem Bauch lassen logische Zusammenhänge scheinbar außer acht, beziehen aber Fakten ein, die der Verstand gar nicht wahrgenommen hat. Denn die Nichtbegründbarkeit intuitiver Prozesse schließt ihre Vernünftigkeit keineswegs aus.

Wer sensibel für die Signale der Intuition ist, kann sie sogar körperlich spüren: Spontane Geniestreiche werden oft von Hitzewallungen, Prickeln oder Flattern in der Magengrube begleitet – Ausdruck von Erregung des vegetativen Nervensystems, das von Gefühlen gesteuert wird. Wo aber sitzt die emotionale Schaltzentrale für solche Eingebungen?

Schon lange weiß man, welches Hirnareal für Intuition zuständig ist: Das limbische System. Der Name (aus dem Lateinischen: *limbus* bedeutet Ring) deutet auf seine Form hin: Es schmiegt sich wie ein nach unten offener Ring um den Hirnstamm. Die wichtigste Region ist der sogenannte Mandelkern, die *Amygdala*. Dort werden auch die emotionalen Erinnerungen gespeichert. Der Mandelkern gibt uns ein Gespür für Gefühle, die Grundlage für die Einschätzung von Emotionen.

Tiere, bei denen man die Verbindung zwischen Mandelkern und anderen Hirnteilen unterbricht, verlieren sowohl Angst als auch Aggressivität. Sie kümmern sich nicht mehr um ihre Artgenossen, und sie kennen ihre Stellung innerhalb ihrer sozialen Gruppe nicht mehr. Menschen, denen der Mandelkern entfernt wurde, um epileptische Anfälle zu verhindern, verloren jedes Interesse an Mitmenschen, an Freundschaft oder Liebe. Sie konnten sich zwar scheinbar normal unterhalten, aber sie blieben dabei völlig unbeteiligt. Weder konnten sie die Gefühle anderer wahrnehmen, noch spürten sie selbst Emotionen. Und sie weinten keine Tränen mehr – äußeres Zeichen ihrer Affektblindheit.

Der Mandelkern ist „schuldig", wenn wir von Gefühlen überrumpelt werden. Er ist die erste Prüfstelle eines von außen kommenden Signals. Die emotionale Bewertung eines Geschehens läuft unabhängig von der bewußten Repräsentation ab. Das heißt: Noch bevor uns ein Ereignis richtig bewußt geworden ist, haben wir schon einen emotionalen Eindruck davon. Wenn wir bedroht werden, *fühlen* wir Angst, bevor wir genau *wissen*, was uns die Angst einjagt. Die entscheidende Entdeckung auf dem Forschungsgebiet der Emotionen haben die Molekularbiologen gemacht: Es gibt eine Chemie der Gefühle. Unser Körper stellt Stoffe her, die uns Glücksgefühle bescheren, und andere, die einen Schleier von dumpfer Trauer über die Seele legen.

Es begann damit, daß sich Hirnforscher in den siebziger Jahren dafür interessierten, warum Morphium und Heroin ein „High-Gefühl" hervorrufen. Sie entdeckten spezielle Opinoid-Rezeptoren, Empfängerstellen im Gehirn, die auf diese Rauschgifte ansprechen. Kommt ein Opiatmolekül mit diesen Rezeptoren in Berührung, beginnt eine komplizierte biochemische Kettenreaktion, die im Rauschzustand endet.

Zunächst fanden die Forscher das erstaunlich: Warum besitzt der Mensch „Antennen" für Stoffe, die im Körper gar nicht vorkommen und die alles andere als überlebenswichtig sind? Sie untersuchten

die Opiatmoleküle genauer. Und stellten fest, daß die Drogen ähnlich gebaut sind wie bestimmte körpereigene Botenstoffe, die der Körper immer dann ausschüttet, wenn das Nervensystem durch extrem starke Reize überfordert wird – sei es durch Streß, Schmerzen oder maximale Anstrengung. Es sind Rauschmittel, die wir selbst produzieren.

Ihre Entdecker nannten diese Stoffe *Endorphine* – eine Wortschöpfung aus *endogen* (im Körper erzeugt) und *Morphin*. Doch auch schon vorher war die Neurobiologie ein erkenntnisreiches Forschungsgebiet. Immer mehr Botenstoffe, die auf unser Gefühl wirken, wurden entdeckt. Zur Zeit kennt man rund hundert dieser Stoffe. Mediziner schätzen, daß es tatsächlich etwa tausend sind. Dazu gehören leistungssteigernde Hormone wie *Adrenalin*, Stimmungsmacher wie *Serotonin* und Streßregulatoren wie das *Corticotropin releasing hormon*.

Ausgeschüttet werden die Gefühlsregulatoren sowohl im Gehirn (und dort vor allem in einem kleinen Bereich des Zwischenhirns, dem *Hypothalamus*) als auch von Drüsen und von Nervenzellen. Viele Botenstoffe wirken antagonistisch – zum Schlafhormon gibt es einen Muntermacher, zum Aufputschstoff ein körpereigenes Beruhigungsmittel. Ziel ist ein biochemisches Gleichgewicht, über das ebenfalls der Hypothalamus wacht. Nur wenn die Botenstoffkonzentration in den Zellen im Lot ist, fühlen wir uns im wahrsten Sinne des Wortes „ausgeglichen".

Die Forschungsarbeiten der Molekularbiologen führten in den letzten Jahrzehnten zu Erkenntnissen über eine ganze Reihe von Gefühlsphänomenen und damit auch zu verbesserten Therapien, zum Beispiel beim Kampf gegen den Schmerz. Lange Zeit hatte man geglaubt, daß Schmerzsignale einfach durch die Nervenbahnen zu einem Schmerzzentrum im Gehirn geleitet werden. Doch dieses Modell versagt bei zwei Phänomenen: Manchmal löst ein Schmerzreiz gar keine Empfindung aus. Das erleben beispielsweise Opfer von Verkehrsunfällen, die unter Schock stehen und sich trotz ihrer schweren Verletzungen aus dem Autowrack befreien können. Oder auch der Fakir auf seinem Nagelbett, der sich so tief in Trance versetzt, daß er die Stiche nicht spürt. Andererseits gibt es Schmerz, der nur im Kopf existiert – Phantomschmerzen bei Amputierten etwa, die berichten, daß sie ein abgenommenes Bein weiterhin schmerzt.

Tatsächlich gelangen Schmerzreize nie auf direktem Weg von ihrem Ursprung bis zum Empfindungszentrum im Gehirn. Der Weg eines Schmerzsignals gleicht vielmehr einem Staffellauf. Winzige Schadensmelder (*Nozizeptoren*), freie Nervenendungen in Haut und Gewebe, setzen die Reizung (durch zu hohen Druck, zu starke Hitze oder eine Verletzung) in elektrische Signale um. Nervenzellen schütten Botenstoffe aus, die die Übertragung dieser Impulse über den *synaptischen Spalt,* der zwischen benachbarten Zellen liegt, ermöglichen. Genau dort können Schmerzinformationen beeinflußt werden. Der Körper tut das oft selbst. Bei Streß, starker Angst oder Erregung produziert er Substanzen, die die Übertragung im synaptischen Spalt erschweren, vor allem die erwähnten Endorphine. Dann ist das Schmerzempfinden in Extremsituationen, aber auch beim Orgasmus oder in besonders glücklichen Momenten gedämpft.

Schmerz, weiß man heute, ist keine reine Sinnesempfindung, sondern wird von Gefühlen modelliert. „Schmerz ist nicht bloße Wahrnehmung", schreibt der Wissenschaftler David Morris, „sondern qualifizierte Empfindung, ein Erlebnis, bei dem Bewußtsein, Gefühl, Sinn und sozialer Kontext eine gleichermaßen bedeutende Rolle spielen." Schmerz kann bis zu einem gewissen Grad auch ohne Medikamente aktiv beeinflußt werden – durch Meditation, Ablenkung oder Hypnose beispielsweise. Die frühe Abwehr von Schmerzreizen – bevor sie ins Gehirn gelangen – hat einen Grund: Sich ständig wiederholende Schmerzsignale, beispielsweise bei rheumatischen Erkrankungen, können das zentrale Nervensystem dauerhaft verändern. Die Erkenntnis für die Schmerztherapie im medizinischen Bereich: Eine Narkotisierung des Gehirns macht keinen Sinn. Sie kann sogar schädlich sein. Denn wenn die Wirkung der Medikamente nachläßt, hat sich der Schmerz womöglich festgesetzt, ist chronisch geworden.

Der Gewohnheitseffekt ist schuld daran, daß es schwierig ist, den Stimmungshaushalt des Körpers auf Dauer sinnvoll zu beeinflussen. Wir kennen heute zwar die chemische Formel vieler Gefühlsmodulatoren und können sie auch im Labor nachbauen, aber es ist fast unmöglich, ihre Wirkung genau zu berechnen. Einerseits steuern diese Stoffe unsere Emotionen. Andererseits sind es die Emotionen selbst, die die Ausschüttung von Botenstoffen auslösen. Fast alle vermeintlichen Muntermacher, Glückspillen und Entspannungsdrogen, die in der Vergangenheit hochgelobt wurden, haben sich inzwischen als wirkungslos, wenn nicht gar als gefährlich entpuppt. Der Körper gewöhnt sich mehr oder weniger schnell an die meisten Stoffe. Dann muß entweder die Dosis erhöht werden, um den gewünschten Effekt zu erzielen (*Toleranzsteigerung*). Oder es entsteht Sucht, auf die der Körper mit Entzugssymptomen reagiert, wenn er die Droge nicht mehr bekommt. Offenbar läßt sich unser Biochemiesystem nicht so leicht manipulieren.

Dabei würden sich die meisten Menschen nichts mehr wünschen, als den ultimativen Glückscocktail ohne Nebenwirkungen zu finden. Bei einer Umfrage antworteten siebenundfünfzig Prozent aller Deutschen auf die Frage nach dem Sinn des Lebens: „Glücklich sein, viel Freude haben". Was das Hoch im Hirn auslöst, ist bekannt: Auch hier sind jene körpereigenen Endorphine beteiligt, deren Entdeckung den Biochemikern einst das Heureka-Erlebnis bescherte. Warum kann man sie nicht in Pillenform einnehmen? Oder zumindest den Körper dazu bewegen, sie in größerer Menge zu produzieren?

Zunächst: Glück ist ein flüchtiges Gefühl. Endorphine werden von Enzymen im Gehirn schnell wieder aufgelöst. Nach nur fünf Minuten ist nur noch die Hälfte vorhanden – und der Körper braucht wieder Nachschub. Aber selbst, wenn es möglich wäre, sich an den Endorphin-Tropf anzuschließen, würden wir nicht glücklicher werden. „Freud' muß Leid, Leid muß Freude haben", läßt Goethe seinen Mephistopheles im *Faust* philosophieren. Mittlerweile ist diese Erkenntnis auch wissenschaftlich gesichert. Am wohlsten fühlen wir uns nicht etwa, wenn wir uns im dauerhaften Glückshoch befinden, sondern wenn es emotional auf und ab geht. Offenbar brauchen wir den Kontrast

zwischen himmelhoch jauchzend und zu Tode betrübt. Wir brauchen ihn so sehr, daß wir gerade dann, wenn es uns besonders gut geht, einen Hang zum Negativen entwickeln. „Läßt sich beim besten Willen kein einschneidendes Lebensereignis entdecken oder konstruieren, werden unwichtige Alltagswidrigkeiten zu mittelschweren Belastungen aufgebauscht", haben die Psychologen Hannelore Weber und Lothar Laux von der Universität Bamberg in ihren Versuchsreihen beobachtet. „Viele Menschen scheinen froh zu sein, wenn sie sich belastet fühlen können." Da könnte die *Anleitung zum Unglücklichsein* des österreichisch-amerikanischen Psychologen Paul Watzlawick helfen – ein unterhaltsamer Leitfaden, wie man sich selbst die schönsten Fallen stellt.

Die meisten Menschen scheinen jedenfalls nicht zu wissen, wie sie die Glücksschaukel bedienen müssen. Ob arm oder reich, der Frust ist überall gleich verteilt. Der amerikanische Psychologe Ed Diener analysierte Berichte von tausenden „Glückserlebnissen", konnte darunter aber nur siebenunddreißig „überwältigende Glückserfahrungen" finden. Seine Beobachtung: Was wir als Glücksmomente in unserem Gedächtnis speichern, sind nur selten die großen Höhepunkte, sondern eher die kleinen, alltäglichen Glücksgefühle. Ob ein Mensch sich wohlfühlt und zufrieden ist, sich insgesamt als glücklich bezeichnet, hängt davon ab, wieviele kleine positive Erlebnisse er in der direkten Vergangenheit hatte. Ein länger zurückliegender, überwältigender Glücksrausch zählt in der Bilanz kaum, denn offenbar können wir uns ausgerechnet an solche extremen (aber gewöhnlich raren) Gefühlsgipfel nicht ausreichend erinnern.

Das Langzeitgedächtnis für die Highlights des Lebens arbeitet also nicht besonders gut. Um so perfekter funktioniert dagegen unser emotionaler Speicher für Angsterlebnisse. Die meisten Menschen können sich sehr gut an Situationen erinnern, in denen sie große Angst hatten, selbst wenn die Ereignisse Jahrzehnte zurückliegen. Ein Sechzigjähriger weiß noch genau, wie ihm als kleiner Junge die Knie zitterten, als er auf dem Schulweg plötzlich einem knurrenden Schäferhund gegenüberstand. Und wer je in einem Fahrstuhl steckengeblieben ist, vergißt diese bangen Minuten wahrscheinlich nie mehr.

Warum das so ist, wurde erst vor kurzem entdeckt: Die beiden Hormone Adrenalin und Noradrenalin, die bei Furcht und Angst ausgeschüttet werden, beeinflussen auch das Gedächtnis. Der amerikanische Neurobiologe Larry Cahill vermutet, daß wir zwei Speichersysteme besitzen: Ein Gedächtnis für „normale" Informationen und eines für „emotionale". Evolutionstheoretisch hat das *Emotionsgedächtnis* einen plausiblen Zweck: Tiere, die sich gut an gefährliche Situationen erinnern, haben die besseren Überlebenschancen. Sie tappen nicht zweimal in dieselbe Falle.

Wieder ist der Mandelkern die entscheidende Stelle im Gehirn, von der die Erregungsinformationen an andere Hirnregionen weitergeleitet werden – unter anderem eben auch an das Gedächtnis. Das wird deutlich wacher, wenn eine Aufregung mit im Spiel ist. Cahill und seine Kollegen spritzten einigen ihrer Versuchspersonen zu Beginn eines Experiments *Propanololin* in die Vene – einen Stoff, der die Wirkung von Adrenalin und Noradrenalin unterdrückt. Sie schickten die Probanden in einen Actionfilm und fragten sie anschließend nach den aufregendsten Szenen. Die gedopte Gruppe konnte die Filmhöhepunkte vergleichsweise schlechter rekapitulieren. Auch Herzpatienten, die sogenannte *Betablocker* einnehmen müssen und damit ebenfalls die Adrenalinwirkung aufheben, berichten von Gedächtnisschwierigkeiten in emotionsgeladenen Situationen. Herzklopfen hilft demnach beim Lernen. Allerdings nur bis zu einer „mittleren" Stärke. Ist die Aufregung – beispielsweise aus Prüfungsangst – zu groß, behindert sie die Konzentration und damit schon die Aufnahme des Lernstoffs. Infolgedessen landet die Information gar nicht erst im speicherbereiten Gedächtnis.

Emotionen steuern also nicht nur Sinneswahrnehmung, Aufmerksamkeit und spontane Handlungen. Sie sind offenbar auch bei scheinbar rein rationalen Leistungen unseres Gehirns beteiligt – zum Beispiel beim Lernen und Erinnern. Die kognitiven Prozesse, die dabei ablaufen, werden aber nicht nur von deutlich spürbaren und meßbaren Erregungen, sondern auch schon von vergleichsweise leisen Stimmungen beeinflußt. Die Erfahrung *Gutgelaunt geht alles besser* ist mittlerweile wissenschaftlich untermauert: Positiv gestimmte Menschen haben eine regere Hirntätigkeit. Ihre Schaltzentralen sind schon in Aktionsbereitschaft, deshalb ist die Reaktionszeit verkürzt. Es handelt sich zwar nur um einen winzigen Unterschied von 200 Millisekunden – der reicht aber, um schneller zu begreifen und zu handeln. Das muß nicht immer ein Vorteil sein; denn spontane Reaktionen aus einer Hochstimmung heraus sind häufig unüberlegt. Wer in neutraler oder gar schlechter Grundstimmung ist, reflektiert eher, ob etwa die Forderung eines anderen angemessen und überzeugend ist.

Wenn es schon nicht möglich ist, gute Laune in Pillenform einzunehmen, kann man sie dann nicht wenigstens lernen? Es scheint so. Die Verbindung Gefühl-Verstand ist keine Einbahnstraße. Unser Wille ist durchaus fähig, Tränen zu unterdrücken. *Think pink* ist andererseits eine Aufforderung, die darauf zielt, sich durch schöne Gedanken ein bißchen Wohlbefinden einzureden. In der Psychotherapie wird diese Erkenntnis unter anderem bei der *Autosuggestion* und beim *Neurolinguistischen Programmieren (NLP)* eingesetzt. Die NLP-Methode, bei der Emotionen bewußtgemacht und aktiv ge-

steuert werden sollen, nutzt eine Erkenntnis, die schon Charles Darwin über Emotionen gewonnen hatte: *Gefühl und Sprache beeinflussen sich.*

Schauspieler behaupten, daß sie Gefühle wie Glück, Wut oder Trauer innerlich spüren müssen, um eine Szene überzeugend darstellen zu können. Es ist offenbar kaum möglich, herzhaft zu lachen, ohne amüsiert zu sein. Oder amüsiert zu werden. Denn andererseits hat der mimische oder körperliche Ausdruck von Gefühlen Rückwirkung auf das Gehirn.

Einen Beweis lieferte der Trierer Psychologe Fritz Strack mit einem Experiment, bei dem er seine Versuchspersonen bat, einen Bleistift entweder zwischen die Zähne oder zwischen die Lippen einzuklemmen. Angeblich sollten die Fertigkeiten von Behinderten untersucht werden. Worum es dem Pychologen ging und worüber die Probanden nicht eingeweiht waren: Beim Halten mit den Zähnen werden dieselben siebzehn Gesichtsmuskeln aktiviert, die beim Lachen zum Einsatz kommen. Wenn man den Bleistift zwischen die Lippen klemmt, werden dagegen die dreiundvierzig Muskeln angespannt, die am Ausdruck von Frust oder Mißstimmung beteiligt sind. Tatsächlich fand die „Zähne"-Gruppe lustige Anekdoten und Witzzeichnungen deutlich amüsanter als die „Lippen"-Halter.

Die neurobiologische Erklärung heißt *vaskuläre Theorie der Gefühle.* Ihr zufolge verändert die Anspannung der Lachmuskeln die Blutversorgung im Gehirn, vor allem im limbischen System. Es strömt mehr abgekühltes, venöses Blut ins Gehirn, biochemische Prozesse kommen in Gang. Beim Lachen werden die Streßhormone Cortisol und Adrenalin gebremst,

Morphine und Endorphine dagegen vermehrt ausgeschüttet. Und ein Lachanfall entspannt: Mediziner haben herausgefunden, daß eine Minute herzhaftes Gelächter fünfundvierzig Minuten Entspannungstraining ersetzen kann.

Andererseits können Gefühle auch krankmachen. Trauer lähmt nicht nur unsere Gedanken und unsere Interessen. Sie kann auch den Körper lahmlegen. Fünf Monate nach dem Tod ihres geliebten Ehemanns Federico Fellini starb die Schauspielerin Guilietta Masina. Zufall? Nein, sagen Immunforscher. Das körpereigene Abwehrsystem, Milliarden von weißen Blutkörperchen, Killerzellen und Antikörpern, die uns gegen den ununterbrochenen Angriff von Viren, Bakterien und Giften schützen, ist eng mit der Psyche verknüpft.

Das Signal *Es geht mir schlecht* wird offenbar von chemischen Botenstoffen übermittelt. Sie bringen vermutlich das biochemische Gleichgewicht des Immunsystems durcheinander, können eine Abnahme der Abwehrzellen bewirken. Die Stoffe, die bei guter Laune ins Blut gelangen, stimulieren dagegen die Immunzellen, Antikörper zu bilden.

Wenn wir diese Zusammenhänge eines Tages genauer kennen, wird vielleicht der Schlüssel zu Krankheiten wie Rheuma oder Multiple Sklerose gefunden. Forscher vermuten, daß solche *Autoimmunkrankheiten*, bei denen sich das körpereigene Abwehrsystem gegen den Körper selbst richtet, von Emotionen beeinflußt werden. Man weiß, daß Gefühle oft den Verlauf dieser Krankheiten steuern. Und vielleicht sind sie sogar schon für die Entstehung verantwortlich. Bisher steckt diese Wissenschaft, die *Psychoneuroimmunologie*, noch in den Anfängen; gesicherte Erkenntnisse sind noch rar. Immerhin wurde aber schon festgestellt, daß angenehme Erlebnisse doppelt so lange auf das Immunsystem wirken wie Frust oder Ärger. Konkret: Die Freude über einen schönen Frühlingstag, ein unerwartetes Geschenk oder ein Kompliment stimuliert die körpereigene Krankheitsabwehr über längere Zeit. Der Frust über einen Streit im Büro etwa ist dagegen schon am nächsten Tag verraucht.

Was wäre der Mensch ohne seine Gefühle? Sind es vielleicht diese ständigen Quellen scheinbarer Irrationalität, die uns „zum Menschen" machen und uns für alle Zeit von irgendeiner künstlichen Intelligenz der Computer und Roboter unterscheiden? Offenbar ist es nicht nur der Verstand, der abstrakte Geist, der uns hilft, in einer komplexen, vernetzten Welt zu bestehen – als emotionsgetriebenes Individuum, eingebettet in eine Welt von Glück und Bedrohung.

Franz Mechsner

Auch Bilder sind keine Bilder: Wahrnehmung als die Pforte zur Welt

Pro Sekunde strömen Milliarden Bits auf unsere Sinne ein – doch nur Bruchteile davon dringen ins Bewußtsein. Wie verwandelt das Gehirn die immensen Datenströme in bewußte Wahrnehmung? Ein Drittel ihrer Kapazität verbraucht die graue Masse in unserem Kopf allein für das Sehen. Dabei trügt oft der Schein, wenn Wahrnehmungen uns täuschen. Deshalb ist vieles, was wir über Wahrnehmungen zu sagen pflegen, auch höchst irreführend – und die Wahrheit bleibt nur zu oft unzugänglich.

„Die Fähigkeit zur Anschauung verfällt fast allenthalben der Verkümmerung", klagte Konrad Fiedler 1876 in seinem Essay über *Die Anschauungskraft des bildenden Künstlers*. Fiedler, ursprünglich Jurist, konnte es sich als Sohn eines reichen Fabrikanten leisten, sein Leben nach wenigen Jahren Anwaltstätigkeit dem Reisen und Nachdenken, der Kunstbetrachtung und der Begegnung mit Künstlern zu widmen. Das menschliche Talent zur Wahrnehmung sieht er auf einer niedrigen Stufe der Entwicklung, da die sinnliche Empfänglichkeit den meisten als solche nichts wert, sondern nur Werkzeug für andere Zwecke sei: So reicht uns im Alltag ein schneller Blick, um die Nützlichkeit der Gegenstände zu beurteilen, etwa einen Stuhl als Sitzgelegenheit zu erkennen. Der Wissenschaftler nimmt bevorzugt wahr, was ihm hilft, seine Begriffe und Verfahren zu entwickeln.

Und wir alle lassen uns gern von den oberflächlichen Vorstellungen erregen, die etwa unseren ästhetischen Sinn reizen: „Beharren wir zum Beispiel bei der Empfindung für die Schönheit eines Gegenstandes", schreibt Konrad Fiedler weiter, „so vermögen wir uns mit dieser Empfindung ganz zu durchdringen, sie zum vorherrschenden Inhalte unseres momentanen Daseins zu machen, ohne auch nur einen Schritt in der anschaulichen Beherrschung des Gegenstandes vorwärts zu tun."

Weder der pragmatische Blick des Technikers noch empfindsame Schwärmerei erschließen uns Fiedlers Argumentation zufolge den unendlichen Reichtum der anschaulichen Welt. Nur ein klarer

Geist vermag jene subtile Aufmerksamkeit und sinnliche Intelligenz zu entwickeln, die uns jenseits direkter Zwecke in eine unmittelbare Naturnähe und damit zu einer feinfühligeren, intensiveren Existenz bringt. Die Pflege solcher Empfänglichkeit, die „dem stumpfen Sinne verborgene Fülle des Lebens hervorzaubert", sollten wir nicht nur den Künstlern überlassen: Die „selbständige und freie Ausbildung" der Wahrnehmungsfähigkeit um ihrer selbst willen sei nicht nur die „eigentümliche Stärke künstlerischer Begabung", sondern eine „Forderung, die einen Bestandteil der geistigen Natur des Menschen ausmacht".

Daß die menschliche Anschauungskraft, entsprechend kultiviert, unmittelbare Naturnähe ermögliche, ja, die Existenz selbst erfasse, hört sich nicht nur für heutige Ohren altmodisch an: Daß wir vom Gegenstande nur erkennen, was wir vorher in ihn hineinlegen, daß also direkte Einsicht in die Dinge an sich unmöglich ist, diese Erkenntnis Immanuel Kants war schon im späten neunzehnten Jahrhundert Allgemeingut und Allgemeinplatz. Wie die Welt ohne unser Wahrnehmen und Denken beschaffen ist, können wir Kant zufolge niemals wissen.

Obwohl philosophisch keineswegs unbedarft, meint Fiedler es jedoch durchaus ernst mit seinem Enthusiasmus: „Eine Lust, eine Freude an dem lebendigen Sein der Dinge" entwickele das Sensorium zu einer Feinfühligkeit, die schließlich „über Unterschieden wie dem von schön und häßlich steht, es ist ein Erfassen nicht einzelner, der Empfindung sich enthüllender Eigenschaften, sondern der Natur selbst, die sich erst nachher als die Trägerin jener Eigenschaften ausweist".

Wahrnehmung sei vor allem ein Konstruktionsprozess unseres Geistes, so wird heute von vielen Philosophen und philosophierenden Wissenschaftlern betont, höchst selektiv und täuschungsanfällig. Was wir wahrnehmen, habe in der Regel viel mehr mit uns selbst und den Eigenheiten mentaler Mechanismen zu tun als mit der Welt. Ja, eine erkennbare Wirklichkeit gebe es überhaupt nicht. Solche Argumentation hat ihre offenkundige Berechtigung, und ohne skeptische Haltung auch der Wahrnehmung gegenüber ist Wissenschaft unmöglich. Doch wird man das Gefühl nicht los, daß solche Reden höchst einseitig sind und letztlich vor allem der geistigen Bequemlichkeit dienen. Als ob es nichts mehr wahrzunehmen gäbe und die Entwicklung einer Kunst der Wahrnehmung überflüssig sei. Konrad Fiedler: „Es wird selbst denen, die die Sphäre ihres abstrakten Wissens rastlos erweitern, schwer sein, zu begreifen, daß der Mensch auch in betreff der Anschauung mit seinen geistigen Fähigkeiten vor einer Unendlichkeit stehen, daß das Gebiet des Sichtbaren ein Feld der Forschung sein könne, in das selbst den hervorragendsten Geistern nur einzelne Schritte zu tun vergönnt sei." Schützenhilfe bekam Fiedler schon damals von seinem Zeitgenossen Friedrich Nietzsche: „Was für feine Werkzeuge der Beobachtung haben wir an unseren Sinnen!" hielt der „Unzeitgemäße" gegen die „Mumienphilosophen", gegen diejenigen, die an den Sinnen vor allem deren Unmoral und Betrügerei hervorhoben. „Wir besitzen heute genau so weit Wissenschaft, als wir uns entschlossen haben, das Zeugnis der Sinne anzunehmen, – als wir sie noch schärfen, bewaffnen, zu Ende denken lernten."

Kunst der Wahrnehmung: „Die Bäume sind von verschlungenen Ästen durchzogen, die sich nur leicht verjüngen und den Rand des Baumes durchbrechen, wie Flüsse, die ins Offene münden. Beim Stammansatz beginnen sie mit starken Farben, die sich nach außen verdünnen, so daß der Baum im Innern von diesen Ästen zusammengehalten, nach außen aber von ihnen durchbrochen scheint, ein fließender Wechsel von der positiven zur negativen Form. Im Zentrum wirken die Bäume kompakt, außen luftig, wie auseinandertreibend..." Eine Wahrnehmung so redlich wie möglich zu beschreiben, das ist die offensichtliche Intention dieser Zeilen aus dem Roman *Das Licht und der Schlüssel* von Adolf Muschg. Deutlich ist die Bemühung des Autors um Unbefangenheit, Empfänglichkeit und Feinfühligkeit der Beobachtung, sein Anliegen, die Worte so dicht wie möglich dem ursprünglich Gesehenen anzuschmiegen und so der Unmittelbarkeit möglichst nahe zu kommen. Zusammen mit Fiedler sehen wir die auf einem Gemälde betrachteten Bäume gleichsam wie sie sind, weitgehend frei von erdichtet wirkenden Zutaten der poetischen Phantasie. Den ganzen Reichtum einer überbordenden Imagination bemüht dagegen Marcel Proust, wenn er in seinem Roman *Auf der Suche nach der verlorenen Zeit* eine Weißdornhecke beschreibt:

„Diese Hecken bildeten in meinen Augen eine unaufhörliche Folge von Kapellen, die unter dem Schmuck der wie auf Altären dargebotenen Blüten verschwanden... die Blüten trugen eine jede mit gleicher gedankenloser Miene ihr schimmerndes Strahlenbündel aus Staubgefäßen, feine glitzernde Rippen im

spätgotischen Stil..." Auch diese Passage können wir durchaus eine Beschreibung nennen, die Darstellung von Wahrnehmungen, ja, von höchst verfeinerten Wahrnehmungen. Gleichwohl wirken die Weißdornhecken Prousts viel mehr von den Phantasien des Autors durchweht als die Bäume Muschgs. Die Beschreibung eines Baumes als kompakt im Zentrum und luftig nach außen hin scheint uns irgendwie näher an dessen Wirklichkeit als die ziselierten Vergleiche Prousts, die Altäre, die Staubgefäße mit Rippen im spätgotischen Stil, gar die gedankenlose Miene der Blüten an der Wirklichkeit einer Weißdornhecke.

Natürlich ist auch Adolf Muschgs Darstellung alles andere als direkt und lebt nicht weniger als diejenige Prousts von Vergleichen, von Imaginationskraft und Phantasie. Je ernsthafter Muschg sich um Unmittelbarkeit bemüht, desto mehr Intelligenz und Kunst der Wahrnehmung scheint er mobilisieren zu müssen. Ohne einen vom Autor gedachten Rand des Baumes gäbe es keine Äste, die diesen durchbrechen. Und in einem Baum vor entsprechendem Hintergrund einen fließenden Wechsel von der positiven zur negativen Form zu sehen, ist mindestens so raffiniert und individuell wie das Erblicken von Kapellen und Altären in einer Weißdornhecke. Umgekehrt schulen die Metaphern Marcel Prousts die unmittelbare Wahrnehmung nicht weniger als der Versuch Adolf Muschgs, möglichst ohne artifizielle Schnörkel beim Gegenstand als solchem zu bleiben. Wir werden keineswegs nur mit geistreichen Phantasien Prousts bekanntgemacht, sondern sehen mit geschärften Sinnen viele Eigenschaften einer Weißdornhecke, die vielleicht nur durch diese Vergleiche bemerkt werden können.

Offenkundig brauchen wir zum Sehen mehr als die Augen. Ja, genau betrachtet, gibt es gar keine Wahrnehmungen, die man in irgendeinem Sinne als rein optisch bezeichnen könnte. Nicht nur die Konstruktivisten betonen es: Schon das simple Erblicken eines Baumes oder Stuhles ist Resultat eines komplizierten, jedoch unbewußten mentalen Ordnungsprozesses.

Wir können auch ganz ohne Augen sehen: Vor einiger Zeit ist ein Apparat für Blinde erfunden worden, der die Wahrnehmungs- und Orientierungsfähigkeit verbessern soll. Er besteht aus einer auf den Kopf schnallbaren Videokamera, einem elektronischen System und einer Art Matte, die dicht anliegend auf dem Bauch getragen wird. Senkrecht in der Matte befinden sich dicht an dicht dünne Stifte, die individuell so bewegt werden können, daß sie die Haut mehr oder weniger stark drücken. Das elektronische System wandelt die Signale aus der Videokamera so um, daß das gefilmte Bild auf der Matte erscheint, ganz nach Art einer Schwarzweißaufnahme, doch dargestellt durch den Druck der Stifte: Ein stark drückender Stift bedeutet Dunkelheit, ein die Haut nur zart berührender Helligkeit. Der Apparat ermöglicht es Blinden, die einst sehen konnten, beispielsweise eine sich bewegende Person vor hellem Himmel verschwommen zu erkennen. Höchst aufschlußreich ist nun, daß der Blinde keineswegs ein Bild auf der Haut spürt, wie man vielleicht naiv vermutet. Nein, nach etwas Erfahrung und Gewöhnung wird die andere Person unmittelbar im Raum „gesehen", in ein paar Metern Entfernung! Was wir Sehen nennen, ist also

nicht einmal unbedingt an optische Reize gebunden.

Selbstverständlich kann der Blinde seine Aufmerksamkeit auf die der Haut anliegende Matte richten und spüren, wie sich das Hautgefühl durch den wechselnden Druck der Stifte verändert. Doch es gibt Wahrnehmungserlebnisse, bei denen wir auch bei sensibelster Aufmerksamkeit nicht mehr erkennen können, welches unserer Sinnesorgane nun eigentlich die ursprünglichen Reize aufnimmt. Schließt man beispielsweise in einem menschenleeren langen Flur die Augen und geht vorsichtig in breiten Schlangenlinien weiter, merkt man genau, wenn man sich einer der beiden Wände nähert oder sich von ihr entfernt. Man spürt die Wand auf merkwürdige Weise, doch deutlich in ihrem wechselnden Abstand. Auch offene oder halboffene Türen werden mühelos erkannt. Diese Wahrnehmung scheint zunächst deutlich über die Haut vermittelt zu sein, denn man hat – vor allem, wenn man stehenbleibt – ein Gefühl, als ob die Wand regelrecht auf die Haut „strahlt".

Doch falsch gedacht: Es sind Schallwellen, hin und herbrandende Echos von Geräuschen, die es ermöglichen, die Wand in dieser Weise zu spüren. Aber selbst wenn man dies weiß, gelingt es kaum, das Erlebnis als akustisch vermittelt zu erkennen – außer, daß man in jenem Ohr, das nahe der Wand ist, bei genügend Aufmerksamkeit ein totes Gefühl empfindet.

Daß die beschriebene Wahrnehmung dennoch praktisch ausschließlich auf Schall beruht, erfährt man, wenn man sich die Ohren zuhält oder einen Walkman aufsetzt und die Musik aufdreht: Die auf die Haut strahlende Wand verschwindet im Nichts. Das Verschwinden ist allerdings nicht vollständig: Ein vages Gefühl bleibt, daß dort etwas ist. Dies Gefühl scheint jedoch nichts als eine Erinnerung zu sein: Nach ein paar Umdrehungen mit dem Walkman auf den Ohren läßt sich die Wand nicht mehr lokalisieren.

Einmal sensibilisiert, gelingt es mit etwas Übung sogar, mit geschlossenen Augen durch einen Wald zu gehen und dabei recht sicher die jeweils nahen Bäume zu erkennen. Mit der Zeit nehmen die Wahrnehmungen eine Qualität an, die sich dem Gefühl des Sehens nähert. Gedrängt, dieses Sehen zu beschreiben, könnte man vielleicht unvollkommen, aber doch in Annäherung an das tatsächliche Erlebnis antworten, daß die nahen Baumstämme als helle Strahlungsquellen in einem dunklen Raum empfunden werden.

Wir nennen ein Erlebnis eine Wahrnehmung, wenn es jene Gegenständlichkeit besitzt, die unseren Phantasien und Gedanken fehlt. Wir haben nicht das Gefühl, uns etwas auszudenken, sondern sind sicher, etwas zu sehen, zu hören, zu schmecken oder auch einen Schmerz zu spüren: In Wahrnehmungen sind die Welt und unser Körper direkt anwesend. Solche unmittelbar gewisse Dinghaftigkeit sehen viele Philosophen durch sogenannte Qualia vermittelt. Farberlebnisse sind beispielsweise Qualia – wenn ich einen roten Gegenstand sehe, ist die Anmutung der „Röte" ein Qualium. Dieser Erlebnisaspekt von Wahrnehmungen scheint jedoch höchst privat, nicht mehr mitteilbar zu sein. Ob mein Rot auch dein Rot ist – ich kann es niemals wissen. Vielleicht ist sogar die Frage schon völlig sinnlos, denn was soll das Vergleichskriterium der beiden Rotanmutungen sein? Wenn Qualia aber prinzipiell subjektiv sind – sind sie dann nur gewissermaßen unwesentliche Zutat zu meinem objektiven Wissen oder vermitteln sie mir ganz besondere, ohne sie nicht gewinnbare Kenntnisse?

Die Philosophen, die sich daüber den Kopf zerbrechen, entwerfen gern Gedankenexperimente. So gibt es die Geschichte von Mary, die in einer unterirdischen Wohnung aufwächst, die völlig in Schwarzweiß gehalten ist (auch Mary selbst ist schwarzweiß oder grau gekleidet). Hochintelligent und interessiert wie sie ist, lernt sie alles, wirklich alles über Farben; weiß, wie diese auf Menschen wirken, ja, wie das Gehirn sie unterscheidet. Sie weiß, daß der Himmel blau ist, wie dieser Effekt zustande kommt und so fort. Frage: Lernt sie etwas neues, wenn sie plötzlich aus ihrer schwarzweißen Klause tritt und den wirklichen Himmel sieht? Die Antwort scheint klar: Sie lernt, wie der Himmel aussieht, oder anders gesagt: sie lernt das Qualium der Bläue kennen. Also scheint es zumindest eine Sorte von echten Erkenntnissen zu geben, die prinzipiell privat sind und keiner Wissenschaft zugänglich: das Wissen um die Qualia.

Qualia sind stets bewußt, zumindest halbbewußt. Unbewußte Wahrnehmungen geschehen per definitionem ohne Qualia. Berühmt ist das Phänomen der sogenannten Blindsicht: Es gibt Menschen, deren Sehrinde so geschädigt ist, daß sie blind sind. Bittet man sie, etwa auf einen roten Punkt zu zeigen, so antworten sie nur, daß sie nichts sehen. Doch ermutigt man sie, einfach zu raten, wo der Punkt ist, zeigen sie darauf! Mit dem subjektiven Gefühl, wirklich nur blind zu tippen. Ein Sehen ohne Qualia!

Einfühlung in die Wahrnehmung anderer scheint nur möglich, wo es Qualia gibt, doch deren prinzipielle Privatheit scheint Einfühlung gerade auszuschliessen. Wenn ich nicht einmal weiß, wie Rot für jemand anderen aussieht, dann scheint es noch schwieriger, auch nur zu ahnen, wie es sich beispielsweise anfühlen würde, ein infrarotempfindliches Grubenorgan zu besitzen, mit dem gewisse Schlangen eine Maus an deren Wärmestrahlung erkennen. Elektrische Fische erzeugen ein elektrisches Feld und nehmen über dessen Verformungen Gegenstände in ihrer Umgebung wahr. Bienen können Ultraviolett sehen, Fische im tiefen Ozean nur Blautöne. Haie bemerken die Körperelektrizität potentieller Beutetiere. Vielleicht greifen sie deswegen hin und wieder Nachrichtenkabel an. Wir können uns vielleicht vorstellen, daß Haie ein Bewußtsein haben, doch kaum, was ein Hai wahrnimmt und empfindet, wenn er solch ein Kabel durchbeißt. Oder wie würde es für uns sein, wenn wir einen Echolot-Sinn hätten wie die Fledermäuse: Diese Tiere stoßen beim nächtlichen Flug extrem

hochfrequente Ultraschallschreie aus und orten mit Hilfe der Echos Hindernisse und Beute. In einem 1974 veröffentlichten und mittlerweile berühmt gewordenen Aufsatz mit dem Titel *What is it like to be a bat?* (*Wie ist es, eine Fledermaus zu sein?*) entwickelte der amerikanische Philosoph Thomas Nagel an diesem Beispiel die Behauptung, daß wir niemals wissen können, wie es sich für ein anderes Lebewesen anfühlt, es selbst zu sein. Nagels Argumentation zufolge können Erlebnisse anderer Kreaturen kein Gegenstand einer wie auch immer gearteten Forschung sein.

Doch vielleicht können wir uns nur nicht vorstellen, daß wir uns in Wahrheit recht gut vorstellen können, wie es ist, beispielsweise eine Fledermaus zu sein. Gerade die scheinbar so fremdartigen Sinne wie Echolot, die Seitenlinienorgane der Fische, die Fähigkeit von Schlangen, Beute per Wärmesinn aufzuspüren, sind erlebnismäßig vielleicht nicht prinzipiell unbegreiflich – vorausgesetzt, die jeweiligen Tiere haben überhaupt ein Erleben. Wenn unser Sehen von Körpern im Raum nicht unbedingt an Lichtreize gebunden ist, sondern auch akustisch erzeugt werden kann, darf man beispielsweise durchaus vermuten, daß eine Fledermaus per Echolot Gestalten im Raum auf eine Weise wahrnimmt, die unserem Sehen ähnelt. Es ist nicht unplausibel, sich vorzustellen, daß eine Fledermaus derart geortete Objekte – wie wir beim Sehen – in einer gewissen Entfernung von sich selbst bemerkt und daß ihre Sinneseindrücke sich genauso räumlich anfühlen. Auch wichtige Eigenschaften eines wahrgenommenen Objektes, etwa die Eigenschaft, ein Schmetterling zu sein und sich zum Fressen zu eignen, könnte die Fledermaus dem Objekt ansehen. Letztlich wissen wir es natürlich nicht, doch die Fremdartigkeit des Sinnes scheint keineswegs das größte Einfühlungshindernis zu sein. Man kann sich sogar fragen, ob bestimmte Eigenschaften eines per Echolot registrierten Objektes dies auf eine Weise charakterisieren, daß seine Anmutungsqualität unserem Hell-Dunkel oder gar dem Farberlebnis ähnelt. Skepsis und der notwendig spekulative Charakter sollten uns jedenfalls an solchen Überlegungen nicht hindern. Die gegensätzliche Behauptung, daß wir uns grundsätzlich *nicht* einfühlen könnten, ist nämlich nicht weniger spekulativ.

Wenn wir uns nicht gerade philosophische Probleme damit machen, können wir uns auch über Qualia recht gut unterhalten. Man lese beispielsweise, wie Theodor Hetzer es versteht, in seinem Buch *Tizian* die Wirkung eines Zinnoberrots in Tizians Gemälde *Karl V. in der Schlacht bei Mühlberg* zu erhellen: „Vor der Brust aber trägt Karl den Orden vom Goldenen Vließ an einem zinnoberroten Bande, und dies Zinnoberrot, so gering seine Ausdehnung auch ist und so wenig man im besonderen darauf achtet, ist doch stark genug, um der gesamten farbigen Komposition die letzte Bestimmtheit und der kriegerischen Haltung die entschiedene Note des Aggressiven und Draufgängerischen zu geben, die wir bei aller Würde und Majestät des Kaisers in einem solchen Bilde nicht missen mögen." Die Kunst der Wahrnehmung und die Kunst des Redens darüber scheinen bei dieser Betrachtung eng verknüpft, so daß eine ohne die andere kaum denkbar scheint. Die Unmittelbarkeit ist auch hier

keineswegs roh und direkt, sondern Frucht einer höchst kultivierten und gedankenreichen Meditation.

Ohne den Mut, seinen Augen zu trauen, hätte Hetzer sein Werk nicht schreiben können. Auch Goethe wird nicht müde zu betonen, es gebe eine „zarte Empirie", eine aufmerksame Unbefangenheit, die sich dem Gegenstand, der Einzelheit vertrauensvoll anschmiege und letztlich Wahrheit zum Vorschein bringe. Diese zarte Empirie gelingt nur einer in lebenslanger Erziehung hochgezüchteten sinnlichen und intellektuellen Empfindlichkeit, einer höchst kultivierten Naivität, wenn man so will. Goethe sah seine prototypische Urpflanze in Gewächsen, die er betrachtete. Schiller hielt ihm vor: „Das ist keine Erfahrung, das ist eine Idee." Goethe erwiderte: „Das kann mir sehr lieb sein, daß ich Ideen habe, ohne es zu wissen, und sie sogar mit Augen sehe."

Auch wir „sehen" Ideen. Wir bemerken beispielsweise eine Katze. Dabei nehmen wir keineswegs einen seltsam geformten Gegenstand wahr und denken uns dazu, er sei eine Katze, sondern wir sehen eben eine Katze und damit die Gattung im individuellen Exemplar. Wir erblicken also tatsächlich Ideen: Schon bei der simpelsten Wahrnehmung verschmelzen Materie und Geist zu einem unmittelbaren, einheitlichen Erlebnis. Manchmal kann man sich streiten über diese Unmittelbarkeit – siehe Goethe und Schiller. Doch ist es dann nicht letztlich unmöglich, Sinnliches und Gedankliches in unseren Erlebnissen zu unterscheiden? Können wir erkennen, wo die Wahrnehmung aufhört und das Denken anfängt? Läßt sich überhaupt so etwas wie Wahrnehmung in vernünftiger, präziser Abgrenzung vom Denken definieren?

Den saubersten Schnitt zwischen den beiden Geistestätigkeiten hat Immanuel Kant in seiner 1781 erschienenen *Kritik der reinen Vernunft* versucht. Kant unterschied die Anschauung einerseits von Verstand und Vernunft andererseits. Die Anschauung stellt dem Geist das Rohmaterial der Eindrücke zur Verfügung und zwar geordnet in den Anschauungsformen Raum und Zeit, nichts weiter. Um über diese gewissermaßen nackte Wahrnehmung hinaus etwas über das Angeschaute sagen zu können, benötigen wir den Verstand, nach Kant „das Vermögen, nach Begriffen zu urteilen". Erkennen wir etwa Ursache und Wirkung in einem Vorgang, dann haben wir mit Hilfe des Verstandesbegriffes der Kausalität geurteilt. Sehen wir eine gewisse Anzahl gleicher Gegenstände, dann ist das nur möglich, weil der Verstand quantitativ urteilen kann. Und so fort. Bemerkenswert und zu seiner Zeit revolutionär war Kants These, daß die Dinge an sich selbst völlig unerkennbar seien. Nicht einmal ein Dasein in Raum und Zeit kommt ihnen an sich zu. Anders als wir gewöhnlich meinen, werden raumzeitliche Beziehungen von uns nicht entdeckt, sondern unser Geist entwirft die Anschauung, indem er aktiv und von vornherein das Chaos der Eindrücke raumzeitlich organisiert. Wären uns nicht vor aller Erfahrung die Anschauungsformen Raum und Zeit gegeben, wäre es Kant zufolge vollkommen unmöglich, Dinge an verschiedenen Orten und in zeitlicher Folge wahrzunehmen. Unser Geist ist es auch, der Kausalrelationen, Quantitäten und andere Eigenschaften in die Welt hineindenkt.

Daß wir schon bei den spontansten Wahrnehmungen etwas in die Welt hineindenken, wird uns besonders eindrücklich bewußt, wenn sich der Augen- oder Ohrenschein im Nachhinein als irrig erweist. Man geht etwa bei Wind in einer herbstlichen Ahornallee spazieren und bemerkt, wie ein auffallend großes Blatt schräg ins Gesichtsfeld weht. Und plötzlich erkennt man, daß das Blatt in Wahrheit ein Vogel ist.

Solche Mißverständnisse zeigen uns, daß der Wahrnehmungsapparat auch aus vagen und vieldeutigen Sinneseindrücken blitzschnell eine fürs erste plausible Interpretation erarbeitet, die sich dann als erblicktes Blatt gewissermaßen materialisiert. So irrtumsanfällig und willkürlich dieses Schnelldiagnoseverfahren namens Wahrnehmung dem Skeptiker scheinen mag, so hervorragend funktioniert es im allgemeinen: Die Konstruktion unseres Geistes gibt uns in aller Regel recht gute Auskunft über die Wirklichkeit. Ja, sie gibt sogar einen zutreffenderen Eindruck als die stets vieldeutige und mißverständliche Abbildung auf der Retina: So erscheint eine schräg betrachtete Tischplatte auf der Netzhaut als Trapez.

Doch wir sehen die Platte rechteckig, wie sie in Wirklichkeit ist. Und sie bleibt für uns dieselbe Tischplatte mit derselben Form, egal, ob wir uns von ihr entfernen oder uns ihr nähern und von wo aus wir sie betrachten – ein Wunder unserer mentalen Konstruktionsmechanismen. Kinder malen Tischplatten, wie Kinder sie sehen: rechteckig, und keineswegs als Trapeze. Auch den auf uns zugestreckten Arm sehen wir in voller Länge. Erst beim Versuch, einen solchen Arm zu zeichnen, wundern wir uns über die enormen Verkürzungen, die wir zu berücksichtigen haben. Obwohl diese Verkürzungen sich auch im Netzhautbild finden, sind sie nur mit großer Anstrengung und nur nach langer Schulung und Übung adäquat zu erfassen. Das Netzhautbild als solches ist eben noch längst nicht das Bild, das wir schließlich sehen, sondern Rohmaterial, das wir zusammen mit anderen mentalen Inhalten zu jenen elaborierten und möglichst wirklichkeitsnahen Eindrücken verarbeiten, mit denen wir uns im Leben zurechtfinden können.

Die Effizienz und hohe Sicherheit unserer Wahrnehmungsmechanismen beruhten auf eingebauten Grundannahmen über die Welt. Daß diese Annahmen hin und wieder nicht stimmen, ist der Preis, den wir für solche Effizienz zahlen müssen. Der in einem Schuppen erblickte

Stock kann sich bei näherem Hinsehen als die etwas trügerisch beleuchtete Kante eines Holzbrettes entpuppen. Doch wie schwierig und aufwendig es letztlich ist, unsere Sinne ernsthaft und nachhaltig hinters Licht zu führen, zeigt beispielsweise die Künstlichkeit der sogenannten geometrisch-optischen Täuschungen oder die Raffiniertheit der Tarnungen im Tierreich. Oft brauchen wir nur einen zweiten Blick oder ein kurzes Nachdenken, um den Irrtum zu bemerken. Die Erkenntnis, daß wir uns getäuscht haben, bedeutet dann in aller Regel die Auflösung oder nachträgliche Korrektur der falschen Wahrnehmung: Das Blatt verwandelt sich in einen Vogel; das Wort Alkohol wird rückwirkend in Alkoven verwandelt.

Es gibt allerdings Situationen, in denen das Korrekturverfahren per Einsicht nicht funktioniert. Wir wissen in diesen seltenen, eigenartigen Fällen genau, daß die Wahrnehmung eine „Falschnehmung" ist, ohne daß wir den unrichtigen Eindruck jedoch zum Verschwinden bringen können. So bleiben die geometrisch-optischen Täuschungen oft auch dann bestehen, wenn wir sie als solche durchschaut haben. Hier wird deutlich, daß gewisse mentale Basismechanismen, elementare Wahrnehmungsprinzipien automatisch – auch gegen unseren Willen – funktionieren. Jeder kennt beispielsweise das seltsam schwindlige Gefühl, das sich einstellt, wenn man den Mond inmitten treibender Wolken fixiert: Obwohl die Blickrichtung auf den Trabanten sich nicht verändert und auch der Verstand weiß, daß der Mond stillsteht, sieht man ihn paradoxerweise durch die Wolken fliegen.

Eines der hier wirkenden geistigen Konstruktionsprinzipien charakterisiert der Psychologe Irvin Rock wie folgt: „Meist werden das größere Objekt oder eine Struktur, die ein kleineres Objekt umgibt, als ruhend wahrgenommen." Dies nützliche Vorurteil unseres Wahrnehmungsapparates könnte dazu beitragen, daß der Fußball sich für uns in der Welt bewegt und nicht die Welt um den stillstehenden Fußball. Ein Experiment Irvin Rocks zeigt, daß es solch ein mentales Prinzip tatsächlich zu geben scheint: In einer dunklen Kammer sieht die Versuchsperson auf einen leuchtenden Punkt. Wird der leuchtende Punkt von einem bewegten leuchtenden Rechteck umgeben, entsteht der Eindruck, daß der Punkt in dem als stillstehend empfundenen Rahmen herumwandert. Dieser Wahrnehmungsmechanismus kann allerdings nur deshalb wirksam werden, weil wir die absolute Position eines Objektes oder einer Objektgruppe wesentlich ungenauer wahrnehmen als die Abstände zwischen mehreren Objekten: Bewegt sich ein leuchtender Punkt beispielsweise sehr langsam im ansonsten dunklen Gesichtsfeld, so kann man ihn für unbewegt halten. Sobald ein stillstehender Punkt in seiner Nähe aufleuchtet, sieht man die Bewegung sofort, doch kann man nicht sicher sagen, welcher von den Punkten nun seine absolute Position verändert und welcher verharrt.

Schon in der ersten Hälfte unseres Jahrhunderts gelang es, wichtige Regeln, denen unsere Wahrnehmungen gehorchen – die sogenannten Gestaltgesetze – zu entdecken. Die erwähnte Tendenz, ein größeres Objekt als ruhend gegenüber einem kleineren wahrzunehmen, ist solch ein Gestaltgesetz. Eine andere wichtige Regel bildet das sogenannte Gesetz der

Nähe: Dinge, die nahe beieinander liegen, betrachten wir tendenziell als zusammengehörig, als Gruppen. So sehen wir besonders eng benachbarte Sterne als Sternbilder. Wieder ein anderes Gestaltprinzip, das *Gesetz des gemeinsamen Schicksals* wirkt beispielsweise, wenn wir drei isolierte rote Kacheln an einer ansonsten blauen Wand auch dann als zusammengehörig empfinden, wenn sie weit voneinander entfernt angebracht sind. Eindrucksvoll kann dieses Gesetz mit Hilfe zweier durchsichtiger Folien demonstriert werden: Eine Folie ist dicht mit schwarzen Punkten bedeckt, auf die andere ist ein gepunkteter Kreis gezeichnet. Legt man die beiden Folien übereinander, so sieht man nur eine zufällige Ansammlung schwarzer Punkte.

Doch sobald man sie nur leicht gegeneinander bewegt, erscheint deutlich der Kreis, um beim Anhalten sofort wieder zu verschwinden. Die simultane Bewegungsrichtung – das gemeinsame Schicksal – der Punkte des Kreises hat diesen als Gestalt sichtbar gemacht. Höhere Gestaltgesetze sind wirksam, wenn wir etwa ein paar geschickt gezeichnete Striche sofort als dreidimensionalen Würfel oder als Gesicht sehen: unser Wahrnehmungsapparat sucht den Gestalttheoretikern zufolge nach der simpelsten und prägnantesten Interpretation. Obwohl ja die gleichen Striche, die als Würfel wirken, durchaus übereinanderliegende Stangen oder was auch immer darstellen könnten. Wegen der Tendenz zur Prägnanz ist es auch schwer, sich eine mit Bleistift gezeichnete Strecke als „Blick auf die Kante eines senkrecht zum Auge gesehenen Blattes Papier" vorzustellen, was ja eine durchaus mögliche Interpretation

81

sein könnte. Wenn ich beim Anblick einer festlichen Tafel die Festlichkeit als Aspekt der Wahrnehmungsgestalt empfinde, wirkt die Tendenz der Prägnanz zur plausibelsten und simpelsten von allen möglichen Interpretationen. Ein kahler Wald im Winter kann malerisch wirken, ein kahler Wald im Sommer erschreckend – wegen der blitzschnell eingebauten Interpretation.

Eine fundamentale Einsicht über Wahrnehmung wird oft formuliert als *Das Ganze ist mehr als die Summe der Teile.* Ein Musikstück beispielsweise, so betonte Christian von Ehrenfels schon im neunzehnten Jahrhundert, ist etwas völlig anderes als die Summe der Einzeltöne – es ist eine Gestalt, eine Melodie, die sogar dann praktisch mit sich identisch bleibt, wenn man sie in eine andere Tonart und folglich in völlig andere Noten transponiert. Ein Quadrat hat Gestaltqualitäten, die den vier Linien als einzelnen fehlen.

Berühmt ist das folgende Experiment Max Wertheimers aus dem Jahre 1912, aus den Anfangszeiten der *Gestaltpsychologie.* In einem dunklen Raum befinden sich in einem gewissen Abstand von der Versuchsperson zwei Lämpchen, die unabhängig voneinander als leuchtende Punkte an- und ausgeschaltet werden können. Gehen beide Lämpchen gleichzeitig an, so sieht die Versuchsperson natürlich zwei Punkte, die zusammen aufleuchten. Wechseln sich die Lämpchen ab, so erscheinen auch die beiden Punkte abwechselnd – doch nur dann, wenn zwischen dem Verlöschen des einen und dem Aufleuchten des anderen eine Zeit von mehr als einer sechzehntel Sekunde verstrichen ist. Bei schnellerer Aufeinanderfolge sieht man nur noch einen einzigen Punkt hin- und herspringen! Die

Teile sind hier also zwei unbewegte Punkte, das Ganze ein einziger springender Punkt. Daß in schneller Folge gezeigte Bilder bewegt erscheinen können, macht bekanntlich den Kinofilm möglich. Beim Sehen von Bewegung in solchen „stroboskopischen" Bilderfolgen bemerken wir hin und wieder, daß auch hier elementare Gestaltprinzipien über besseres Wissen siegen können. Beispielsweise, wenn sich im Film die Räder einer fahrenden Kutsche langsam rückwärts zu drehen scheinen.

Es ist erstaunlich, wie wir in den ständig wechselnden und sich verändernden Reizungen der Sinnesorgane überhaupt etwas festhalten und wiedererkennen können, warum wir so vieles in der Welt als konstant erleben. Ein Auto kann auf uns zu- und wieder wegfahren, uns dabei erst die größer werdende Vorderseite, dann die kleiner werdende Rückseite zeigen – bei stärkster Veränderung des Netzhautbildes nehmen wir es doch stets als das gleiche Auto wahr. Beim Mittagessen sehen wir nur die Oberkörper unserer Tischgenossen und erleben sie doch als ganze, in der Regel bekannte Menschen, die mit sich identisch bleiben, ob wir nun ihre Unterkörper sehen oder nicht, ob sie starr verharren oder wild gestikulieren. Eine Farbfotografie bleibt mit sich identisch – ob wir sie nun im hellsten Sonnenlicht betrachten oder bei schwacher Nachttischbeleuchtung. Wenn wir uns bewegen, bewegt sich auch das Bild der Zimmereinrichtung auf der Netzhaut – und doch nehmen wir das Zimmer als ruhend wahr. Unser Wahrnehmungsapparat scheint alles zu tun, mögliche Verwirrungen und Vieldeutigkeiten auszuschalten, Ordnung und plausible Zusammenhänge zu schaffen, lange bevor uns ein Sinneseindruck bewußt wird. Oft geschieht das weniger durch schnelles Selektieren vieler Interpretationsmöglichkeiten als durch ein intellektuell eher schlichtes, doch in der Wirkung höchst effizientes Deuten nach vorgegebenen Prinzipien. Dies erspart uns in höchst effizienter Weise aufwendige Denkarbeit.

Es könnte diesem Sparziel zuliebe sein, daß unsere Wahrnehmung uns keineswegs nur über die Welt außer uns informiert, sei's direkt oder über hübsche Vergleiche, die uns einfallen. Wahrnehmung färbt vielmehr die Welt auch ausgiebig und intensiv mit eigentlich völlig ungegenständlichen, ja subjektiven Gedanken und Phantasien, mit Wünschen, Gefühlen und Schlußfolgerungen. Eine kleine Szene aus Marcel Prousts Roman *Auf der Suche nach der verlorenen Zeit* mag das illustrieren: „Und Madame Cottard nahm ihre weiß behandschuhte Rechte aus dem Muff, um sie Swann zu reichen, ein Umsteigefahrschein entflatterte ihr, eine Vision von ‚high life‘ erfüllte den Omnibus, mit dem Geruch von Reinigungsmitteln vermischt..." Zusammen mit dem Autor sehen wir nicht nur Madame Cottard. Wir sehen ebenso ihre Absicht, die Hand Swann zu reichen. Wir „sehen" die königliche Damenhaftigkeit ihrer weiß behandschuhten Geste. Wir sehen, wie diese Aura von Eleganz und großer, weiter Welt den Bus erfüllt, wie sie als Stimmung den Ort des Geschehens verzaubert und sich „mit dem Geruch von Reinigungsmitteln vermischt". Nicht nur die romantische Malerei lebt davon, daß wir auch Stimmungen, Gefühle, Urteile und damit unseren Geist in der Welt sehen können.

In jedem Falle ist es völlig verfehlt, Wahrnehmung als von außen verursachte Sinneserfahrung zu unterscheiden vom Denken als innerer und eher abstrakter Geistestätigkeit. Als Wahrnehmungen erleben wir solche geistigen Inhalte, die in Raum und Zeit dinglich oder an Dinge gebunden zu existieren scheinen. So dürfen wir das Erblicken eines verschmitzten Gesichtsausdruckes ohne schlechtes Gewissen eine Wahrnehmung nennen. Denn obwohl die Verschmitztheit vielleicht meine höchst subjektive Interpretation ist, empfinde ich sie nicht als Teil meiner Gedanken, sondern als unmittelbar gegebene Eigenschaft eines Objektes: Gesicht und Verschmitztheit sind eins. Auch, daß Madame Cottard die Hand aus dem Muff zieht, um sie Swann zu reichen, nehme ich wahr und „denke" es nicht. Denn daß ich Madame Cottards Absicht bemerke, erlebe ich keineswegs als Schlußfolgerung. Ich erlebe die Geste untrennbar von ihrem Ziel als einheitliche Wahrnehmungsgestalt – die Intention wirkt gewissermaßen als sinnlich erfaßbares Wesen der Geste. Anders wäre es, wenn Madame Cottards Geste mir zunächst rätselhaft schiene. Mein Nachdenken darüber, was sie wohl vorhaben mag, erlebe ich nicht „in der Szene vor mir" an Qualia gebunden, sondern auf seltsam unstoffliche, ortlose Weise und kann es damit gut als Gedanken von einer Wahrnehmung unterscheiden.

In solchen Wahrnehmungsgestalten binden wir Objektives und Subjektives zu Ganzheiten zusammen, die wir dann anscheinend am Ort des objektivsten Eindrucks lokalisieren. Die Absicht von Madame Cottard, also die Bedeutung ihrer Geste, sehen wir dort, wo sie selbst sich physisch befindet. Ein besonders eindrückliches Beispiel einer unmittelbaren Wahrnehmung von Geistigem ist das Lesen: Auch Lautgestalt und Bedeutung eines Wortes sehen wir dort, wo die Druckerschwärze sich befindet. Es ist beispielsweise so gut wie unmöglich, das Gedruckte, das wir gerade lesen, roh und rein als schwarze Formen wahrzunehmen – wir sehen unweigerlich und unwillkürlich Wörter der deutschen Sprache. Und je vertiefter wir lesen, desto mehr vergessen wir sogar die einzelnen Wörter und Sätze, schauen gewissermaßen durch sie hindurch auf den Sinn. Wir zeigen sogar mit dem Finger auf Wörter plus Sinn, also letztlich auf etwas Geistiges, ohne uns dabei komisch vorzukommen: „Guck mal, was dort Komisches geschrieben steht!" Daß dieses Zusammenschmelzen von Geist und Materie auf langer Gewohnheit beruht, bemerken wir, wenn uns jemand

ein chinesisches Schriftzeichen erklärt: Hier können wir den Gehalt unabhängig vom Tuschebild als Gedanken darüber erleben und somit Geist und Materie auf eine Weise trennen, die vielleicht Chinesen unmöglich ist.

Die Neigung, subjektive Interpretationen für objektive Eigenschaften der Welt zu halten, wird uns selten bewußt. Doch ist es heilsam und fördert die Toleranz, wenn man sich hin und wieder daran erinnert, sich beispielsweise in der Deutung eines Gesichtes getäuscht zu haben. Projektion nannte Sigmund Freud die Wahrnehmung anderer Menschen, nicht selten auch geprägt von Neurosen. Ein eindrucksvolles Experiment dazu: Zeigt man verschiedenen Versuchspersonen jeweils die gleiche Fotografie eines einigermaßen neutral blickenden Gesichtes, so wird dessen Ausdruck nicht stets als neutral empfunden. Manche halten die abgebildete Person für muffig, andere für böse, andere für warmherzig und wieder andere für lustig – wohlgemerkt bei stets gleichem Foto. Bei genauerer Untersuchung stellt sich heraus, daß Menschen, die sich selbst gut fühlen, häufig auch das Gesicht freundlich finden. Traurige glauben, der oder die Abgebildete seien traurig. Und jene in aggressiver Stimmung sind oft fest überzeugt von der Bösartigkeit der fotografierten Person: „Man erkennt es doch sofort!" Ein letztes Beispiel für unsere Tendenz, Geistiges in der Welt zu sehen: Der schweizerische Psychologe Jean Piaget fragte in den zwanziger Jahren unseres Jahrhunderts Vorschulkinder, woher sie denn wüßten, daß die Sonne „Sonne" heißt. Worauf die Knirpse nicht selten antworteten: „Daß die Sonne ‚Sonne' heißt, das sieht man doch!"

Auch Sinneseindrücke unterschiedlicher Modalität verbinden wir, wenn irgend möglich, zu einheitlichen und eindeutig in Raum und Zeit lokalisierbaren Wahrnehmungsgestalten. Psychologieprofessoren demonstrieren diese Tendenz gern durch eine frappierende Darbietung: Links vorn im Hörsaal ist ein Lautsprecher aufgestellt. Der Professor schaltet nun ein Musikstück ein. Kein Zweifel, daß alle Töne dem Lautsprecher entquellen. Der Professor läßt die Zuhörer per Akklamation bestätigen, daß sie die Töne klar als von links kommend empfinden. Daraufhin schreitet er zur rechten Hörsaalseite und zeigt einen zweiten Lautsprecher, den er hinter einem Pult versteckt hatte. Und aus diesem kommt in Wahrheit die Musik, also von rechts! Der Effekt ist höchst verblüffend und verwirrend, doch ist er auch im Alltag wirksam: Gäbe es ihn nicht, wäre es beispielsweise ziemlich anstrengend, einem Tonfilmabenteuer zu folgen, bei dessen Vorführung nur ein Lautsprecher aufgestellt ist. Denn wir könnten die gehörten Worte nicht an die jeweils sprechenden Personen binden.

Vielleicht sollte man sich über die Möglichkeit solcher Bindung ebenso wie über die ständige Hineinmischung von Gedanken und Gefühlen in die sinnliche Wahrnehmung nicht zu sehr wundern. Denn die rein raumzeitlichen Anschauungen sind letztlich ebenso geistig wie unsere Gedanken und Gefühle. Unser Körper, die Außenwelt und unsere Gedanken sind wohl, wie der Gießener Philosoph Thomas Metzinger betont, eine einzige umfassende Simulation, die wir jedoch nicht als solche erkennen. So ist auch das Wort Projektion, mit dem Psychologen gern das Hineinlegen von Geistigem in die Welt bezeichnen, irreführend; denn es gibt für den Geist kein drinnen und draußen. Vom Erleben her gesehen, ist es beispielsweise völlig falsch zu sagen, unsere Gedanken und Wahrnehmungen fänden im Kopf statt. Sie sind auch nicht im Geist, als sei dieser ein Gefäß. Gedanken und Wahrnehmungen können überall im „nicht hintergehbaren" Simulat empfunden werden, als Aspekte der verschiedenen Simulatbereiche Leib, Welt und Geist.

Der amerikanische Psychologe James Gibson betont in seiner *Theorie der ökologischen Wahrnehmung*, daß selbst Basiswahrnehmungen von Ebenen, Ecken oder Wänden keineswegs quasi mathematisch neutral sind, sondern daß die wahrgenommene Welt stets unmittelbar auf unsere Bedürfnisse bezogen ist. Wie Gibson hervorhebt, nehmen wir die Welt vor allem für uns wahr: Immer im lebendigen Kontakt mit unserer Umwelt sehen wir dort Angebote. Der feste Boden ist ein Angebot, uns zu tragen, eine Möglichkeit, darauf zu sitzen, zu stehen oder zu laufen. Die Treppe ist ein Angebot, hinaufzusteigen, ein spitzer Stock ein Angebot, damit im Sand zu bohren. Ein Loch in der Wand ist ein Angebot, hindurchzugucken, ohne selbst bemerkt zu werden, ein Topf ein Angebot, etwas darin aufzubewahren. Viele Dinge sagen uns gewissermassen direkt, was wir Menschen mit ihnen tun können oder was sie für uns bedeuten. Solche Sinngehalte der Umwelt werden uns Gibson zufolge oft durch elementare, möglicherweise angeborene Wahrnehmungsmechanismen vermittelt.

So bedeutet etwa eine explosionsartige Vergrößerung der optischen Textur oft einen im nächsten Moment drohenden Zusammenstoß mit einem Objekt. Ein Hinweis, daß diese Bedeutung anscheinend nicht gelernt werden muß: Bereits wenige Wochen alte Säuglinge reagieren im Experiment ängstlich. Eleanor Gibson und Richard Walk ließen Babys auf einer dicken Glasplatte herumkrabbeln. Die Platte lag zur Hälfte auf einer schachbrettartig gemusterten Fläche, die schließlich tief über eine senkrechte Stufe abfiel, so daß die andere Hälfte der Glasplatte hoch über dieser ebenfalls schachbrettartig gemusterten Stufe schwebte. Die Babys bewegten sich ausschließlich auf dem Teil der Glasplatte, der direkt auf der gemusterten Fläche lag und hielten sich in sicherem Abstand von der Klippe. Dorthin gedrängt, reagierten sie sehr ängstlich, schienen also die Steilkante unmittelbar als bedrohlich wahrzunehmen. Ganz ähnlich schrecken auch junge Hunde, Katzen, Ratten, ja, frisch geschlüpfte Küken vor dem Abgrund zurück – eine Scheu vor Klippen scheint hier angeboren zu sein.

Im Gegensatz zum abstrakten, dreidimensionalen Raum der klassischen Physik ist der erlebte Raum gegliedert in Grenzen und Hindernisse, Durchgänge und Schutzräume. Die Schwerkraft läßt uns oben und unten unterscheiden, Boden und Decke. Dinge oder Teile des Raumes können förmlich sagen: „Benutze mich!" oder „Meide mich!". Der wahrgenommene psychologische Raum ist voller Bedeutungen für uns, voller anziehender und abstoßender Kräfte. Letztlich ist der Raum, wie wir ihn erleben, auf unseren Körper bezogen; denn schließlich ist es der Körper, der auf dem Boden, nicht aber an der Decke gehen kann, der wissen muß, wie weit etwas von ihm entfernt ist, wie ein Ding, mit dem er hantieren

möchte, zu ihm und wie er zu diesem Ding orientiert ist. Der Körper braucht geeignete Tritte und Griffe, um einen steilen Fels zu erklimmen. Er ist es, der abstürzen kann. Er kommt über gewisse Barrieren nicht hinüber und durch zu kleine Wandöffnungen nicht hindurch. Er möchte sich setzen oder verstecken, ist imstande, mit einem Stock zu hantieren, aber nicht mit einem Baumstamm. Schon im simplen Sehen der Entfernung zu einem Ziel oder eines Hindernisses erleben wir quasi direkt Zeitbedarf und Schwierigkeit, dorthin zu gelangen. Indem wir einen Stock erkennen, sehen wir eine Möglichkeit des Hantierens.

Wahrnehmung der Außenwelt ist stets perspektivisch, mit dem Körper als Rand, wie der französische Philosoph Maurice Merleau-Ponty es ausdrückt. Oft spürt man regelrecht, wie der ganze Körper polarisiert ist auf die Dinge, denen gerade die Aufmerksamkeit gilt. Merlau-Ponty analysiert beispielsweise das Körperbewußtsein beim Pfeiferauchen: „Halte ich, aufrecht stehend, in der geschlossenen Hand meine Pfeife, so ist die Position meiner Hand nicht analytisch bestimmt etwa durch die Winkel, die Hand und Unterarm, Unter- und Oberarm, Arm und Rumpf und endlich Boden und Rumpf bilden. Vielmehr weiß ich mit einem absoluten Wissen, wo meine Pfeife ist. Und deshalb weiß ich, wo meine Hand, wo mein Körper ist..." Meistens sind Körpergefühle in wenigen Regionen des Leibes regelrecht konzentriert, etwa beim Hantieren, Gehen, Sitzen, Sich-Aufstützen: „Wenn ich, an meinem Schreibtisch stehend", fährt Merlau-Ponty fort, „mich mit den Händen auf seine Platte stütze, so sind allein meine Hände akzentuiert, und mein ganzer übriger Körper hängt ihnen gleichsam an wie ein Kometenschweif. Nicht, daß ich die Lage meiner Schultern und meiner Lenden nicht wüßte, doch ist sie in die meiner Hände bloß eingeschlossen."

Körpergefühle können nicht nur im Körper selbst auftreten: Schneidet man etwa ein Stück Stoff zu, kann man die Schere wie ein Stück seiner selbst, als Verlängerung der Hand empfinden, mit einem besonders konzentrierten, interessanten Gefühl am vorwärts gleitenden Kreuzungspunkt der beiden Schermesser. Die Bekleidung erleben wir eher als zum Körper als zur Welt gehörig. Und ein Steuermann sagt, wie der französische Philosoph Michael Serres pointiert, „Ich" zu seinem ganzen Schiff, „vom Kiel bis hinauf zu den Mastspitzen, vom Rumpf bis zu den Spieren". Auch ein Autofahrer mag angesichts einer Parklücke sagen „Da passe ich nicht hinein" und empfindet das Fahrzeug in gewisser Weise als Erweiterung seines Körpers. Nicht unbedingt die Haut bestimmt also die Grenze von Ich und Welt, und kaum jemals ist solch eine Grenze exakt auszumachen. Was sich völlig im Einklang mit den Impulsen aus unserem Körper bewegt, können wir auch als Teil des Körpers erleben. Eine höchst eigenartige Körperempfindung kann sich beispielsweise einstellen, wenn man beim Kämmen den sich durch die Haare bewegenden Kamm intensiv im Spiegel betrachtet. Nach einer gewissen Zeit fühlt man den Kamm auf der Haut kratzen, doch man fühlt es höchst irritierenderweise im Spiegel!

Nicht nur die Sinnesorgane, sondern der Körper als Ganzes vermitteln die meisten unserer Wahrnehmungen. Einerseits

werden viele Wahrnehmungen erst möglich durch Aktivität: Ein Gemälde betrachten wir, indem wir uns nähern und entfernen oder wenigstens Kopf und Augen bewegen. Die Form einer lebensgroßen Statue im Dunkeln ertasten wir, indem wir beide Hände darübergleiten lassen. Ein Haus erkunden wir, indem wir darin herumspazieren. Man könnte einwenden, weder Gemälde, Statue oder Haus würden als Ganzes wahrgenommen – unmittelbar erfassen können wir schließlich jeweils nur das Fragment, das wir gerade berühren oder mit dem Auge fixieren. Das entspricht jedoch nur bedingt unserem Erleben. Während wir den Blick über ein Gemälde schweifen lassen, können wir durchaus empfinden, es als Ganzes zu betrachten. Die Statue existiert für uns keineswegs nur dort, wo gerade die Hände sind. Wir können empfinden, daß wir in einem Zimmer sind, umschlossen von den Wänden – obwohl wir sie niemals genau gleichzeitig direkt betrachten oder betasten können. Und das Zimmer können wir als Teil des ganzen Hauses erleben. Wir baden in den Dingen, wie Michel Serres sagt, nicht in ihren Fragmenten.

Doch nicht nur, weil sich ohne Bewegung und Aktivität kaum etwas über die Welt erfahren läßt, sind unsere Wahrnehmungen vom Körper abhängig: Der Körper ist auch das Maß der übrigen Dinge, das Urbild, nach dem der Raum über-

haupt erst aufgebaut wird. Wenn Babys herumstrampeln, nach Dingen patschen und nach ihren Füßen greifen, entwickeln sie ein Gefühl für die Ausdehnung, die Proportionen und Bewegungsmöglichkeiten des eigenen Körpers, ohne das die äußeren Dinge nicht begriffen, erkrabbelt und erlaufen werden können. Die Entwicklung von Körperschema und Raumschema, von Geschicklichkeit und Wissen um die Dinge, von Tast- und Augensinn stimulieren sich dann gegenseitig.

Gesundheit ist Harmonie

Lange vor der naturwissenschaftlichen Medizin entstanden in der Antike komplex und systematisch ausgearbeitete Gesundheitslehren mit hohem theoretischen Anspruch und ausgeklügelten Behandlungsmethoden. Die klassische griechische Medizin der Hippokratischem Texte, die spätantike und arabische Medizin, der indische Ayurveda sowie die chinesische und tibetanische Medizin sind dabei innig miteinander verwandt, sowohl was die zugrundeliegenden Prinzipien als auch was praktische Heilkunde und Lebenslehre betrifft. Die Philosophie der archaischen Medizinsysteme lautet kurzgefaßt „Gesundheit ist Harmonie". Alles fließt: Stets wandelt sich das Leben, und es gilt, in allen Veränderungen diese Harmonie mit sich selbst und der Welt zu erhalten.

So sieht das indische Ayurveda-System den Menschen als Teil des Kosmos, ständig durchströmt und beeinflußt von

den fünf *Elementen* Erde, Wasser, Feuer, Luft und Äther. Dabei verstehen Ayurvedisten unter Elementen weniger bestimmte Arten von Materie im modernen Sinne, sondern vor allem charakteristische, keineswegs nur materielle Einflüsse der Umwelt auf den Menschen. So kann das Element Feuer durch scharfe Gewürze und Sonnenhitze, aber auch durch die Begegnung mit einem Feind in den Menschen gelangen. Die Einwirkung der Elemente erhöht oder vermindert im Organismus die Aktivität von drei *Körpersäften* oder *Prinzipien*, deren Harmonie und dynamisches Gleichgewicht Gesundheit bedeuten. So verstärkt das Element Feuer die Aktivität des *Pitta*-Prinzips, das die Verdauung bewirkt, aber auch ganz allgemein Lebensenergie bedeutet. Das *Kapha*-Prinzip ist für Aufbau und Erhaltung der Körpersubstanz zuständig und wird von den Elementen Erde und Wasser erhalten. Das *Vata*-Prinzip sorgt für die aufeinander abgestimmte Zusammenarbeit der Gewebe und für eine geordnete Nervenaktivität, regelt somit, modern ausgedrückt, die Informationsverarbeitung und den Systemzusammenhang im Organismus. Die Elemente Luft und Äther steigern Vata.

Wichtig für die Harmonie der Säfte ist vor allem eine ausgewogene oder gezielt bestimmte Säfte beeinflussende Ernährung. Ist Kapha zu schwach, so empfiehlt sich Nahrung, die viel Erde enthält wie beispielsweise Reis. Öl dämpft Vata und ist deshalb nützlich bei von zuviel Vata verursachter Schlaflosigkeit, und so fort.

Die Körpersäfte Vata, Pitta und Kapha unterliegen Rhythmen und treten im Lauf der Tages- und Jahreszeiten, in den Lebensaltern und in verschiedenen Menschen ganz unterschiedlich stark hervor. So gibt es eine Tendenz zur Vata-Dominanz vor allem am frühen Morgen, bei kaltem, trockenem, windigen Wetter, im Alter und bei schlanken, lebhaften Menschen mit Vata-Konstitution, extrem verwirklicht etwa im „vertrockneten, geistig übererregten Intellektuellen".

Krankheit entsteht, wenn das dynamische Gleichgewicht der Körpersäfte ernstlich gestört ist. Wenn beispielsweise Pitta zu stark wird, sind „Pittakrankheiten" wie Magengeschwüre, fiebrige Infektionen oder Hepatitis begünstigt. Jemand mit einer Pittakrankheit muß deshalb Nahrungsmittel vermeiden, die Pitta fördern wie Joghurt oder scharfe Gewürze. Stattdessen erhält er eine Pitta beruhigende Diät. Auch die verabreichte, meist aus vielen Pflanzen hergestellte Arznei ist sowohl allgemein Pitta dämpfend als auch aufgrund langer Erfahrung auf die spezielle Krankheit abgestimmt. Schwitzkuren, Einläufe und Brechbehandlungen können überstark vorhandene Körpersäfte austreiben. Ausgeklügelte ganzheitliche Behandlungen wirken auf die Eigenschaften der Körpersäfte ein. So gilt Vata als „trocken, leicht, rauh, kalt und beweglich". Zuviel Vata, etwa bei Schlaflosigkeit, kann von der sogenannten Dhara-Therapie günstig beeinflußt werden, die einige Wochen lang hindurch eine halbe Stunde lang angewandt wird. Der Patient liegt ruhig da. Über seiner Stirn ist eine Schale aufgehängt. Von einem Docht in deren Boden lösen sich Tropfen warmen Kräuteröls, die gleichmäßig auf die Stirnmitte fallen und dann sanft massierend Vata beruhigen. Auch das stille Daliegen und die geistige Konzentration auf das *dritte Auge* der Stirnmitte wirken gegen die „Beweglichkeit" von Vata.

Die Körpersäfte haben nun nicht nur körperliche Wirkungen, sondern beeinflussen ebenso den Geist. Umgekehrt gehören zu einer ayurvedischen Therapie oft körperlich-geistige Übungen aus dem mit Ayurveda verbundenen Yoga. Die alten Texte wissen um den heilenden Wert von Musik, Tanz und Freude und können sowohl zum Flirt mit schönen jungen Mädchen raten als auch zum philosophischen Nachdenken. Denn Gesundheit ist nicht Abwesenheit von Krankheit, sondern körperliche, geistige und spirituelle Harmonie.

Jeder Bewußtseins-Augenblick ist ein integriertes Ganzes, das wir für das Reden darüber jedoch niemals sauber und eindeutig in Gedanken, Körperwahrnehmungen und Wahrnehmungen der Außenwelt unterteilen können. Die genaue Untersuchung unserer Erlebniswelt läuft nach Michel Serres auf eine „Philosophie der Gemenge und Gemische" hinaus, auf ein letztlich nicht trennbares Ineinander von Sinnlichkeit und Geist, von Tasten und Sehen, von Bewegung und Empfindung, von Schrift und Bedeutung, von Hand und Berührtem, von Gedanken, Worten und Werken.

Fast alles, was wir so obenhin über Wahrnehmungen zu sagen pflegen, ist höchst irreführend. So denken wir zum Beispiel gern, Melodien seien aus Tönen zusammengesetzt. Doch ist etwa die Fünfte Sinfonie von Beethoven nur aus einzeln wahrnehmbaren Tönen zusammengesetzt? Ganz offensichtlich nicht, denn zumindest musikalischen Laien ist es selbst beim besten Willen unmöglich, das gehörte Stück vollständig in Einzeltöne zu gliedern. Andere Gliederungen bieten sich an, in Motive, Akkorde, Melodien und Begleitung, diverse Stimmen und so fort. Strenggenommen dürfen wir nicht von Teilen von Wahrnehmungen reden, denn diese Teile sind stets Ganze. So ist die Wahrnehmung eines Akkordes eben nicht aus den Wahrnehmungen der Einzeltöne zusammengesetzt: Entweder ich höre einen isolierten Ton, dann ist er nicht Teil eines Akkordes. Oder ich höre ihn im Akkord, dann ist er nicht isoliert. Wahrnehmungen kann man gliedern und pointieren, doch darf man deshalb nicht glauben, sie seien

auch erlebnismäßig aus gewissermaßen elementareren Wahrnehmungen – etwa den bekannten Qualia – zusammengesetzt. Zum Vergleich: Ein Blatt Papier kann man durchaus gedanklich in eine obere und eine untere Hälfte gliedern. Doch sollte man sich dann nicht einbilden, das Papier bestünde auch unabhängig von dieser Einteilung aus oberer und unterer Hälfte. Meist gliedern wir unsere Wahrnehmungen nach konventionellen, irgendwann erworbenen und dann verfestigten Schemata. Kunst der Wahrnehmung ist es, diese Schemata zu relativieren, nicht das tausendmal Gesehene noch einmal zu sehen, sondern eine Sensibilität für andere mögliche Gliederungen zu entwickeln, die „zarte Empirie" Goethes, die Neues und Überraschendes im nur scheinbar Wohlbekannten zu entdecken vermag.

„Wahrnehmen heißt beginnen" schreibt Emile Auguste Chartier, der sich Alain nannte. „Alles, was angelernt ist, alles, was man nach der Wahrnehmung eines anderen kopiert, ist jämmerlich." Der französische Philosoph preist den Anbruch des Morgens, an dem alles wahrer sei, an dem man durch den Schlaf vorbereitet sei, die Dinge exakt zu erfassen, statt mit banalem, flachen Blick zu sehen, was man angeblich weiß. „Da steht ein Hahn vor mir. Ich sehe ihn jetzt aus der Nähe mit seinen Farben, seiner Gestalt, seinem Gang. Ich vergleiche ihn mit einem Prahlhans, einem Verliebten, einem Pascha... aber das ist nur der Schatten einer Wahrheit. Ein Hahn ist ein Hahn... Seine ganze Ausdruckskraft kommt daher, daß er er selbst ist. Alle Poesie ist Wahrheit."

Charlotte Kerner

Das nächtliche Theater – auf den Spuren von Schlaf und Traum

Was ist die Beziehung zwischen Körper, Geist und Schlaf? Warum schläft, warum träumt der Mensch überhaupt? Was steuert Schlaf und Traum? Schlafentzug ist Folter, Schlafstörungen suchen ein Drittel der Deutschen heim. Erst seit den fünfziger Jahren ist Schlafforschung eine eigene Disziplin, wurden die einzelnen Phasen des Schlafs entdeckt und die zugehörige Biorhythmik des Körpers. Auch Teile von Freuds Traumtheorie wurden dadurch wissenschaftlich prüfbar.

Jeden Abend, wenn wir die Augen schließen und einschlafen, hebt sich der Vorhang für ein Theaterstück in fünf Akten, es heißt „Der Schlaf". Das nächtliche Theater endet mit dem Aufwachen. Doch was auf der Traumbühne gespielt wird, bleibt meistens im Dunkeln zurück. Auch warum wir überhaupt schlafen und träumen, ist bis heute ein ungelöstes, faszinierendes Rätsel der Nachtseite unseres Lebens geblieben. Im 20. Jahrhundert haben Forscher jedoch schon mehr über die geheimnisvollen Gesellen Schlaf und Traum herausgefunden als in allen Jahrtausenden zuvor. Ein Mittler zwischen Bewußtsein und Unbewußtem soll der Traum sein, im Wortsinn bloß ein Trugbild mit einer Folge von halluzinationsartigen Eindrücken. Ungelenkt vom bewußten Ich und meist auch unabhängig von äußeren Reizen sind Träume angereichert mit

seelischen Produktionen, die Trieb- und Affektzustände darstellen, aber auch mit Problemen, Wünschen und Ängsten – auch heute noch ein rätselhaftes Panoptikum. Die moderne Schlafforschung dagegen scheint langsam unsere dritte Existenz zwischen Dämmerung und Morgengrauen zu entzaubern.

SIGNALE AUS DEM TRAUMREICH

Für die alten Griechen waren der sanfte Schlaf, *Hypnos*, und der mitleidlose Tod, *Thanatos*, die Zwillingsbrüder der Nachtgöttin *Nyx*. Und die beiden sehen sich tatsächlich zum Verwechseln ähnlich: Der Mensch liegt bewegungslos da, die Augen sind geschlossen und alle Lebensfunktionen heruntergeschaltet. In den Armen von „Todes Bruder" bricht die Verbindung zur Welt ab, der Mensch erlebt sich ohne Bewußtsein. Doch der äußere Schein trügt. Der Schlaf ist kein passiver, todesähnlicher Zustand, sondern ein hochaktiver Vorgang im Gehirn.

In den zwanziger Jahren befestigte der Jenaer Nervenarzt Hans Berger erstmals Silberplättchen auf dem menschlichen Kopf und leitete die von Gehirnzellen produzierten kleinen elektrischen Ströme ab. Das *Electroencephalogramm (EEG)* brachte diese „Wellen" zu Papier. Ende der dreißiger Jahre verkabelten die Wissenschaftler die Schädel von Schläfern. Die nächtlichen EEGs zeigten, daß sich die Hirnwellen verlangsamen und um so hochgespannter werden, je tiefer wir in das Schlafreich sinken. Den Schlaf unterteilte man zunächst in vier Phasen: vom leichten Schlaf A bis zum Tiefschlaf D. Schon bald notierten die ersten Schlafforscher die bis heutige richtige Beobachtung: Je länger die Nacht dauert, um so schwächere Außenreize reißen uns aus Morpheus' Armen.

Anfang der fünfziger Jahre machten dann drei Amerikaner eine Entdeckung, die bis heute als „epochales Ereignis" bewertet wird. Die US-Physiologen bemerkten zufällig, daß während des Schlafes die Augäpfel unter den geschlossenen Augenlidern hin und her zuckten. Etwa alle neunzig Minuten kehrte dieses nächtliche Phänomen wieder, das sie *REM* tauften. REM ist die Abkürzung für „rapid-eyemovements", sie wurden der Schlüssel zum Verständnis des Schlafes. Begleiteten solche „schnellen Augenbewegungen" den Schlaf, zeigte das EEG ein eher waches Gehirn, Atem- und Herzfrequenz stiegen an, aber gleichzeitig lag der Körper des Schläfers wie gelähmt da, weshalb sie den

REM-Schlaf auch „paradoxen Schlaf" nannten. Fast alle Schläfer, die fortan gezielt aus diesem Zustand geweckt wurden, erinnerten sich – sehr klar und deutlich – an ihre Träume. Der REM-Schlaf machte Furore als der Traumschlaf schlechthin, wobei nach einer Theorie unsere Augen die Traumbilder *scannen*, also abtasten sollen. Vielleicht schützt die gleichzeitige motorische Blockade den Träumer davor, die heftigen Bewegungen zu machen, die zum Traum passen. Man stelle sich einmal vor, wir würden wirklich versuchen loszufliegen …

DIE ARCHITEKTUR DES SCHLAFES

Nach der Entdeckung der „schnellen Augenbewegungen" vergingen weitere fünfzehn Jahre, bis in den neuerbauten Schlaflabors die Architektur des Schlafes ganz entschlüsselt war. Nicht mehr allein die Hirnströme, auch die Muskelspannung und der Blutdruck, die Atemfrequenz und der Herzschlag, die Augen-, Mund- und Beinbewegungen von Tausenden von Schläfern lieferten am Ende einer Nacht ein Dutzend zittriger Spuren. Die *Polysomnographie* zeichnete unseren normalen nächtlichen Schlafablauf auf Endlospapier. Das Bild des Hauses, in dem das nächtliche Theater spielt, hat sich seitdem nicht mehr verändert.

An der Schwelle zum Schlafen spannen sich die Muskeln an. Wir schließen die Augen, und manchmal begleiten uns fast psychedelische Bilder in die andere Welt. In dieser *hypnagogen* Übergangsphase können wir regelrecht in den Schlaf fallen und erschreckt wieder erwachen. Beim Einschlafen ist das Hirn noch wach, aber entspannt, die Augen rollen langsam hin und her. Allmählich übernehmen Wellen langsamerer Frequenz, die *Thetawellen* des leichten Schlummers, das Kommando (Schlafphase 1). Der leichte Schlaf entwickelt sich weiter, bis sogenannte *Betaspindeln* die Schlafphase 2 markieren, während die Muskelspannung noch weiter abfällt.

Nach zwanzig Minuten startet Phase 3, sie ist der eigentliche Sprung in das Reich des Schlafes. Werden Menschen zu Beginn des Tiefschlafes geweckt, sind sie desorientiert und wollen sofort wieder einschlafen. Der richtige Tiefschlaf (Phase 4), sichtbar durch sehr hohe, regelmäßige und langsame Hirnwellen, endet ein bis zwei Stunden nach dem Einschlafen und zwar häufig im Zusammenhang mit einer Körperbewegung, einer *Arousal-(Erregungs-) Reaktion*, die uns für kurze Zeit in die Phase 1 oder 2 hochkatapultiert, bevor der REM-Schlaf uns ganz umfängt. Er währt beim ersten Mal nur zehn Minuten. Die Muskelspannung ist jetzt ganz niedrig und die Hirnstromwellen erinnern an die Zacken eines Sägeblattes. Diese REM-Phase beendet den ersten Schlafzyklus.

Mehrmals pro Nacht durchwandern wir alle Stadien des Schlafes. Vom ersten bis zum fünften Zyklus, die jeweils zwischen 90 und 110 Minuten lang sind, nimmt der Tiefschlaf immer mehr ab. Der REM-Schlaf dagegen wird im Laufe der Nacht länger und die schnellen Augenbewegungen, die ihn begleiten, werden dichter. Immer öfter tummeln wir uns gegen Morgen im Leichtschlaf und immer wahrscheinlicher wird es, daß wir aufwachen. Das spontane Erwachen ist selten, entweder reißen uns der Wecker oder ein Geräusch aus dem Schlaf, oder das Be-

wußtsein, aufstehen zu müssen, weckt uns. Schlaf ist eine Eigenschaft des Gehirns. Niemand kann eines der Schlafstadien bewußt simulieren, die Hirnströme würden ihn immer verraten. In diesem Rhythmus der Stadien verschlafen wir ein Drittel unseres Lebens. Bei einer durchschnittlichen Lebenserwartung leben wir etwa fünfundzwanzig Jahre in der nächtlichen Traumwelt. Warum aber schlafen wir überhaupt und warum genau auf diese Weise?

DIE MACHT DER INNEREN UHREN

Wir schlafen, weil wir schlafen *müssen*. Daß Schlaf soviel Macht über uns hat, dafür sorgen innere Uhren, die ebenfalls vom Gehirn aus gesteuert werden. Eine winzige Ansammlung von Nervenzellen, die etwa zwei bis drei Zentimeter hinter den Augäpfeln und der Kreuzung der Sehnervenbahnen im Gehirn liegt, befehligt unseren Schlaf-Wachrhythmus. Unabhängig von der Außenwelt hat diese innere Uhr eine Umlaufzeit von 24,7 bis 25,2 Stunden. Das zeigten Beobachtungen an Menschen, die im Max-Planck-Institut in Erling-Andechs in einem Zeitisolationsbunker lebten und dabei ganz nach ihrem „Gefühl" schliefen oder wachblieben. Wir schlafen also täglich etwas weniger als biologisch programmiert und stellen Tag für Tag unsere innere Uhr neu ein, wobei Wecker und Arbeitsplanung heute die wichtigsten Zeitgeber sind.

Überfliegen Menschen Zeitzonen, spüren sie am eigenen Leib, wie ihre biologische Uhr, die *circadian* (auf etwa einen Tag bezogen) auch auf Licht und Körpertemperatur geeicht ist, sich gegen den Tageszyklus verschiebt. Diesen *Jet lag* überwindet der Organismus nur zögerlich, um etwa eineinhalb Stunden wird die innere Uhr an jedem Tag und je nach Flugrichtung vor- oder zurückgestellt, bis sie wieder mit Tag und Nacht synchron läuft. Die Forscher des Max-Planck-Instituts bewiesen durch Messungen an den Bunkerschläfern außerdem, daß bei fallender Körpertemperatur ein Schlaf unmöglich ist. Die meiste Zeit während eines langen Schlafes steigt die Körpertemperatur langsam an. Über den circadianen Rhythmus sind so Schlafverhalten und Körpertemperatur des Menschen aneinander gekoppelt.

Während eines normalen Tages steigt unsere Einschlafbereitschaft außerdem im vier Stundentakt an (*ultradianer Rhythmus*), und auch diese erhöhte Schlafbereitschaft ist biologisch verankert. Kaiser Napoleon, ein Kurzschläfer, verkündete: „Vier Stunden für Männer, fünf für die Frauen und sechs für die Idioten." Doch das Genie Albert Einstein fühlte sich erst nach zwölf Stunden erfrischt. Nicht die Intelligenz, sondern die Gene legen jemand in die Wiege, ob er mit sechs oder neuneinhalb Stunden Schlaf auskommt. Der Durchschnittsmensch legt sich siebeneinhalb Stunden aufs Ohr.

Es gibt nicht nur Kurz- und Langschläfer, sondern auch ererbte Schlaftypen: Die „Lerchen", die besseren Schläfer, gehen abends früher zu Bett, weil ihr Körper eine Stunde früher als bei anderen die optimale Einschlaftemperatur erreicht. Die „Eulen" dagegen sind später schlafbereit und stellen die berühmten Morgenmuffel. Auch die Lebensuhr drückt dem Schlaf ihren Stempel auf. Wenn wir vom Baby zum Greis werden, schlafen wir immer weniger – statt vierzehn nur noch sechs Stunden – und schlechter: Der Al-

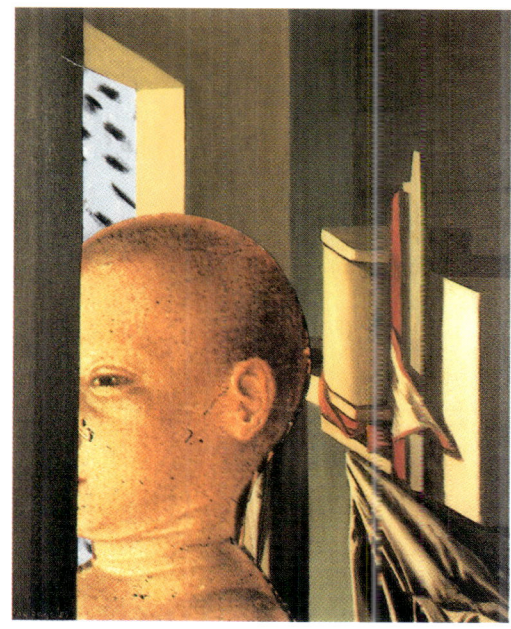

tersschlaf ist häufiger unterbrochen und ältere Menschen tummeln sich länger in Leichtschlafphasen.

Im ersten Lebensjahr füllt der REM-Schlaf noch die Hälfte der Nacht aus. Während die Hirnrinde wächst, Nervenzellen sich verschalten, dient der Traumschlaf wahrscheinlich als eine interne Stimulationsquelle. Wer ein schlafendes Kleinkind beobachtet, sieht also REM-Schlaf sowie Bewegungsabläufe, die diese Schlafphase anstoßen und die in dieser Zeit wahrscheinlich durchgespielt werden. Die Nächte der Erwachsenen dagegen sind nur noch zu zwanzig Prozent von REM-Schlaf erfüllt. Der Schlaf, diese Eigenschaft des Gehirns, ist ohne Zweifel gut für unser Gehirn; nicht nur, wenn es sich noch entwickelt. Zuwenig Schlaf macht unkonzentriert und gereizt, wir können Bewegungen schlecht koordinieren. Fünf bis zehn Tage Schlafentzug sind wie eine Folter und erlauben eine Gehirnwäsche, die den völligen Zusammenbruch der Persönlichkeit zum Ziel hat. Gibt jemand nach längerem Schlafentzug seinem Schlafdrang endlich nach, fällt er schneller in den Tiefschlaf und verweilt darin länger als üblich. Dieser Lang-Wellen-Schlaf scheint also unserer Erholung am stärksten zu dienen.

Doch nicht allein Schlafdauer und Schlaftiefe, auch biologische Vorgänge während der Nacht bringen uns wieder auf die Beine.

AMME DER NATUR

Im nächtlichen Schlaftheater tanzen Nacht für Nacht die Hormone ein wildes Ballett. Auf der Traumbühne vollführen sie Muster, erreichen Hoch- und Tiefwerte, die nur der Schlaf kennt. In einem Schlafzyklus ist die Hormonausschüttung immer im REM-Schlaf gehemmt. Wachstumshormone durchfluten uns besonders im ersten Teil der Nacht, der vom Tiefschlaf dominiert wird, und regen die Zellteilung an. Daß wir uns schönschlafen, morgens mit rosigem Teint und glatter Haut aufwachen, ist nur nach dem fünfundvierzigsten Lebensjahr eine Illusion; denn je älter wir werden, desto weniger stimuliert der Schlafrhythmus die Ausschüttung dieser Hormone. Ihr Mangel verursacht – zum Teil wenigstens – Schlafstörungen im Alter.

In der zweiten Nachthälfte, wenn der REM-Schlaf überwiegt, steigt insbesondere die Ausschüttung des Streßhormons *Cortisol* stark an. Und diese innere „biologische" Qualität erreicht kein Mittagsschlaf. Wir fühlen uns nach einer Siesta zwar erholt, aber sie leistet nicht soviel wie der lebenserhaltende Nachtschlaf. Worin

seine Leistung jedoch genau besteht, darüber spekulieren die Neuroendokrinologen noch. Doch angesichts neuester Hormonmessungen in den Schlaflabors wagen sie folgende These: Besonders die erste Hälfte unseres Nachtschlafes bewältige das „in der Wachphase durchlebte Streßgeschehen". Der ganze Schlaf mit seinen vier bis sechs Zyklen, behaupten die Forscher, entflechte verschiedene Prozesse der Hormonausschüttung und stelle diese Systeme neu aufeinander ein. Im Licht dieses Teils der Schlafforschung dichtete Shakespeare zu Recht:

> *Schlaf, o holder Schlaf,*
> *Du Pfleger der Natur!*
> *Schlaf, o holder Schlaf,*
> *Du liebreiche Amme der Natur!*

Daß wir auch schlafen müssen, um gesund zu bleiben, dafür lieferten 1983 erstmals Rattenexperimente starke Hinweise. Die Tiere wurden in einer Versuchsanordnung wachgehalten, und zwar länger als die zehn Tage, die bei Menschen als vertretbare Grenze für einen Schlafentzugsversuch gelten. Erst nach zwei Wochen erkrankten die Ratten sichtbar: Sie bekamen Geschwüre und verloren Gewicht, obwohl sie immer mehr fraßen. Ihr ganzer Stoffwechsel entgleiste, die Tiere konnten ihre Körpertemperatur nicht mehr kontrollieren und waren nach vier Wochen an Infekten gestorben. Sorgt der Schlaf also auch beim Menschen dafür, daß der Energiehaushalt ausgeglichen bleibt? Rüstet sich im Schlaf unser Immunsystem gar für augenblickliche und kommende Abwehrschlachten auf? Ohne Zweifel machen Infekte müde, und Immunbotenstoffe wie das *Interleukin* scheinen das Einschlafen tatsächlich zu fördern. Ist der Schlaf genau deshalb in manchen Fällen die beste Medizin?

Der Schlaf repariert und restauriert ohne Zweifel lebenswichtige biologische Körperfunktionen – wie dies geschieht, ist noch weitgehend unbekannt. Könnte das die eigentliche Funktion des Schlafes und viel wichtiger sein als das Traumgeschehen?

DER GESTÖRTE SCHLAF

Weniger auf die Enträtselung ihrer Träume als auf handfeste Schlafmedizin hoffen auch die Menschen, die jede Nacht ein schreckliches Theater erleben, weil sie nicht ein- oder durchschlafen oder zu wenig schlafen. Rund ein Viertel der Bevölkerung der westlichen Industrienationen klagt über eine gestörte Nacht. Seit 1990 existiert eine internationale Liste von fast siebzig Schlafstörungen, die in vier große Hauptgruppen unterteilt sind.

In den Betten der Schlaflabors suchen und finden viele Schlaflose heute die Antwort auf die quälende Frage: Was ist mit mir los? Manchmal können die Schlafmediziner ihnen mit recht einfachen Mitteln helfen. Das häufige Gefühl, zu wenig zu schlafen, entlarven Schlafmessungen nicht selten als unberechtigt. Zu wissen, daß sechs Stunden genug sein können, verhindert dann bereits den abendlichen Einschlafstress. Der Verzicht auf das Mittagsschläfchen und den Alkohol, das Einüben von Zubettgehritualen und Entspannungsübungen tun ein übriges. Solche Aufklärung über die „Schlafhygiene" kann die Nächte wieder schön machen.

In den Schlaflabors entdeckten die Mediziner auch zum ersten Mal die *Schlaf-*

apnoe. Nicht nur lautes, unregelmäßiges Schnarchen und bleierne Müdigkeit am nächsten Tag, sondern auch Herzkrankheiten und überhöhter Blutdruck sind die Folgen des sogenannten obstruktiven Schlafapnoesyndroms. Dieser Begriff steht für mehrfachen, mindestens zehn Sekunden dauernden Atemstillstand in der Nacht. Ausgelöst werden die Störungen durch Verlegungen der Atemwege in Nase und Rachen. Dadurch wird die Zufuhr von Sauerstoff beeinträchtigt. Etwa zwei Millionen Menschen leiden bei uns an einer solchen Atemstörung. Ihre Lebenserwartung ist wegen der Schäden an Herz und Kreislauf, die diese Krankheit hervorruft, deutlich eingeschränkt. Untersuchungen haben ergeben, daß bei fast der Hälfte der Patienten der Blutdruck zu hoch ist. So bleibt bei der Schlafapnoe nicht nur die gefäßentspannende nächtliche Blutdrucksenkung aus, sondern während der Atempausen kommt es sogar zu krankhaft erhöhten Blutdruckwerten. Eine geeignete Therapie ist die nächtliche Druckbeatmung über eine Maske, mit der die verlegten Atemwege durchgeblasen werden.

Eine ganz große Hoffnung von Ärzten, Patienten und der Pharmaindustrie hat sich noch nicht erfüllt: Es gibt kein wirkliches Schlafmittel, das heißt eine chemische Verbindung, die unsere Schlafarchitektur unangetastet läßt, einen gesunden Schlaf wiederherstellt und nicht abhängig macht. Noch ist der natürliche Stoff nicht gefunden, der den Schlaf unserer Träume herbeizaubert. Die Liste der „Wunderdrogen" verzeichnet aber regelmäßig Neuzugänge. Das jüngste Mitglied der Schlafmittelcharts ist das *Melatonin,* das aber nach gründlicheren Untersuchungen nur eines leistet: Beim Jetlag können wir mit seiner Unterstützung die innere Uhr schneller auf die Ortszeit umstellen.

Wenn die Zeit, in der jemand schlafen muß oder kann, mit dem Alter immer mehr abnimmt, freuen sich vielleicht diejenigen, die Schlaf schon immer für vergeudete Zeit hielten. Doch viele Menschen erkennen nicht diese Chance und lassen sich ruhigstellen. Die massenhafte Rezeptierung von Schlafmedikamenten und der unkritische Griff nach den kleinen Helfern zeigt, wie tief das alte Mißverständnis noch sitzt: Schlaf sei Ruhig-daliegen-und-Augen-zu.

TRAUMMASCHINE GEHIRN

Doch gleichgültig, ob wir schlecht oder gut, kurz oder lang schlafen: Träume begleiten alle Nächte. Woher aber kommen diese Bilder, Gefühle und Geschichten, die wir Träume nennen? Im Jahre 1977 stellten die inzwischen weltberühmten Hirnforscher Robert McCarley und Allan Hobson ihr *Aktivierungs-Synthese-Modell* des Traums vor, ein Modell, das auch heute noch die wissenschaftliche Diskussion dominiert.

Träume werden ausgelöst von Neuronen, die wie wild und chaotisch feuern, postulieren die amerikanischen Neurobiologen. Den Sitz des „Traumzustandsgenerators" vermuten sie im Hirnstamm, der Schaltzentrale für unsere Wach- und Schlafzustände. Sogenannte *REM-on-* und *REM-off*-Zellen sollen den Takt für unsere Schlafzyklen vorgeben. In den nächtlichen REM-Phasen erregen dann von diesen Neuronengruppen ausgehende elektrische Gewitter wahllos die Hirnrinde.

Je nachdem, wo dies geschieht, denken wir, daß wir gehen, rennen oder fliegen. Andere Hirnrindenareale bescheren uns Hör-, Seh- oder Gefühlseindrücke. Nur in diesem ersten Schritt, der Aktivierung, bleiben die Trauminhalte noch sinnlos und zufällig, sind sie allein Abfälle der Biologie unseres Schlafes.

In einem zweiten Schritt verknüpft unser Denkapparat, so die Theorie weiter, die vielfältigen Sinneseindrücke, die den wahllos, im REM-Schlaf losgelassenen Aktivitätsgewittern unserer grauen Zellen entsteigen. Das Gehirn erschafft sich nun eine eigene innere Umgebung. Es ist kreativ und versucht stets, eine Bedeutung zu erkennen, auch wenn etwa absurde Zufallsszenen nicht ins Bild passen. Die laufenden Interpretationen des Gehirns formieren sich zu unseren Träumen. Alles, was das träumende Gehirn sieht und hört, fühlt und denkt, ist nur aus ihm heraus geboren. Ohne Input aus der äußeren Welt baut es seine (und unsere) innere Wirklichkeit, an die wir nachts kritiklos glauben müssen. Wir träumen (und schlafen auch) *durch* das Gehirn.

„Die Hypothese von Aktivierung und Synthese nimmt an, daß ein Neurotransmitterverlust im REM-Schlaf das Gehirn-Geist-Gespann chemisch verändert, so daß es Information auf andere Art und Weise verarbeitet", schreibt Allan Hobson in seinem umfassenden Buch *Schlaf* weiter. Nicht nur die Denkprozesse liefen nächtens anders ab, auch unser Verstand, unsere Selbstreflektion seien gleichsam ausgeschlossen, die logischen Regeln des Wachseins hinweggefegt. Und genau aus diesem Grund fasziniert das träumende Gehirn die Neurowissenschaftler in besonderem Maße.

„Beim Träumen ahmt das normale Gehirn-Geist-Gespann ziemlich regelmäßig die schlimmsten Symptome von Geisteskrankheiten nach", folgert der Psychiatrieprofessor. Unsere Sinneswahrnehmungen in der Nacht glichen Halluzinationen, und falsche Überzeugungen ähnelten Wahnvorstellungen. Und wie im Delirium oder bei Hirnerkrankungen, die dement machen, verlören wir im Traum unser Gedächtnis und erfänden die unmöglichsten Lügengeschichten. Kann das Träumen vielleicht ein Modell abgeben, um Geisteskrankheiten wie etwa die Schizophrenie besser zu verstehen? Hilft das schlafende Gehirn den Forschern so, der Wachheit auf die Spur zu kommen? Ebnet diese physiologische Traumdeutung den „Highway zum Bewußtsein"?

Es gibt offenbar nicht „den Traum", sondern Träumen ist ein besonderer Bewußtseinszustand unter abgeschlossenen, extremen Bedingungen. Sind die Trauminhalte deshalb nur Trümmer eines rein biologischen Geschehens ohne tiefere, psychologische Bedeutung? Wie läßt sich dies beurteilen im Rahmen der wohl bekanntesten Traumtheorie dieses Jahrhunderts, die Sigmund Freud im Jahre 1900 veröffentlichte?

DER WEG
INS UNBEWUSSTE

Sigmund Freud, Begründer der Psychoanalyse, hat in seinem Buch *Die Traumdeutung* erstmals gezeigt, daß Träume nicht nur Schäume sind, sondern jedem einzelnen helfen können, sich besser zu verstehen. Träume, so seine Theorie, werden von verbotenen oder peinlichen Wünschen angestoßen. Nur während des

Schlafes läßt die Wachsamkeit unseres Ichs (oder Selbst) gegenüber dem Es (oder dem Unbewußten) so nach, daß wir uns im Traum das Unerlaubte erfüllen wollen. Die im Dunkel der Nacht freigesetzten Triebe und Sehnsüchte zensiert ein Teil unserer Psyche, um den Schlaf zu schützen: Der Zensor versteckt die latenten Trauminhalte hinter Bildern oder Symbolen, er verschleiert sie. Was wir träumen, ist so der manifeste Trauminhalt. Aber sobald wir im Wachzustand unsere Träume erinnern, sind sie verschlüsselt, erneut der Ich-Zensur unterworfen. Diesen Schritt sollen wir mit Hilfe eines Psychoanalytikers rückgängig machen können. Die Traumdeutung nannte Freud deshalb „die *Via regia* (Königsweg) zur Kenntnis des Unbewußten im Seelenleben"; Träume waren für ihn die „Hüter des Schlafes".

Seitdem Naturwissenschaftler glaubten, die Natur des Schlafes und seine Funktionsabläufe besser zu verstehen, kritisierten sie Freuds Traumforschung als letztlich unwissenschaftlichen, da nicht widerlegbaren Ansatz. Beide Lager standen sich lange Zeit unversöhnlich gegenüber. Aber neuere Ergebnisse der Traumforschung deuten darauf hin, daß die Wahrheit – wie so oft – in der Mitte liegt.

TRAUMREISEN
IM SCHLAFLABOR

Die Traumforscher fragten in den Zeiten der modernen Schlaflabors weniger nach den Trauminhalten, sondern wann, was und wieviel wir träumen. Tausende von Menschen schlossen sie nächtens an Computer, zeichneten den Stoffwechsel auf und ließen die Probanden – umgeben von modernster Technik – schlafen, um sie in allen Schlafphasen und auf unterschiedliche Weise zu wecken. Denn allein der Schläfer besitzt den Schlüssel, um das Tor zur Traumwelt zu öffnen. Der Schlüssel ist – wie seit Menschengedenken – allein seine Erinnerung. Objektive, meßbare Traumindikatoren, die anderen den Inhalt der Träume verraten, wurden trotz intensiver Suche bis heute nicht gefunden. Nur manchmal offenbart der Gesichtsausdruck des Träumers, ob er sich auf seiner Reise gut- oder schlechtfühlt.

Träume sind immer eine psychische und damit eine ganz individuelle Erfahrung, erst ihre systematische Erfassung erlaubt allgemeine Aussagen. Das wichtigste Traumergebnis, das die experimentelle Traumforschung ans Tageslicht förderte: Jeder Mensch träumt und zwar jede Nacht, auch wenn er sich nicht erinnert.

Erst im Jahre 1960 bewiesen systematische Weckexperimente auch, daß wir in allen Schlafzuständen träumen und nicht nur in der REM-Phase. Während des eigentlichen Traumschlafes sind die nächtlichen Geschichten heftiger, bunter, bizarrer und lebhafter, eben genau so, wie sich jeder Träume vorstellt. Im Nicht-REM-Schlaf ähnelt der Traum mehr dem alltäglichen Denken. Doch warum? Vielleicht erinnern wir uns nur schlechter und verstümmeln die Träume. Denn je tiefer die Schlafphase, aus der ein Träumer geweckt wird, um so schwieriger ist es, den Traum zu packen und festzuhalten.

„Daß der Traum am Morgen zerrinnt, ist sprichwörtlich", schrieb schon Sigmund Freud. Je sanfter uns jemand aus dem Schlaf holt, um so besser erinnern wir uns an das Geträumte. Ungewöhnliche, neue Bilder und starke Gefühle in der Nacht machen Träume haltbarer. An ihre Abenteuer in der Traumwelt erinnern sich aber immer jene am besten, die an Botschaften in Träumen glauben. Menschen verloren weder den Verstand noch wurden sie etwa besonders aggressiv, wenn gezieltes Wecken aus der REM-Phase sie am Traumschlafen hinderte. Ist der Traum also doch kein so wichtiges Ventil für unsere unbewußten Triebe und Wünsche?

Auch in Träumen denken wir, haben wir eine Form von Bewußtsein. In den achtziger Jahren morsten Träumer mit Hilfe von Augenbewegungen erstmals Signale aus dem REM-Schlaf. Müßte es dann nicht möglich sein, das Traum-Ich auf der Traumbühne bewußt zu steuern, Alpträume zu unterbrechen oder sich im Traum Sehnsüchte zu erfüllen? Psychotechniken, die auch zu bewußtgesteuerten Träumen führen, sind ohne Zweifel erlernbar, und Bücher über dieses sogenannte *Klarträumen* haben Konjunktur. Doch die Schweizer Traumexpertinnen Inge Strauch und Barbara Meier warnen: „Die Hoffnung, Träume in diesem Sinn zu kontrollieren, hat zu einer ideologisch gefärbten Bewegung geführt, weil ihre Anhänger hierin einen Weg sehen, das Bewußtsein zu erweitern und unbewußte Kräfte in den Griff zu bekommen."

Die Phantasie der Träume wird überschätzt. Die meisten Menschen träumen nicht, wie die Surrealisten René Magritte, Salvador Dali oder Max Ernst den Traum malten, die von Freuds Traumtheorie stark beeinflußt waren. Banal und alltäglich sind meistens Schauspieler und Bühnenbilder des nächtlichen Theaters wie auch sein Spielplan. In zwei Dritteln der Aufführungen spielt unser Traum-Ich die Hauptrolle und agiert in Alltagssituationen. Hitze und Durst, Klingeln und Wassertropfen können wir durch den Schlaf bis in unsere Träume hinein fühlen. Manchmal bauen wir Außenreize in das Traumgeschehen ein, doch nach unbekannten und sicher nicht nach festen Regeln. Wassertropfen auf die Stirn können einen Regentraum anstoßen, doch es kann auch nichts oder etwas ganz anderes passieren.

In Träume drängen sich viele Einflüsse, die unterhalb der bewußten Wahrnehmungsschwelle liegen, zeigten Forscher des Sigmund Freud-Institutes in Frankfurt. Der technisch fast unhörbar gemachte Befehl „Fahre Karussell" bescherte Träumern dieses Jahrmarktserlebnis. Auch Dreiecksformen schmuggelten die Psychoanalytiker in die Träume ein. Für nur acht Millisekunden ließen

sie aus Dreiecken zusammengesetzte Strandszenen im Gesichtsfeld von Versuchspersonen aufblitzen. In den gemalten Traumberichten der folgenden Nächte zählten die Wissenschaftler überzufällig viele Dreiecksformen, die mehrere Tage in den Träumen festsaßen.

Das mögliche Fazit dieser Versuche: Unsere sichtbaren, oder, wie die Psychoanalytiker sagen, „manifesten" Traumbilde, entstehen vielleicht auf viel einfachere Weise, als Freud angenommen hat. Die Erinnerung, die der Schlaf hervorlockt, speist sich aus einer vorbewußten Verarbeitung. Unsere Wahrnehmung zerlegt dabei Eindrücke wie die Strandszene in Form, Farbe und Begriffe, und diese Inhalte setzt unser Geist in den Träumen neu zusammen. Was auf der Traumbühne gespielt wird, wird von der Seelenchemie und den physiologischen Prozessen im Kopf mitdirigiert. Das Unbewußte ist vielleicht nicht immer und schon gar nicht allein der Regisseur unserer Träume. In einer Art von erfinderischem Realismus, so interpretieren Traumpsychologen das nächtliche Geschehen auch, montiert unser Gehirn die Traumbausteine zusammen, die Gedächtnisspeichern entsteigen. Es ist also höchst kreativ. Auf welche Art, ist auch eine Frage der Persönlichkeit.

Die Psyche nutzt die Zeit des Schlafens und setzt im Wachen gesammelte Erinnerungen und Eindrücke um; Lebenskrisen wie Scheidung oder Todesfälle sperrt der Schlaf nicht aus. Die psychologisch orientierten Traumforscher wundern sich nicht, wenn Menschen im Schlaf die Lösung zu einem Problem aufgeht oder Denkanstöße kommen, wenn man etwas überschläft. Leonardo da Vinci fragte sich:

„Warum sieht das Auge etwas deutlicher im Traum als der Geist, wenn er wach ist?"

Darauf antwortet Allan Hobson: „Träumen ist ein flexibler Geist-Gehirn-Zustand, dessen ausgesprochene Plastizität dazu beitragen kann, daß Menschen ihre fundamentalen Ansichten über das eigene Ich und die Welt verändern... Entmystifiziert und entpathologisiert kann das Träumen sicherlich beidem dienen – der Unterhaltung und der Förderung der Kreativität."

Unser Bild vom Traum entstammt überwiegend den Träumen, die in Schlaflabors geträumt wurden. Träumen im Dienst der Forschung ist inzwischen auch in der eigenen Wohnung leichter und kostengünstig möglich. Die Schlafforscher aus Harvard entwickelten das *nightcap*, eine echte „Schlafmütze". Die enganliegende, verkabelte Stoffkappe mißt die Kopfbewegungen des Schläfers in der *movement time*, wenn eine abrupte Körperbewegung den Einzug des REM-Schlafes ankündigt. Ein Fühler, der auf dem Augenlid klebt, zeichnet die schnellen Augenbewegungen auf. Eine kleine Elektronik unter dem Kopfkissen sammelt und speichert die Daten von bis zu dreißig Nächten, die später direkt in einem Computer eingespeist werden und mit einem Programm in wenigen Minuten analysiert sind. Diese Schlafmessungen sind zwar nicht so präzise wie Aufzeichnungen im Labor, doch sammeln sie ohne großen Aufwand sehr viele Daten.

Das nightcap soll eines Tages sogar mit ins All fliegen und vor allem zwei Fragen beantworten: Wird auch in der Schwerelosigkeit kurz vor dem REM-Schlaf der Körper gedreht? Träumen Astronauten ganz anders als Schläfer auf der Erde? Wer die Nachtmütze trägt, kann sich näm-lich mit einem zeitlich programmierten Piepton aus der REM-Phase wecken lassen, um seine Träume zu notieren. Damit gewonnene häusliche Traumberichte waren durchschnittlich viermal so lang wie die Aufzeichnungen eines Laborschläfers. Schätzungen sprechen von fünfundneunzig Prozent Traumverlust. Warum aber träumen wir, wenn wir sowieso vergessen?

MÜLLMANN ODER TRAUM-LEHRER

Es wäre für das Gehirn einfach töricht, antworten manche Psychologen, nachts den Geist „abzuschalten". *Was* wir träumen sei zwar interessant, aber *daß* wir es tun, noch viel wichtiger: Träume hielten schlicht und einfach die psychische Aktivität aufrecht, wenn die Außenwelt in der Nacht verschwindet. Weil auch die nächtliche Psyche ein Gleichgewicht braucht zwischen alt und neu, aktiv und passiv, erregend und beruhigend, sind die Träume so wie sie sind: aufregend und langweilig, manchmal erhellend, aber öfter doch recht nichtssagend. Sind Träume nur eine Art neuronaler Gymnastik, um unseren Geist fit zu halten für den Tag?

Verlernen sei der eigentliche Sinn der Träume, behaupten andere. Sie lassen uns nicht einfach vergessen, sondern aktiv verlernen und halten uns damit, so diese Theorie, realitätstauglich. Sind Träume also eine intelligente Müllabfuhr, die unnütz gewordenes, fehlerhaftes oder störendes Wissen beiseite räumt und unsere Gehirnspeicher reinigt?

Daß sich im Schlaf Erlebnisse tiefer in unser Gedächtnis eingraben, ist eine Alltagserfahrung, die der Traum-ist-Müllmann-These widerspricht. „Im Schlaf lernen" zu können, bleibt dagegen ein alter, unsinniger Traum, der trotzdem seit Jahren kräftig vermarktet wird: Kleine Geräte unter dem Kopfkissen sollen uns nachts Vokabeln einflüstern. Doch statt mehr Geist für den Schläfer bringen solche Apparate nur mehr Geld für die Anbieter. Daß wir aber tatsächlich im Schlaf lernen – wenn auch auf ganz andere Weise – bewiesen im Jahre 1994 erstmals zwei voneinander unabhängige Forschergruppen.

Am Weitzmann Institut in Revohot, Israel, mußten Versuchsteilnehmer Muster, die flüchtig am Rande ihres Gesichtsfeldes auftauchten, immer schneller erkennen lernen. Auch beim Klavierspielen oder Maschineschreiben erwerben wir durch ständiges Wiederholen unsere Fingerfertigkeit und festigen, wie es im Fachjargon heißt, das *instrumentelle Gedächtnis*. Die Probanden wurden dann in zwei Gruppen unterteilt: In der ersten unterbrachen die Forscher den REM-Schlaf, die zweite Gruppe weckten sie gleich häufig in anderen Schlafphasen. Das klare Ergebnis: Der gestörte „Traumschlaf" in der ersten Gruppe blockierte den Lernerfolg, nur bei den anderen blieb etwas im Gedächtnis haften.

Forscher an der Universität von Arizona pflanzten dagegen zwölf Mehrkanalelektroden in ein Rattenhirn, und zwar in den *Hippocampus*, der – geformt wie das namensgebende Seepferdchen – am Schläfenlappen sitzt. Suchte die Ratte am Tag verschiedene Orte auf, registrierten die Forscher zeitgleich die Erregungsmuster der Nervenzellen, und genau auf diese Muster stießen die Traumdeuter erneut im nächtlichen Langwellenschlaf: Offenbar erschuf das Gehirn in dieser Phase die verschiedenen Orte noch

einmal. Immer wieder tauchten die Muster auf, und zwar als schnelle, dichte Nacherzählung, vergleichbar einer stundenlangen Tonbandaufnahme, die in Sekunden abgespult wird.

Der nächtliche Traumlehrer übte soviel, daß zwischen Neuronen neue Verbindungen entstanden und sich alte neuronale Pfade verfestigten. Dieses episodische Langzeitgedächtnis, das sich im Hippocampus formiert, wird sehr wahrscheinlich über Signale in die Hirnrinde geschickt. Verschiedene Schlafphasen und Träume verarbeiten und interpretieren also unterschiedliche Arten von Informationen und dem Wechsel zwischen REM- und Non-REM-Schlaf kommt für unser Gedächtnis, für die Informationsverarbeitung im Gehirn wahrscheinlich eine entscheidende Bedeutung zu. Warum träumen wir also?

Im Lichte dieser neuesten Forschungen gab Allan Hobson eine mögliche Antwort: „Wir träumen, um den Informationsstatus im Gehirn zu ändern." Präziser äußerte Hobson sich nicht, was zeigt, daß Schlaf- und Traumforschung ein schwieriges und spekulatives Unterfangen geblieben sind. Ein Schlafforscher verglich sich einmal mit einem Menschen, der an einer Fabrikmauer entlanggeht und ab und an sein Ohr an die dicke Steinmauer legt. Aus den Geräuschen, die er zufällig mithört, schließt er auf das, was in der Fabrik passiert. Sind Schlaf und Traum aber nicht doch mehr als nur Geräusche aus unserer Denkfabrik? Diese Frage bewegt die Menschen in allen Kulturen seit Jahrtausenden und bis heute.

TRAUM ALS QUELLE
VON ERKENNTNIS?

Der Schlaf galt schon immer als Zwischenreich. Dort empfing die Seele Besuch von Dämonen und Geistern oder machte sich selbst auf zu neuen Erkenntnisufern. Nachts sandten die Götter den Menschen Botschaften, und Träumer begegneten ihren Toten. Traumdeuter schauten in die Zukunft oder suchten Antworten auf Lebensfragen. Auch im Zeitalter der wissenschaftlichen Schlafforschung sind Traumdeutungsbücher begehrt, trainieren Manager in Traumseminaren den Powerschlaf und wagen Klarträumer den Trip in höhere Sphären.

Weiß der Geist in der Traummaschine Gehirn am Ende tatsächlich mehr als die ahnungslosen Schläfer? Müssen wir nur – auf welche Art auch immer – lernen, mit ihm zu reden oder ihn freizusetzen? Weist das nächtliche Theater gar einen Weg über die eigene Persönlichkeit hinaus? Sind unsere Träume, wie der große Analytiker Carl Gustav Jung behauptet hat, die Ursprache der Menschheit? Vor dreitausend Jahren erklärte ein indischer Weiser: „Wenn jemand schlafengeht, nimmt er das Material dieser allumfassenden Welt mit sich, zerreißt es, baut es selbst auf und träumt durch seine eigene Helligkeit, sein eigenes Licht."

Ob Träume einen Highway zum Bewußtsein ebnen, Menschen den Königsweg zum Unbewußten weisen oder neue Bewußtseinsebenen öffnen, könnte am Ende ein unnötiger Streit sein. Denn Schlaf und Traum sind – und allein das ist heute unbestritten – faszinierende Zustände unseres Gehirn-Geist-Gespannes.

Aber genau deshalb unterliegen die nächtlichen Äußerungen dieses Gespannes auch dem Paradoxon der Erkenntnistheorie, das alle Hirnforscher in ihre Schranken weist. Das Gehirn produziert seine Bewußtseins-, Traum- und Schlafphänomene und damit auch gewissermaßen sich selbst und kann sich deshalb vielleicht auch nur schwer und in manchem gar nicht begreifen. Bleibt also auch der Traum von der Erkenntnis des Traumes für immer nur ein Traum? Selbst wenn es so wäre, ein Trost bliebe uns: Das nächtliche Theater hat weiterhin geöffnet, Tag um Tag, und auf seinem Spielplan stehen neben schrecklichen und banalen Träumen auch immer wieder die herrlichsten Premieren.

Reinhard Breuer

Eine kleine Geschichte meiner Nasenspitze

Woher stammt, wie entstand und wie alt ist die Materie unserer Körper? Am Beispiel eines Moleküls – einem Wassermolekül unserer Nase – läßt sich verfolgen, wie buchstäblich der gesamte Kosmos an der Hervorbringung der Substanz unserer Körper beteiligt war. Vom Urknall an, über die Bildung des Planeten Erde, entspann sich auf dessen Oberfläche das komplexe Spiel der Evolution – bis hin zur Entstehung des Menschen.

Wenn ich gelegentlich jemandem erzähle, daß meine Nasenspitze vermutlich zwanzig Milliarden Jahre alt ist, ernte ich in der Regel nur einen Heiterkeitserfolg. Daß an meiner Bemerkung mehr ist als ein Aprilscherz, muß ich dann meistens doch noch erklären.

Denn jeder gebildete Mensch würde auf die Frage nach dem Alter seiner Nasenspitze natürlich lediglich sein persönliches Alter nennen – das biologische, versteht sich. Ich meine freilich etwas anderes. Mir geht es nicht so sehr um die zum Teil zufällige Ansammlung der Substanz einer ganz persönlichen Nasenspitze mitten im Gesicht, sondern darum, woher letztlich alle Nasenspitzen der Menschheit stammen. Genauer: Woher stammt, wie entstand und wie alt ist die physikalische Substanz – die Atome und Moleküle – unserer Nase, unserer Körper, aller Körper?

Kaum jemand würde sich selbst an dieser Stelle des Diskurses träumen lassen, daß sein ganz persönlicher Körper auf das Innigste mit den Geschicken zahlloser Sterne und in gewisser Weise sogar des ganzen Kosmos verwoben ist. Für einen Esoteriker mag das vertraut klingen, ist er doch ständig über ein inneres Tor mit dem All verbunden. Ich bin jedoch nicht auf der Suche nach der inneren Pforte. Viel konkreter geht es um die Herkunft all dessen, was wir gewichtweise auf die Waage bringen – die Geschichte dessen, was uns substantiell ausmacht, Atom für Atom, Molekül für Molekül.

KÖRPER ALS KOSMISCHES URPRODUKT

Rein physikalisch betrachtet, enthält ein etwa siebzig Kilogramm schwerer Mensch runde 10^{29} Atomkernteilchen (Protonen und Neutronen) sowie genauso viele Elektronen, gebündelt in Molekülverbänden, eingebettet in Zellen, Geweben, Organen und Muskeln. Während der Schwangerschaft wird diese Substanz letztlich aus der Nahrung synthetisiert. Der materielle Einzugsbereich umfaßt daher die örtliche Umgebung, in Einzelfällen – Äpfel aus Südafrika – auch große Teile der Erde.

Doch bevor es soweit ist, will ich mich auf die Fährte eines einzigen Moleküls meiner Nasenspitze begeben: ein Wassermolekül, H_2O – zusammengesetzt also aus zwei Wasserstoffatomen (mit Protonen als Atomkernen) sowie einem Sauerstoffatom. Dessen Atomkern enthält in der Regel acht Protonen und acht Neutronen. Daneben umfaßt das Wassermolekül, um es elektrisch zu neutralisieren, noch zehn Elektronen, die die Atomkerne umrunden. Rund fünfzehn Prozent des menschlichen Körpers bestehen aus Wasser. Meine Geschichte soll also verfolgen, wie dieses ganz besondere Wassermolekül von der Natur verfertigt wird und durch eine Kette kosmischer Umstände in meine Nasenspitze gelangen konnte. Sie wird zeigen, daß für meine Nasenspitze beinah das gesamte Universum aktiv werden mußte – sie ist buchstäblich von kosmischer Genealogie.

Das Schwierigste war wohl bereits die Fertigung des leichtesten aller Elemente, des Wasserstoffes – ganz zu schweigen von dem Problem, einen Urknall zuwege zu bringen. Das Proton (es gehört wie das Neutron zur Gruppe der *Hadronen*) sowie das Elektron konnte die Natur offenbar nur unter den höchst dramatischen Umständen des kosmischen Anbeginns hervorbringen, den die Menschen (es war

1949 der britische Astrophysiker Fred Hoyle, und der wollte ihn eher lächerlich machen) den *Big Bang*, also „Urknall" nennen.

Sich solch ein Ereignis – das Ereignis schlechthin – vorzustellen, sprengt eigentlich jede Vorstellungskraft. Wissenschaftler umschreiben ihre mathematischen Formeln, Journalisten geraten in mythologische Begriffswelten ich will einen Mittelweg versuchen. Wo die Materie wirklich „herkommt", darüber rätseln auch die Forscher noch reichlich. So ist ihnen durchaus unklar, wie Partikel zu ihrer Masse kommen: warum also Objekte *etwas* wiegen statt *nichts*. Die Physiker postulieren dazu ein Teilchen, benannt nach dem schottischen Physiker Peter Higgs. Es besorgt sozusagen allen anderen Teilchen ihre Masse. Das klingt wie ein mysteriöser Vorgang – und ist es auch: Denn bis heute haben auch die größten Teilchenbeschleuniger der Welt noch keinen Hinweis auf dieses Teilchen gefunden. Woher also die Masse unseres Nasenspitzen-Wassermoleküls kommt, bleibt insoweit nebulös. Immerhin läßt sich das „Masseproblem" in den Zusammenhang der gängigen Theorien über die Natur von Teilchen stellen.

Sie sind die Antwort auf einige Urfragen, mit denen sich Naturforscher seit den Vorsorkratikern befaßt hatten. Das betraf vor allem die Suche nach dem Elementaren: Was ist die Wurzel, aus der die Vielfalt der Dinge in der physikalischen Welt entspringt? Was ist das unveränderliche Prinzip, das dem Wechsel der Phänomene zugrunde liegt? Griechische Materialisten wie Demokrit sahen in der Materie dieses Unveränderliche und Grundlegende gegeben: „Nur scheinbar ist ein

Ding süß oder bitter, nur scheinbar hat es Farbe, in Wirklichkeit gibt es nur Atome und den leeren Raum." Das unteilbare und unzerstörbare Atom bewegt sich durch den leeren Raum. Nach der Vorstellung war es „elementar", also nicht mehr aus kleineren Teilen zusammengesetzt, unterscheidbar nur nach Größe, Form und Geschwindigkeit. Natürlich, das dachte sich schon Demokrit, seien die Atome zu klein, um beobachtet werden zu können. Dennoch: Wenn sie miteinander kollidierten, so klebten manche zusammen und erweckten so den Eindruck ausgedehnter Substanz.

Diese Spekulation war von bestechendem Weitblick – sie prägt heute noch unser Bild von der Materie. Auch heute glauben die Forscher, daß es unteilbare Grundbausteine der Substanz gibt, die sich zu unterschiedlichen Gebilden zusammenballen und so den Eindruck ausgedehnter Substanzen erwecken. Heute wird angenommen, daß vier Naturkräfte das Wechselspiel der Teilchen bestimmen. Neben der Gravitation, die die Erde auf ihrer Bahn hält, und der elektrischen Kraft zwischen Ladungen, sind es die schwache und die starke Kernkraft, die das atomare Geschehen dominieren (*siehe Kasten Seite 122*).

Um die Herkunft meines Wassermoleküls zu verstehen, geraten wir also bereits an die Grenzen des Wissens.

Der Urknall – ein Ereignis ohne Anfang

Begeben wir uns wieder auf die Spur unserer ganz persönlichen Nasenspitze. Dort ist, in Gestalt eines Wassermoleküls, der Ursprung von 28 Partikeln zu erklären:

zwei Protonen (den Kernen der beiden Wasserstoffatome), dazu je acht Protonen und acht Neutronen (im Sauerstoff-Atomkern) sowie 10 Elektronen der atomaren Hülle des H_2O-Moleküls. Die systematische Anwendung der Teilchenphysik auf die Kosmologie hat zu Einsichten geführt, die unser Weltbild vom Anfang der Welt veränderten. Der erste Physiker, der sich mit dem „größten Beschleuniger des kleinen Mannes", dem Urknall befaßte, war George Gamow. Im Jahr 1948 wollte der Russe, der in den USA lebte, die Frage klären, woher die chemischen Elemente stammen.

Einerseits stützte er sich auf das bis dahin vorgelegte Modell eines sich ausdehnenden Universums von Alexander Friedmann aus Petrograd. Darin war bereits beschrieben, daß das Universum – auseinandergeschleudert von einer Art „Urschwung" – sich ständig aufblähte und sich alle Galaxien im Mittel laufend voneinander wegbewegten. Aus dieser kosmischen Expansion, die den Kosmos zugleich ständig abkühlen ließ, folgte fast zwangsläufig, daß es früher im Weltall heißer gewesen sein mußte; einfach, weil die kosmische Materie enger beisammen war als heute – ähnlich dem Effekt in einer Luftpumpe, in der sich die Luft beim Zusammendrücken erwärmt. Je weiter die Astronomen in die Vergangenheit zurückblicken, desto näher rücken Galaxien und Sterne zusammen, theoretisch bis zu einem Zeitpunkt, zu dem die Materie unendlich dicht und heiß war – eine sogenannte Singularität.

Dieses Weltmodell half George Gamow, der übrigens in Petrograd ein Schüler Friedmanns war, die damals bereits bekannten Grundlagen der Kernphysik auf diese Situation anzuwenden. Damit folgerte er, daß die leichten Elemente wie Wasserstoff, Helium und Lithium aus einem Milliarden Grad heißen Urgemisch der Kernteilchen entstanden sein mußten. Das Weltall sollte nach seinen Berechnungen in dieser Geburtsphase mit energiereicher Urstrahlung gefüllt gewesen sein – einem nur Sekundenbruchteile während Blitz unvorstellbarer Stärke. Gamows Mitarbeiter Ralph Alpher und Robert Hermann riskierten auf dieser Basis noch im gleichen Jahr 1948 die Vorhersage, daß auch heute noch Reste dieser Urstrahlung zu finden sein müßten, wenn auch in abgeschwächter und abgekühlter Form. Es dauerte bis 1964, daß diese von Fachleuten nicht weiter beachtete Vorhersage durch die Entdeckung der *Kosmischen Hintergrundstrahlung*, wie sie dann genannt wurde, wieder ans Licht kam.

Bis heute hat sich Gamows Theorie von der Entstehung der Materie im Urknall laufend verfeinert, mit umfangreichen Computerberechnungen wurde sie ausgearbeitet. Im Zeittakt einer kosmischen Uhr, die im Nullpunkt der Zeit (im Moment der Singularität) auf Null gestellt wurde, verschwimmen die Anfänge von Raum, Zeit und Materie im Dunkel eines anfänglichen Hochenergiezustandes, in dem die Forscher spekulative Prozesse annehmen, die sie aus ihrer *Grand Unified Theory* folgern.

Die Kosmologen datieren den frühesten Moment in dieser kosmischen Zeitrechnung auf 10^{-34} Sekunden – bei unvorstellbaren Temperaturen von 10^{27} Kelvin und einer Energie, bei der die vier Naturkräfte zu einer einzigen Superkraft verschmelzen. Quarks und Leptonen treiben

breiartig in einem hochenergetischen Strahlungssee durcheinander, es herrscht ein sogenanntes Quark-Plasma. Anders als für alle folgenden Zeiten, sind bei diesen Zuständen die späteren Bausteine der Nukleonen frei beweglich. Noch bei Dichten, in denen sich zehnmal mehr Teilchen als in einem Atomkern ballen, könnten Protonen oder Neutronen nicht getrennt voneinander existieren, die Quarks würden sich gegenseitig durchdringen. Auch die ganz speziellen Quarks, deren Lebenslauf wir protokollieren wollen, sind in dieser Phase noch gar nicht individuell identifizierbar. Austauschbar und identitätslos treiben sie in der energetischen Ursuppe des Universums.

Es ist dies auch der Augenblick, in dem Quarks sich zu Leptonen sowie Leptonen zu Quarks umwandeln können. Wie zuerst der sowjetische Theoretiker und spätere Dissident Andrej Sacharow postulierte, sind es geringfügige Störungen in diesen Umwandlungsprozessen, die erklären könnten, warum wir heute im All fast keine Antimaterie – das spiegelsymmetrische Gegenstück zu der „normalen" Materie, aus der wir bestehen – mehr beobachten. Irgendwo in diesem Nukleonen-Dschungel sind nun auch im Prinzip schon die Protonen und Neutronen vorhanden, deren Spur wir verfolgen wollen. Doch noch werden sie weiteren Verwandlungsprozessen unterzogen.

Nach diesen ersten, mehr spekulativen Phasen erreicht der Urknall – bei einer hundertstel Sekunde – nun ein Stadium, von dem sich die Forscher ziemlich sicher sind, was physikalisch geschieht: Die Temperatur des kosmischen Feuerballs war bereits auf hundert Milliarden Grad gesunken – immerhin noch zehntausendmal heißer als im Zentrum der Sonne. Die Dichte des kosmischen Urgebräus entspricht jetzt etwa der tausendfachen Dichte von Wasser. Ein Tröpfchen dieses Ursuppen-„Plasmas" von der Größe eines Sandkorns wäre in diesem Moment so schwer wie ein Auto.

Zu diesem Zeitpunkt schwimmen in der Ursuppe Lichtteilchen (Photonen), Elektronen, Positronen, Neutrinos, Antineutrinos sowie als *Spurenelemente* Neutronen und Protonen – etwa ein Proton pro eine Milliarde Photonen. Ihre jeweiligen Antiteilchen, die sich bei Kollisionen mit entsprechenden Teilchen in Strahlung aufgelöst haben, sind längst ausgeschaltet. Doch Neutronen und Protonen wirbeln in dem Gemisch in gleicher Anzahl, 50:50, durcheinander. Noch ist es zu heiß, als daß sie miteinander zu

Atomkernen verschmelzen könnten. In diesem Gas aus Nukleonen herrscht Gleichgewichtszustand: Durch Zusammenstöße mit Elektronen, Positronen und Neutrinos wandeln sich durchschnittlich gleichviel Neutronen in Protonen um wie umgekehrt.

Zwar verwandelt sich das etwas schwerere Neutron leichter zu einem Proton als umgekehrt. Doch bei hohen Temperaturen spielt diese Differenz noch keine Rolle. Erst bei fortschreitender Abkühlung schlägt der kleine Unterschied durch; dann wandeln sich zunehmend mehr Neutronen zu Protonen um als umgekehrt.

In dieser Phase – am Ende der ersten Sekunde, die Temperatur bei zehn Milliarden Grad – ist auch Eile angesagt. Freie Protonen und Neutronen treiben im kosmischen Gas, doch freie Neutronen zerfallen bereits nach 15 Minuten. Zu diesem Zeitpunkt ist es aber noch zu heiß, die Neutronen haben noch zuviel Energie, um schon stabile Atomkerne zu formen. Erst als die Temperatur auf eine Milliarde Grad abfällt, setzen die Kernfusionsprozesse ein. Es schlägt die „Geburtsstunde" der ersten Atomkerne. Der Neutronen-Anteil ist jetzt bereits auf 14 Prozent abgefallen. Zuerst verschmelzen nun je ein Proton und eines der übriggebliebenen Neutronen zu Kernen des Deuteriums, des schweren Wasserstoffs; über weitere Zwischenstufen häufen sich allmählich auch Helium-3 und Helium-4 an; und aus der Verbindung von Helium-3 und Deuterium entspringen die nächstschwereren Elemente, Lithium-7 (mit drei Protonen und vier Neutronen) und Beryllium-7 (vier Protonen und drei Neutronen).

Die Produktion von Helium läuft so lange, bis alle restlichen Neutronen aufgebraucht sind. Außer dem Helium und den genannten Spurenelementen ist das All vor allem mit Protonen, den Kernen des Wasserstoffs, erfüllt. Daß sie beim Urknall als freie Teilchen übrigbleiben, liegt an dem Massenunterschied zum Neutron. Hätte die Heliumfusion schon früher einsetzen können, bei einer 50:50-Mischung von Protonen und Neutronen, wären sie alle zu Heliumkernen verbacken worden. In diesem Fall wären keine Protonen übriggeblieben – das Weltall hätte keinen Wasserstoff enthalten. Ein Molekül wie Wasser hätte niemals entstehen können, auch ein Wasserstoff verbrennender Stern wie die Sonne hätte nicht existieren können. Leben, wie wir es kennen, hätte sich niemals gebildet.

So aber bleiben nach den ersten drei Minuten rund 75 Prozent der Masse aller Urnukleonen für die Bildung von Wasserstoff, die übrigen 25 Prozent gehen an die Helium-Atomkerne. Damit hat der Urknall „ausgedient", jedenfalls in seiner Rolle als Produzent chemischer Elemente. Weitere Kernfusionsprozesse finden nicht statt, denn zu sehr hat sich der Kosmos inzwischen abgekühlt, zu dünn ist auch das Nukleonengas geworden. Irgendwo im kosmischen Plasma treiben auch die Ausgangsstoffe unseres besonderen Wassermoleküls. Noch ist es zu heiß für die Vereinigung von Elektronen und Protonen zu neutralen Wasserstoffatomen. Jede flüchtige Verbindung der beiden würde von den noch zu energetischen Photonen sofort wieder auseinandergerissen. Auch ist uns die Natur noch die Produktion eines Sauerstoffatoms „schuldig".

Das erste – die Entstehung des neutralen Wasserstoffs – leistet das sich abkühlende Urplasma noch selbst. Nach rund weiteren 300 000 Jahren, bei rund 3000 Grad, formieren sich die ersten Atome: Elektronen verbinden sich mit freien Atomkernen. Das bis dahin den Raum erfüllende Plasma verschwindet zugunsten elektrisch neutraler Atome. Zum ersten Mal entsteht zwischen den Atomen leerer Raum – da sie nun nicht mehr mit Elektronen kollidieren, wird der Kosmos plötzlich für Lichtstrahlen durchlässig. Die älteste Strahlung des Weltalls, die *Kosmische Hintergrundstrahlung*, stammt aus dieser Epoche.

Für die kommenden Jahrmilliarden beschäftigt sich die Natur nun mit der Bildung von „Strukturen" – immer komplexere Gebilde entstehen: die ersten Galaxien, die ersten Sterne, Sternstaub und Planeten … Doch hübsch der Reihe nach.

Rund einhundert Milliarden Galaxien vermuten die Astronomen in den Tiefen des Alls, mit insgesamt 10^{22} – hundert Milliarden mal hundert Milliarden – Sonnen. Eine davon, und zwar eine ziemlich durchschnittliche Galaxie, wurde zu unserem Milchstraßensystem. Um den Weg unserer „persönlichen" Atome nachzuvollziehen, müssen sie in eine der zahllosen Galaxien gelangen, die sich irgendwie aus dem kosmischen Ursubstrat herausentwickeln. Es klingt etwas deprimierend, wenn heute festzustellen ist, daß weder die Geburt der Galaxien noch ihre räumliche Verteilung befriedigend geklärt ist. „Wir sehen sie zwar", klagte etwa die Harvard-Forscherin Margaret Geller, „aber wir wissen weder, wie sie entstehen, noch, wie die Struktur des Universums gemacht ist."

In ihren Wasserstoff-, Helium- und Staubwolken begann nun der nächste Akt des Materie-Dramas: die Phase der Sternentstehung mit dem „Höhepunkt", dem Ursprung des Sonnensystems vor knapp fünf Milliarden Jahren. In einer Spiralgalaxie wie unserer Milchstraße verdichten sich die jungfräulichen Gase vor allem im dichten Zentrum sowie in den Spiralarmen. Dies ist der Grund, warum die Spiralarme auch in unserer Nachbargalaxie, dem Andromedanebel, so gut sichtbar sind: Junge, neue Sterne leuchten kräftig und illuminieren so die Zonen der Sterngeburt. Die meisten Sterne entstanden früh, im noch jungen Milchstraßensystem – heute bilden sich pro Jahr noch einige Sterne in großen und dunklen Wolken aus Gas und Staub. Die meisten jungen Sterne sind – wie etwa die Plejaden – noch nahe an ihren Geburtsstätten und von den zerrissenen Wolken aus Gas und Staub umgeben, in denen sie geboren sind.

Wozu Sterne? Um unsere (materielle) Existenz erklären zu können, bedarf es kosmischer Fusionsfeuer, die schwerere Elemente erzeugen, als dies im – zu rasch erkaltenden – Feuer des Urknalls möglich war. Fusion, also die Verschmelzung einzelner Protonen und Neutronen zu schweren Atomkernen, kann jedoch nur bei hohen Temperaturen und Dichten in nennenswertem Umfang ablaufen. Allein um das Sauerstoffmolekül in meiner Nasenspitze zu erzeugen, mußte mindestens ein Stern entstanden sein, in Wahrheit natürlich sehr viele, um auch alle anderen schweren Elemente in ausreichenden Mengen zu produzieren.

Und natürlich reicht es noch nicht, wenn im Innern irgendeines Sterns meine persönlichen Atome erzeugt werden.

Sonst würde jeder Stern auch heute noch aus den Wolken des gleichen jungfräulichen Gemisches von Wasserstoff und Helium entstehen, wie die ersten Sterne der Urgalaxien am Beginn der Zeit. Vom Innern der Sterne müssen die dort langsam erbrüteten und angereicherten Elemente erst wieder „heraus" ins Weltall gelangen, und das geht nun mal nur, indem der Stern explodiert …

So wurde das galaktische Gas der Milchstraße erst im Laufe der Jahrmilliarden mit schwereren Elementen angereichert. Zuerst wurde es in einem Stern vorgekocht und dann durch das explosive Verglühen der Sterne wieder dem interstellaren Medium zugeführt. Daraus ballten sich Jahrmillionen später erneut Sterne, die selbst wieder neue Elemente bildeten und schließlich wieder ihren „Inhalt" per Explosion an ihre Umgebung verteilten. Jedes schwere Atom in unserem Körper – ob nun Sauerstoff, Kalium, Eisen oder Kalzium, Kohlenstoff oder Stickstoff – durchlief so einen Kreislauf. Der interstellare Materiefleischwolf mußte sich so lange drehen, so viele Milliarden Jahre seine eigenen Produkte in unserem Teil der Milchstraße immer wieder durcheinandermischen und wieder selber verspeisen, bis die kosmische Elementhäufigkeit etwa den heutigen Stand erreicht hatte – in Tausenden, wenn nicht Millionen solcher Supernova-Kreisläufen. Ein vollständiger Durchlauf der prozessierten Materie konnte dabei relativ rasch vonstatten gehen. Denn gerade die massereichen Sterne, die in ihrem Zentrum am heißesten sind und in denen die Kernfusion am effektivsten abläuft, leben am kürzesten. Ein Stern vom Zehnfachen der Sonnenmasse braucht nur einige Millionen Jahre, bis er den explosiven Sternentod erleidet. Für die spätere Entstehung irdischen Lebens jedenfalls war nur ein explodierender Stern ein guter Stern!

Als sich schließlich der solare Urnebel bildete, in dem vor 4,7 Milliarden Jahren Sonne und Erde entstanden, waren vermutlich viele Millionen explodierte Sterne direkt oder indirekt daran beteiligt. Wie entstand nun unser ganz spezielles Sauerstoffatom? Tief im Innern eines Sterns schwirren positiv geladene Protonen mit großer Geschwindigkeit umher und nähern sich einander ständig. Wegen der elektrischen Abstoßung kommen sie sich jedoch selten nahe genug, um eine Kernreaktion einzuleiten. Die elektrische Abstoßung wirkt deshalb wie eine Barriere, die die Protonen daran hindert, einander nahezukommen. Jedes Proton kollidiert mit anderen Protonen etwa tausendmilliardenmal pro Sekunde.

Wäre es nicht wegen eines Quanteneffektes – dem sogenannten Tunneleffekt –, dann würden fast alle Kollisionen ergebnislos verlaufen (und keine Kernverschmelzung wäre möglich). Der Tunneleffekt aber läßt es zu, daß pro Sekunde wenigstens ein Proton die Abstoßungsbarriere durchdringen kann und nun für eine Kernreaktion kurzzeitig zur Verfügung steht. Doch zwei Protonen können sich nur zu einem stabilen Kern vereinigen, wenn eines der beiden sich zugleich in ein Neutron umwandelt. Proton und Neutron bilden dann ein sogenanntes Deuteron, Atomkern des schweren Wasserstoffs Deuterium. Es ist übrigens genau dieser Teilprozeß, der so selten eintritt, daß das „Wasserstoffbrennen" sehr langsam verläuft und Sterne wie die Sonne Milliarden Jahre Energie verströ-

men können. Das selbst noch fragile Deuteron verbindet sich nun rasch mit einem weiteren Proton und bildet unter Abgabe von Energie einen Helium-3-Kern, der zwei Protonen und ein Neutron enthält. Die Helium-3-Kerne wiederum vereinigen sich dann schnell unter Freisetzung von noch mehr Energie zu Helium-4-Kernen der gewöhnlichen Helium-Atome.

Nach dieser „Protonenkette" verbrennt etwa die Sonne ihren Wasserstoff zu Helium – ein Prozeß, der bei Sternen des Sonnentyps Milliarden Jahre dauert. Explodieren wird die Sonne niemals, dieses Schicksal erleiden nur Sterne mit wesentlich größerer Masse. Für einen Stern von zehn Sonnenmassen etwa unterscheiden die Fachleute drei Stadien. *Stadium 1*: Das „normale" Leben des Sterns mit seinem Wasserstoffbrennen, daran anschließend eine Phase als „Roter Riese". *Stadium 2*: Der kollapsartige Zusammenbruch des Sterns von einer Implosion zur Explosion; dabei wird der größte Teil der Sternenhülle in den interstellaren Raum katapultiert. *Stadium 3* beobachten die Astronomen, wie zuletzt am 24. Februar 1987 in der Kleinen Magellanschen Wolke oder wie Tycho Brahe und Johannes Kepler innerhalb der Milchstraße: ein wochenlanges Aufleuchten mit Helligkeiten, die eine ganze Galaxie überstrahlen können.

Zuerst verbrennen die leichteren Elemente wie Wasserstoff zu Helium, dieser zu Kohlenstoff und dieser wiederum zu Neon. Sieben Tage vor der Explosion ist dabei die Sterntemperatur im Zentrum bereits auf 1,3 Milliarden Grad angestiegen, bei denen das Neon zu Sauerstoff verbrennt – in den nun folgenden sechs Tagen entsteht der Sauerstoff, aus dem später – auf der Erde – die Wassermoleküle gebildet werden.

Im Sternzentrum wächst in diesen letzten drei Tagen des Sternenlebens ein größerer Klumpen aus Eisen und Nickel heran, der aus der darüberliegenden Schale, in der noch Silizium verbrennt, weiter mit Metall nachgefüttert wird. Die Schwerkraft des Metallkerns erreicht bei 1,4 Sonnenmassen einen kritischen Wert, bei dem er seinem eigenen Gewicht nicht mehr standhalten kann. Der Stern verliert sein Gleichgewicht, der Kern kollabiert. In Sekundenbruchteilen bricht das Sternenzentrum in sich zusammen. Es schrumpft fast ruckartig mit anwachsender Geschwindigkeit.

Von diesem Kollaps sieht der ferne Beobachter nichts, der Vorgang bleibt zunächst im Stern verborgen, nur Neutrinos und Gravitationswellen können – unsichtbar – in diesen Sekunden den Stern verlassen. Die Implosion komprimiert das Sternenzentrum so lange, bis es etwa die Dichte der Atomkerne erreicht hat – erst jetzt baut sich dort genügend Gegendruck auf, der die Einsturzbewegung abfängt. Diese Bewegungsenergie schlägt nun auf den harten, rund 20 Kilometer großen Kern, wird dort reflektiert und prallt nach dem Rückschlagprinzip nach außen; eine Stoßwelle breitet sich aus. Diese Stoßwelle rast mit 60 000 Kilometern pro Sekunde (das entspricht 20 Prozent der Lichtgeschwindigkeit) aus dem Zentrum nach außen, reißt die Sternhülle teilweise mit, verebbt aber schon nach Sekundenbruchteilen. Dabei entstehen noch schwerere Elemente bis hin zum Uran. Die Atomkerne, die von der Stoßwelle erfaßt werden, verdampfen und entziehen ihr damit sehr rasch die meiste Energie. Die Ausläufer der Welle treffen auf die dünnen äußeren Sternschichten – und sprengen die Hülle des Sterns fort. Das Ergebnis ist eine „Supernova", bei der der größte Teil des Sterns mit Geschwindigkeiten von etwa zehntausend Kilometern pro Sekunde ins Weltall geschleudert wird und dabei furios aufleuchtet.

EIN PLANET NAMENS ERDE

Millionen solcher Sternexplosionen mußten verglühen, um den Urnebel des Sonnensystems angemessen mit schweren Elementen zu füttern. In der Mitte bildet sich die Gaskugel, in der bald das Wasserstoffbrennen einsetzt und zur Geburt der Sonne als einen sogenannten Gelben Unterzwerg verhilft. Außerhalb des Zentrums bleibt der Urnebel ziemlich kühl. Die schwereren Elemente verdichten sich zu winzigen Staubkörnern, kollidieren und klumpen immer mehr zusammen. Meteorite aus Gestein und Eis entstehen: Neben Metallen, deren Oxiden sowie Silikaten enthalten sie bereits auch gefrorenes Wasser, Ammoniak und Methan. Wassermoleküle bilden sich also bereits in den Wolken, aus denen der solare Urnebel kondensiert, oder später bei der Entstehung von Meteoriten und Kometen.

Wenn die Meteoriten die Größe von Kieselsteinen erreicht haben, beginnen sie sich wie winzige Planeten zu verhalten. Ihre Bahnen werden durch Reibungsprozesse kreisförmig und sammeln sich in einer flachen Scheibe. Innerhalb dieser rotierenden Scheibe bilden die Meteoriten immer größere Materieklumpen. Die mächtigsten Körper dieser Art wachsen zu Protoplaneten heran und saugen dabei kleinere Körper auf. Die größten dieser hunderte Meter großen Kugeln wachsen rasch weiter, und ihre Schwerkraft ist bereits so stark, daß sie Gase des Urnebels festhalten können: Erste Atmosphären aus Wasserstoff und Helium bilden sich.

Nun erreicht die Strahlung der jungen Sonne gleißende Stärke, reißt den Planeten ihre äußeren Gashüllen weg und reduziert sie zu blanken Felskugeln. Erst nachdem die Sonne diese Phase überwunden hat, können Planeten wie Venus, Erde oder Mars ihre zweite Lufthülle aufbauen: aus Milliarden von Kometen und anderen versprengten Trümmern, die auf diese kleinen Planeten einstürzen. Die Evolution auf der jungen, vulkanisch aktiven Erde beginnt. Das Wasser war, nach Vorstellung der Planetenforscher, bereits in diesen zahllosen kalten Kometen ent-

halten, die sich aus dem solaren Urnebel gebildet hatten. Aber auch aus dem Erdinnern sollen – über Vulkane – gewaltige Gasströme mit Wasserdampf, aber auch mit Kohlendioxid, Methan und Schwefelverbindungen an die Erdoberfläche gedrungen sein. Diese Gase dominierten wahrscheinlich die Uratmosphäre, bis sich die Erde soweit abgekühlt hatte, daß der Dampf abregnen konnte. Resultat der urzeitlichen Sintflut waren Meere, Seen und Flüsse.

Seitdem trieb unser besonderes Wassermolekül erstmal lange Zeit durch die Meere, inmitten von anderthalb Milliarden Kubikkilometern, von Strömungen mitgerissen, in die Stratosphäre hochgeschleudert, über Land mit dem Regen zu Boden geworfen und dort in Flüsse geschwemmt – alle zwei Millionen Jahre durchlief das Wasser einmal diese natürliche Umwälzanlage. Ob mit dem Kometenbombardement in der geologischen Frühzeit bereits auch eine Invasion des Lebens stattgefunden haben könnte, darum streiten die Gelehrten seit fast hundert Jahren. So hatte der schwedische Physikochemiker Svante Arrhenius (1859 bis 1927) im Jahre 1908 angenommen, daß Sporen, möglicherweise auf Staubteilchen reitend, auf diese Weise das Sonnensystem – und die Erde – erreicht haben könnten. Und der Physiker Lord Kelvin (1824 – 1907) glaubte, daß erste Organismen in einem Meteoriten zu uns gekommen seien.

Beide Thesen verloren ihren Reiz, als Berechnungen zeigten, daß alle bekannten strahlungsresistenten Sporen eine viel zu hohe Strahlungsdosis abbekommen würden, um die lange Reise zwischen zwei Sternen zu überstehen. Auch Kelvins Idee sank in ihrer Beliebtheit: Die Wahrscheinlichkeit, daß ein hinreichend großer Körper ein Sternensystem verläßt, um auf einem Planeten eines anderen Systems zu landen, ist so klein, daß in fast fünf Milliarden Jahren vermutlich noch kein einziger Meteorit von einem anderen Stern die Erde erreichte.

Dabei ist unbestritten, daß Meteoriten einst organisches Material zur Erde importierten. Am 28. September 1968, um elf Uhr, stürzte ein „kohliger Chondrit" vom Himmel und landete am Murchison-Fluß in Australien. Wenige Monate später wurden die Bruchstücke des Meteoriten aufgesammelt und in einem sterilen Nasa-Labor untersucht. Die Bruchstücke enthielten eine Reihe von Aminosäuren, die nur in außerirdischen Umgebungen eingeschlossen worden sein konnten. Auch in ähnlichen himmlischen Sendboten, wie etwa dem Allendemeteorit, der 1969 in Mexico auf die Erde stürzte, fanden sich Aminosäuren – und zwar gleich viele links- und rechts-drehende Moleküle, während auf der Erde nur linksdrehende Aminosäuren vorkommen.

Nach Schätzungen waren es möglicherweise hundert Millionen Tonnen Aminosäuren und anderer komplexer organischer Moleküle, die durch eine Meteoriteninvasion aus der Kometenwolke des Sonnensystems auf die Erde stürzten. Ein Krater von 60 Kilometern Größe weckte 1996 erneut Interesse an solchen „Infektionsthesen": In der kanadischen Provinz Ontario schlug vor zwei Milliarden Jahren ein Objekt etwa von der Größe des Mount Everest ein und setzte tausendmal mehr Energie frei, als eine Explosion aller irdischen Nuklearsprengköpfe zusammen erzeugen könnte. Bei einer genauen Analyse fanden Chemiker in dem Gestein erstmals auch „Fullerene", kugelförmige Netze von Kohlenstoffatomen, deren Existenz erst 1985 entdeckt worden war. Auch der kosmische Import dieser Großmoleküle zeigt nur, daß Rohstoffe, aus denen Leben entsprang, auch aus dem All zur Erde kamen.

Damit ist freilich noch nicht bewiesen, daß die präbiotische und biologische Evolution auf der Erde tatsächlich durch organisches Material aus dem Sonnennebel in Gang gesetzt wurde. Und so bleiben die Anfänge der Lebensentstehung auf der Erde auch weiterhin im Dunkeln. Zweifellos mußten in der Frühzeit molekulare Reaktionen oft und über genügend lange Zeiträume ablaufen, um komplexe Strukturen hervorzubringen. Die Erde bot dafür ideale Voraussetzungen: eine Sonne, die für ständige Energiezufuhr sorgt, eine Ozonschicht in der Lufthülle, die aggressive UV-Strahlung abhält – und eben Wasser, das von der irdischen Ökosphäre bei (auch für die Chemie) angenehmen Temperaturen zwischen null und 60 Grad gehalten wird. Organische Moleküle, womöglich solche aus dem solaren Urnebel, reicherten bald Tümpel und Seen an; auf noch immer nicht ganz klaren Wegen bildeten sich erste Organismen. Gemessen an der Komplexität von Zellen, bedeuten die organischen Moleküle so viel wie Ziegelsteine als Vorstufen zum Bau des Kölner Doms. „Die frühen Stufen der chemischen Evolution haben wir ziemlich gut verstanden", notierte der US-Chemiker Harold Klein. „Aber der kritische Schritt der Lebensentstehung, nämlich der tatsächliche Ursprung sich selbst reproduzierender Systeme, ist noch weit, weit weg."

Nach einem Szenario hatten die ersten lebenden Systeme zunächst vermutlich ein paradiesisches Nahrungsangebot an Molekülen zur Verfügung, die heutige Organismen laufend mühsam synthetisieren müssen. Die Zahl dieser Systeme muß daher rasch angewachsen sein – aber nicht für sehr lange Zeit. Primitive Organismen, die in dieser Verknappungssituation etwa eine Mangelsubstanz X nun selbst – beispielsweise aus einem Ersatzstoff Y – herstellen konnten, gewannen rasch einen Wettbewerbsvorteil über andere, die dazu nicht in der Lage waren. Wenn sich nach einer Weile aber auch der Ersatzstoff Y verknappte, gelangten nun Organismen in Vorteil, die mit einem weiteren Ersatzstoff, Z, auskommen konnten. Der amerikanische Chemiker N. H. Horowitz nimmt an, daß sich auf diese Weise ursprünglich in Stufen Reaktionszyklen, die durch Enzyme gesteuert werden, aufbauen konnten, wie sie in heutigen Organismen ablaufen.

Möglicherweise, so vermuten Chemiker, traten solche enzymatischen Reaktionsketten schon an freien Nukleinsäuren auf (wie sie als DNS in Zellen die Erbmoleküle bilden), noch bevor es die ersten Zellen gab. Zellen entstanden womöglich aus der Notwendigkeit, in einem Volumen Mangelsubstanzen und Enzyme in hoher Konzentration bereitzuhalten, oder auch als Schutz gegen den wachsenden Sauerstoffgehalt der Uratmosphäre. Sauerstoff ist tödliches Gift für zahlreiche biologische Prozesse; in Zellen heutiger höherer Organismen wird der Sauerstoff in sogenannten Mitochondrien verarbeitet, vom Zellplasma umschlossen und damit in sicherer Enfernung vom Zellkern gehalten.

Die ältesten bekannten Fossile – Bakterien und blau-grüne Algen aus dem südafrikanischen Transvaal – sind mindestens 3,1 Milliarden Jahre alt. Obwohl diese ersten Lebewesen als *Prokaryonten* noch keine Zellkerne aufweisen, bilden sie bereits hochkomplexe Organismen. Da die Erde vor 4,7 Milliarden Jahren entstand, mußten sie sich in der extrem kurzen Zeit von wenigen hundert Millionen Jahren aus der Ursuppe entwickelt haben

Bei chemischen Analysen der ältesten Sedimente fanden sich Aminosäuren, Porphyrine sowie andere Stoffe, allesamt Zerfallsprodukte von Chlorophyll. Die Forscher vermuten, daß diese Stoffe biologisch erzeugt wurden – Hinweis also auf die frühe Existenz der Photosynthese. Ohne die besonderen Eigenschaften von Wasser wäre irdisches Leben nicht möglich gewesen. Schon damit die Photosyn-

121

Kleiner Spaziergang durch den Teilchenzoo

Der wichtigste Prozeß der schwachen Kernkraft – sie wirkt nur auf die Teilchengruppe der „Leptonen" – ist der radioaktive Zerfall. So ist denn auch das am längsten bekannte Lepton das Elektron. Beim Beta-Zerfall entsteht, wie schon in den 1930ern Wolfgang Pauli vermutete, neben dem Elektron ein weiteres Lepton, das „Elektron-Neutrino". Insgesamt sechs Leptonen sind bekannt: Neben Elektron, Myon und Tau sind es die drei zugehörigen Neutrinos.

Leptonen haben zumeist weniger Masse als Proton und Neutron, die zur Gruppe der Hadronen gehören. Allein Hadronen reagieren auf die starke Kernkraft. Sie reguliert das Verhalten der Hadronen im Atomkern, wirkt dort über Abstände von einem zehntausendstel Milliardstel (10^{-13}) Zentimeter. Es ist die starke Kraft, die die Kernteilchen zusammenhält, entgegen der abstoßenden elektrischen Kraft zwischen den Protonen. Ohne diese Kernkraft würden Atomkerne einfach auseinanderfliegen. Schon eine geringfügig schwächere Version der starken Kernkraft hätte eine gänzlich andere Natur zufolge: So könnten sich etwa keine schwereren Elemente als der Wasserstoff bilden, also insbesondere auch kein Sauerstoff. Es gäbe kein Wassermolekül und damit kein Leben der irdischen Art...

Doch diese Atome blieben – trotz ihres historischen Namens – nicht unteilbar. Seit den sechziger Jahren wissen wir, daß die starke Kernkraft in einem Zusammenspiel der Kräfte zwischen Bestandteilen im Innern der Kernteilchen – den *Quarks* – entsteht. (Das Unsinnswort Quark hatte der Physiker Murray Gell-Mann seinerzeit dem Roman „Finnegans Wake" von James Joyce entlehnt.)

In jedem Proton verbinden sich danach zwei „Up"-Quarks sowie ein „Down"-Quark, zusammengehalten von sogenannten Gluonen. Mit den Quarks wollten die Physiker endgültig die unteilbaren „Atome" der Materie entdeckt haben. Ebenso viele Quarks wie Leptonen haben sie mit ihren Beschleunigern bisher entdeckt. Nach dem sogenannten „Standardmodell" – im Fachjargon: Quanten-Chromodynamik – sollten es auch genau sechs sein: Neben Up und Down gesellten sich dazu Charm, Strange, Top und Bottom. Um die Geschichte des Wassermoleküls meiner Nasenspitze zu verfolgen, geht ihr Ursprung also – neben 10 Elektronen – auf genau 54 Quarks für die insgesamt 18 Nukleonen (10 Protonen, 8 Neutronen) zurück, alles Up und Down-Quarks.

Unerklärt sind im Standardmodell die Massen der Elementarpartikel. Ihre Werte sind, technisch gesprochen, „freie Parameter", können also (mit bestimmten Einschränkungen) willkürliche Werte annehmen. Rätselhaft ist den Forschern zumal, warum die Massenwerte zum Teil extrem unterschiedlich sind. Das erwähnte Higgs-Teilchen, das sozusagen die Masse hervorbringt, ist jedenfalls bis heute noch nicht gefunden.

these ablaufen konnte, mußte eine Möglichkeit gegeben sein, die Wärme, die in lebenden Systemen unweigerlich anfällt, weiterzureichen. Thermodynamisch durften dazu Pflanzen und die Strahlung, die Pflanzen empfangen, nicht im „thermodynamischen Gleichgewicht" sein. Pflanzen bei etwa 30 Grad Celsius (rund 300 Kelvin) empfangen Strahlen eines Sterns mit 6000 Kelvin. Photosynthese kann in diesem Fall ablaufen, weil Energie von einem heißen zu einem kälteren Objekt weitergereicht wird. Sonst wäre das Leben auf der Erde vom „Wärmetod" bedroht.

So besagt der Zweite Hauptsatz der Physik für jedes abgeschlossene System, daß die Entropie – jene molekulare Unordnung, die zumeist als Wärme anfällt – anwächst bis hin zum thermodynamischen Gleichgewicht, wo die Entropie und damit die Unordnung ihren größtmöglichen Wert annimmt, und in dem keine Struktur, natürlich auch kein Leben, möglich wäre. Lebewesen sind offene Systeme, die (letztlich immer von der Sonne) Energie mit niedriger Entropie aufnehmen und, nach Gebrauch, mit hoher Entropie weitergeben.

Entropiearm ist die Nahrung, die wir aufnehmen und mit Hilfe des Sauerstoffs verbrennen. Warum hat unsere Nahrung eine so geringe Entropie? Es sind vor allem die Pflanzen, die Kohlendioxid aufnehmen und – bei der Photosynthese des Sonnenlichts – zu Kohlenstoff und Sauerstoff zerlegen. Der Kohlenstoff wird zu Körperstoffen weiterverarbeitet. Dieser Prozeß senkt zunächst die Entropie, und wir nutzen diesen Effekt, indem wir in unserem Körper Sauerstoff und Kohlenstoff wieder zusammenfügen. Die Wärme, die dabei frei wird, strahlt die Erde in den mit

minus 270 Grad Celsius deutlich kälteren Weltraum ab. Ohne die Möglichkeit, den Wärmeüberschuß ans Weltall zu „entsorgen", würde der Energiedurchfluß, der die irdische Biosphäre in Gang hält, zum Erliegen kommen. Die Oberfläche der Erde würde sich im Laufe der Zeit auf – lebensvernichtende – 6000 Grad aufheizen.

In diesem Prozeß sind es alle Wassermoleküle, die unseren täglichen „Wärmemüll" effizient ins All schaffen. Es gehört zu den – chemisch gesehen abnormalen – Eigenschaften des Wassers, ein Mehrfaches mehr an Wärme speichern zu können als vergleichbar große Moleküle. Dadurch steigt die Temperatur des Wassers bei einer Energiezufuhr langsamer an als bei anderen Substanzen, und entsprechend gemächlicher kühlt es sich wieder ab.

DIE ENTSTEHUNG DER KOMPLEXITÄT

Der Weg von den ersten organischen Molekülen über Einzeller zu Vielzellern und komplexen Organismen ist ein weiter Weg, der für die Evolutionsforscher mit zahllosen kritischen Barrieren besetzt ist – und auf dem insbesondere die Evolution der Intelligenz vielfach hätte scheitern können. Die Photosynthese, die Entwicklung des Zellkerns, die sexuelle Reproduktion und die Synthese neuer Proteine waren die Voraussetzung für den Werdegang von Einzellern zu vielzelligen Organismen in den Ozeanen. Dann eroberten Pflanzen und Tiere das Festland; die Tiere entwickelten Lungen, die ersten Primaten entstanden – bis zuletzt in einer einzigen, heute überlebenden Art der zoologischen Familie der Hominiden, dem

Homo sapiens, sich das entwickelte, was wir gerne als „Intelligenz" ansehen.

Der Weg zum Menschen ist denn auch für Forscher wie Ernst Mayr kein stetes Fortschreiten vom Einfachen zum Komplexen, sondern eher eine abseitige Verkettung von Zufällen. „Im Gegensatz zu jenen, die eine gerade Linie vom Ursprung des Lebens bis zum Menschen sehen", schrieb der Evolutionstheoretiker von der *Harvard University*, „gab es bei jeder dieser Barrieren Hunderte von Verzweigungspunkten und sich auftrennende, neue Stammeslinien; und nur jeweils eine dieser Linien trug zu dem Stammbaum bei, aus dem der Mensch hervorging." Aus rund einer Milliarde Tierarten, die zu vielen Millionen Stammeslinien gehörten, brachte nur eine einzige den Menschen hervor. Für Forscher wie Ernst Mayr ist denn unter solchen Gesichtspunkten jede Suche nach Leben auf anderen Sternen – oder auch nur die Suche nach exterrestrischen Radiosignalen – vertane Zeit.

Auf der Suche nach dem Ursprung und der Entwicklung unserer Körper – oder auch nur eines bestimmten Moleküls – stoßen wir damit unweigerlich auf die Frage nach der Einzigartigkeit des Lebens im Weltall. Die Substanzen erzeugt das Universum überall, sie sind präsent in allen interstellaren Gaswolken, fernen Sternen und beispielsweise auch den sieben Planeten, die in den Jahren 1995 und 1996 mit modernen Superteleskopen bei Nachbarsternen entdeckt wurden. Alle astronomischen Beobachtungen weisen darauf hin, daß die für Lebewesen nötigen Ausgangsstoffe nicht nur in unserem Milchstraßensystem, sondern auch in allen Galaxien im Weltall vorrätig sind.

Dennoch könnte es sein, daß die biologische Synthese von Molekülen zu menschlichen Körpern auf der Erde zu den höchst seltenen Prozessen gehört, die sich im All abspielen. Wasser ist fast überall im All anzutreffen – ein merkwürdiger, lebensnotwendiger, aber kosmisch durchaus alltäglicher Stoff. Unser besonderes Wassermolekül jedoch nahm teil an einem kosmischen Ausnahmeprozeß, bei dem es vielleicht zuerst mit einem Kometen auf die Erde stürzte, im Meer schwamm, durch Wolken trieb, in Regengüssen auf Festland stürzte, viele Male umgewandelt wurde – in Pflanzen durch Photosynthese zerlegt, in Verbrennungsprozessen neu erzeugt – und schließlich in Pflanzen und Lebewesen gelangte. Nach fast fünf Milliarden Jahren erreichte dieses Molekül, das uns als Leitfaden für die Genealogie unserer Körper diente, jene Menschen, die mich biologisch hervorbrachten, – erreichte sie durch die Nahrung, womöglich in einem Schluck Wasser. Schließlich wurde es ins Gewebe der Haut eingebaut – in meine Nasenspitze, (auch) einem kosmischen Phänomen.

Joachim Fischer

Was macht den Menschen krank?

Mit komplexen Abwehrsystemen heilt der Körper Wunden, immunisiert er sich gegen ansteckende Krankheiten. Doch warum etwa verliert der Körper meist im Kampf gegen den Krebs? Daß nicht nur hier die psychische Konstitution die Widerstandskräfte beeinflußt, glauben Mediziner schon lange. Dennoch ist die Beziehung von Körper und Seele noch in vielem unerschlossen. Offenbar braucht der Mensch ein ärztliches Gegenüber, das sowohl die Zeichen des Körpers wie auch der Seele ernst nimmt – mit liebevoller, achtender Zuwendung.

Steve Cohen wollte es genau wissen: Macht Streß anfällig für Grippe? Der Forscher von der Carnegie Mellon Universität in Pittsburgh plante ein Experiment mit annähernd vierhundert Freiwilligen. Zunächst ließ Cohen die Versuchspersonen Fragebögen ausfüllen, mit denen er die „Streßbelastung" der Teilnehmer erfaßte. Anschließend tröpfelten Cohen und seine Mitarbeiter den Probanden eine Lösung mit Schnupfenviren in die Nase, steckten die Teilnehmer in Quarantäne und harrten der Dinge. Tage später hatte das Virus drei Viertel der Probanden erfolgreich angesteckt und sich in deren Nasenschleimhaut vermehrt. Rund ein Drittel der zuvor Gesunden war richtig krank geworden, mit allen Zeichen einer gewöhnlichen Erkältung. Allerdings gab es Unterschiede: Unter Teilnehmern mit hoher Streßbelastung war die Hälfte erkrankt, unter Probanden mit wenig Streß hingegen nur ein Viertel.

Cohen hatte sorgfältig ausgeschlossen, daß andere mögliche Einflußgrößen wie Alter, Geschlecht, Beruf, Schlafverhalten, Zigaretten-, Alkoholgenuß oder Persönlichkeitstyp das Ergebnis verfälschten. Cohens Ergebnisse waren in einem der angesehensten Fachblätter der Medizin, dem *New England Journal of Medicine* nachzulesen. Das einfache Experiment bestätigte zur Überraschung manches Universitätsgelehrten geläufige Redensarten aus dem Volksmund: „Dieser ist verschnupft, jenem hat etwas auf den Magen geschlagen."

Cohens Bericht blieb nicht unwidersprochen. Legen seine Ergebnisse doch nahe, Anfälligkeit für Krankheit habe etwas mit der Psyche zu tun. Wenn solches bereits für Allerweltsleiden wie den gewöhnlichen Schnupfen möglich ist, bleiben weitere Fragen nicht aus: Sind auch bedrohlichere Erkrankungen, bei denen das Abwehrsystem viel stärker gefordert ist, wie etwa bei Krebs, von der psychischen Verfassung abhängig? Wenn die Psyche einen für Krankheit anfälliger werden läßt, beeinflußt dann die Seele nicht auch die Heilung?

Die Zürcher Psychiaterin Cécile Ernst schreibt in einem Aufsatz über Krebsleiden: „Es gibt keine Daten, die dafür sprechen, daß Optimismus den Verlauf begünstigt und Depression ihn verschlechtert." Im Klartext: Krebs ist ein biologisches Leiden, das in seinem Verlauf eigenen Gesetzen folgt, entkoppelt von der Psyche. Die Zürcher Psychiaterin betont, Persönlichkeitsverfassung habe keinen Einfluß auf Krebskrankheit und erklärt solche Vorstellungen als überkommene Modeansichten aus vergangenen Jahrzehnten. Sie schreibt: „Seitdem hat sich die Auffassung über die Entstehung bösartiger Tumoren radikal verändert: Vererbung, genetische Mutationen und die Lebensführung (Ernährung, Rauchen) stehen im Vordergrund." Etwas anders sieht das der Neurobiologe David Felten aus Rochester: „Wir vermuten, daß die Nerven einen direkten Einfluß auf das Immunsystem haben und möglicherweise bestimmte Aspekte der Immunreaktion steuern können." Er konkretisiert: „Eine Depression für sich alleine reicht nicht aus, um eine verminderte Immunreaktion und eine erhöhte Krankheitsanfälligkeit vorauszusagen. Es läßt sich aber feststellen, daß die Immunabwehr um so schwächer wird, je schwerer die Depression ist."

Der wissenschaftliche Disput darüber, was krank mache und was nicht, bleibt weiter offen. Die Schwierigkeiten, solche Fragen zu erforschen, beginnen schon bei der Definition von Krankheit. Die Weltgesundheitsdefinition sieht Krankheit als Verlust des körperlichen, psychischen oder sozialen Wohlbefindens. Was aber heißt das konkret? Ist etwa der gesunde Fünfzigjährige krank, bei dem der Hausarzt anläßlich einer Vorsorgeuntersuchung erstmals einen erhöhten Blutdruck mißt?

Der erstaunte Arztbesucher, der nichts davon bemerkt hatte, wird nach den einschlägigen Lehrbüchern plötzlich zum Patienten: Erhöhter Blutdruck, so läßt sich nachlesen, ist verbunden mit höherem Risiko für Schlaganfall und Herzinfarkt. Wie steht es mit seiner gleichaltrigen Tennispartnerin, die nichts von ihrem Brustkrebs ahnt, der im Stillen bereits Tochtergeschwülste in alle Winkel des Körpers absiedelt? Und, um die Argumente der Zürcher Psychiaterin aufzugreifen, wo anders als in der psychischen Konstitution sind die Ursachen dafür zu suchen, vermag jemand seine unvorteilhafte „Lebensführung" nicht zu ändern, etwa das Rauchen? Selbst bei einem so einfachen Experiment wie der eingeträufelten Schnupfenviren wird die Definition von krank verschwommen: Wer war nun krank? Alle Infizierten? Alle, bei denen sich das Virus in der Nasenschleimhaut vermehrte? Nur diejenigen mit Schnupfen? Oder nur die, die dazu noch Fieber bekamen? Oder schließlich jene, die sich wegen Fieber und Gliederschmerzen krank schreiben ließen?

Dabei ist nicht einmal ausgemacht, daß das Virus krank machte. Vielmehr ist es die Reaktion des Körpers auf das Virus. Betrachten wir das Experiment noch einmal im Detail: Die Forscher hatten alle Teilnehmer mit den Viren infiziert. Bei der Mehrzahl der Probanden gelang es dem Virus, sich in Zellen der Nasenschleimhaut festzusetzen und erfolgreich zu vermehren. Ein Viertel der Probanden aber hatte auf unbekannte Weise die unliebsamen Gäste unverzüglich wieder hinausgeschafft.

Bei jenen drei Vierteln der Probanden, die sich nachweislich angesteckt hatten, war indes das Immunsystem aufgerufen, den Störenfried zu beseitigen. Bei den Teilnehmern mit geringer Streßbelastung vollzog die Abwehr den siegreichen Kampf meist unbemerkt. Einzig an feinen Veränderungen von Blutwerten hätte sich das im Stillen ablaufende Immungeschehen beobachten lassen. Von den Teilnehmern unter hoher Streßbelastung kam nur ein Drittel so glimpflich davon. Die übrigen erkrankten mit Schnupfen, Gliederschmerzen, leichtem Fieber, fühlten sich matt und abgeschlagen, ihr Appetit ließ nach: alles Zeichen einer gewöhnlichen Novembererkältung.

Man sagt, die lästigen Erscheinungen verschwinden *mit* Arzt in sieben Tagen, *ohne* in einer Woche. Wer besonders heftig aus dem gesundheitlichen Gleichgewicht kippt, legt sich zu Bett, hat Anrecht auf den Krankenschein. Was krank macht, sind vor allem die Wirkungen von Botenstoffen aus dem Immunsystem, die während des Kampfes freigesetzt werden. Diese Botenstoffe verstellen die Aktivität von Nervenzellen, sorgen dafür, daß sich der Mensch matt und abgeschlagen fühlt. Botenstoffe, mit denen sich die Abwehrzellen untereinander verständigen, sor-

gen dann für das Fieber. Der Schnupfen ist nicht nur Zeichen von Zellschäden, sondern auch Gegenreaktion des Organismus auf den Gewebereiz durch die virusbefallenen Zellen. Was aber hat dann krank gemacht: Das Virus oder die verspätet angelaufene Abwehrreaktion? Cohens Studie zeigte jedenfalls, daß Streß einen Einfluß darauf hat, ob die Auseinandersetzung mit Schnupfenviren für die Abwehr zu einem Routinematch wird oder zum heftigen Kampf mit Krankheitszeichen als Begleiterscheinung.

All' solche Abwehrprozesse dienen dazu, das labile Gleichgewicht des Lebenssystems zu erhalten. Diese Fähigkeit, sich permanent aktiv neuen Umständen anpassen zu können, unterscheidet den Menschen von jeder noch so komplizierten und sorgfältig justierten Maschine. Leben ist mehr als eine gut geschmierte, herumlaufende Apparatur mit chemischen Fabriken im Inneren und Telefonnetzen von Nerven. Krankheit ist mehr als der Ausfall eines verschlissenen Maschinenteils, das sich ersetzen läßt.

Im Gegensatz zu einer Maschine weiß der Organismus Mensch genau, wie Gesundheit beschaffen ist, und auch, wie sie wieder herzustellen ist. Beispielsweise bei einer lebensbedrohlichen Infektion mit Bakterien: Im Verlauf können die Lunge versagen, das Blut ungerinnbar werden, die Nieren ihren Dienst einstellen und der Kreislauf fast erliegen. Moderne Intensivmedizin ermöglicht einigen Betroffenen zu überleben: Dazu bedarf es literweise Infusionen, komplizierter Beatmung, Antibiotika und Kreislaufmittel. Das alles unterstützt den Organismus – aber es heilt ihn nicht. Auf die Heilung muß der Intensivmediziner warten. Der Organismus vollzieht sie selbst. Anders als eine Maschine, die zur Reparatur erst abgeschaltet werden muß, lebt der Organismus während der Reparatur weiter. Sich normalisierende Laborwerte künden an, daß er das innere Gleichgewicht wiederfindet.

Wie von Zauberhand verschwinden später die Schatten auf den Röntgenaufnahmen der Lunge. Wochen danach ist von außen nichts mehr zu erkennen, außer den verheilten Narben von den Einstichstellen für Infusionslösungen am Schlüsselbein, am Handgelenk und auf dem Handrücken. Fröhlich spielt das Kind mit seinen Geschwistern in der Sandkiste. Solchen Erfolg nannten die Väter der heutigen Medizin *Restitutio ad integrum* – Wiederherstellung des Urzustandes. So ganz stimmt der Begriff nicht. Feinere Blutuntersuchungen würden ausweisen, daß die Krankheit nicht nur einige Narben hinterlassen hat. Das Immunsystem behält das Geschehen im Gedächtnis. Kinderzeichnungen zeigen an, daß es auch nicht spurlos an der Psyche vorbeigezogen ist.

Ob die seelische Verfassung nicht nur – wie in Cohens Experiment – den Ausbruch einer Krankheit beeinflußt, sondern auch den Ausgang eines Leidens, ist die medizinische Streitfrage im ausgehenden zwanzigsten Jahrhundert. Ein Beispiel ist der Brustkrebs, das häufigste Krebsleiden bei Frauen jenseits der Lebensmitte. Unter der Mehrzahl der Frauenärzte gilt die Lehrmeinung, daß die bösen Zellen nur mit Skalpell, Strahlen und allenfalls stärkster Chemotherapie erfolgreich anzugehen sind. Was mancher Alternativmediziner anbot, etwa Kurse zur Selbsthypnose, bei denen Patientinnen

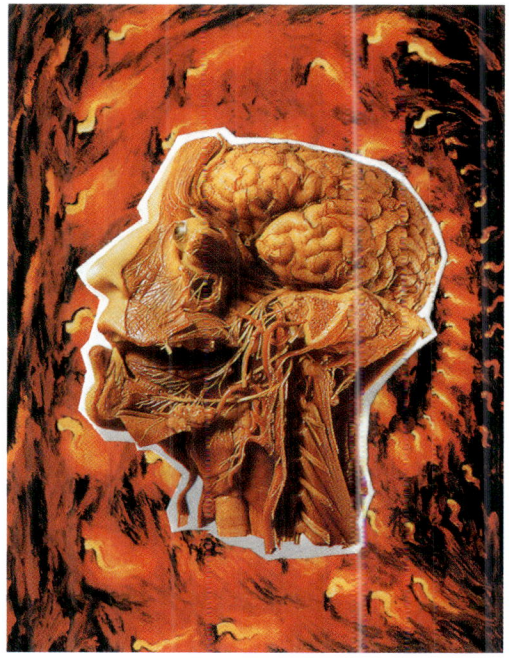

sich vorstellen sollten, das Abwehrsystem möge die Krebszellen aufspüren und vernichten, gilt als Humbug und Scharlatanerie. Vor diesem Hintergrund wollte der Psychiater David Spiegel von der *Stanford University* bei San Francisco in einer Studie über metastasierenden Brustkrebs zeigen, daß eine psychosoziale Gruppentherapie das Befinden und die Lebensqualität der Betroffenen verbessert.

Überraschenderweise fanden die Forscher, als sie zehn Jahre nach Abschluß der psychotherapeutischen Behandlung die Überlebensdaten der beiden Gruppen verglichen, Unterschiede Die Frauen in der Behandlungsgruppe hatten im Durchschnitt sechsunddreißig Monate überlebt, doppelt so lang wie die Patientinnen ohne zusätzliche psychotherapeutische Begleitung. Spiegels Ergebnisse harren noch weiterer Bestätigung. Ob letztlich lebensverlängernd oder nicht:

Einig sind sich die Fachleute heute darin, daß Behandlung des körperlichen Leidens *allein* bei tumorkranken Patienten nicht ausreicht. Denn das Krebsleiden kann selbst Depressionen auslösen, nicht nur durch die veränderten Lebensperspektiven, sondern auch durch Botenstoffe des Immunsystems, die bei mancher Krebserkrankung vermehrt im Blut gefunden werden. Der Hauptverantwortliche ist der Tumor-Nekrose-Faktor *alpha*, auch *Cachexin* genannt. Normalerweise wird diese Substanz nur etwa zu Beginn schwerer Infektionen von den Detektivzellen der Abwehr freigesetzt. Erhöhte Dauerspiegel im Blut stören den Appetit, verdunkeln das Gemüt, machen müde und lassen den Patienten abmagern.

Im letzten Viertel dieses Jahrhunderts haben Immunologen, Spezialisten für Hormone und Stoffwechsel sowie Psychologen und Gehirnforscher ihre Erkenntnisse ausgetauscht. Aus dieser fachübergreifenden Zusammenarbeit ist eine neue Disziplin entstanden, die den umständlichen Namen *Psycho-Neuro-Endokrino-Immunologie*, abgekürzt *PNI*, trägt. Das Bild des Menschen, das diese Grenzwissenschaft zeichnet, ist bunt und verwirrend.

Von Wechselwirkungen zwischen den Systemen war bis vor wenigen Jahren noch wenig bekannt. Es herrschte schöne Ordnung im Gedankengebäude der Wissenschaft. Abwehrsystem, Hormonhaushalt und Nervensystem, so schien es, waren Bewohner verschiedener Flügel der weitläufigen Schloßanlage Mensch, wohl voneinander getrennt. Dort, wo nötig, dienten diese Systeme dem Erhalt des Schloßherrn. Niemand zweifelte daran, daß das Großhirn dieser Schloßherr sei:

mit seiner Kunst, zu denken, zu fühlen und etwas zu planen.

Das Abwehrsystem ließ sich in erster Näherung als Heer von Putzfrauen und Polizisten in den Fluren, Räumen und Kellern des Bauwerkes ansehen. Das Hormonsystem und seine inneren Drüsen glichen in diesem Bild den Schloßbediensteten, die Hauspostwesen, Küche und Heizung betreiben. Nach Großlieferungen von Wein, Geflügel, Kartoffeln und Korn hätten sie all dies in die Keller und auf die Speicher schaffen müssen. Bei Festen oder Ausritt zur Jagd muß Proviant wieder bereitgestellt werden. Nicht anders wirkt das Hormonsystem beim Menschen: Nach üppigen Mahlzeiten schafft das Hormonsystem den anfallenden Blutzucker mittels Insulin in Speicherzellen. Bei Schreck, Angst und starkem Streß schüttet es andere Hormone aus, die den Zucker, nunmehr in Gegenrichtung, als Energie für eine mögliche Flucht wieder ins Blut befördern.

Erst seit kurzem ist die Feineinstellung des Blutzuckers auch durch Abwehrzellen bekannt. Bei akuten Infektionen verstellen Botenstoffe des Abwehrsystems die Feinjustierung des Insulin. Der Einfluß von Streß auf das Hormonsystem ist seit etwa zwei Jahrzehnten bekannt. Zwei wissenschaftliche Entdeckungen gingen der Streßforschung am Hormonsystem voraus. Nach dem Zweiten Weltkrieg hatte der Basler Chemiker Thaddeus Reichstein als erstes menschliches Hormon das *Cortison* isoliert. In Kanada hatte der österreichische Biochemiker Hans Selye in den sechziger Jahren den Begriff *Streß* geprägt. Er bezeichnete damit „die unspezifische Reaktion des Körpers auf irgendeine Anforderung". Jahre später erlaubten entsprechende Meßverfahren, die in bedrohlichen Situationen – nach Selye *Distreß* genannt – ausgeschütteten Hormone zu messen. Es sind kleine Moleküle aus der Nebenniere, das Cortison und das *Adrenalin*. Heute gelten Cortisonwerte als Standardverfahren, um bedrohlichen Streß objektiv zu messen. Dabei macht der Organismus keinen Unterschied zwischen starker psychischer Belastung, einer bedrohlichen Infektion oder etwa einer Operation unter unzureichender Narkose.

Das Signal zur vermehrten Produktion des Streßhormons *Cortisol* geben reiskorngroße Nervenzellgruppen, die in einer Grube der Schädelbasis liegen. Sie sondern in kleinen Mengen ein Eiweiß ab, das in der Hirnanhangdrüse – nur wenige Millimeter entfernt – die Produktion einer anderen Substanz, des *ACTH*, bewirkt. Diese Hirnanhangdrüse läßt sich als Vorverstärker von Steuerimpulsen aus dem Gehirn verstehen. Die Botenstoffe aus der Hirnanhangdrüse wirken bereits auf Distanz als Hormone. Sie veranlassen die Endstufe des Systems, etwa die Schilddrüse, die Hoden oder im Falle des ACTH die Nebenniere, die entsprechenden Endhormone in hoher Konzentration auszuschütten.

Die Nervenzellnester am Boden des Großhirns, *Hypothalamus* genannt, sind gewissermaßen die Telefonzentrale des Gehirns, in der vielfältige Informationen aus dem Körper verarbeitet und zur Steuerung des Hormonhaushaltes, des Gemüts oder des vegetativen Nervensystems umgeschaltet werden. An diesen nur reiskorngroßen Regionen des Gehirns wirken auch Überträgerstoffe aus dem Immunsystem, die als Flaschenpost von Abwehr-

kämpfen aus der Peripherie des Körpers mit dem Blutstrom ins Gehirn gelangen. Solche Nachrichten aus der Ferne sind überlebenswichtig. Die Marburger Forscher Hugo Besedovsky und Adriana del Rey schreiben: „Das Gehirn braucht akkurate Informationen über Ereignisse an der Peripherie. Es muß die Effizienz der Regelkreise zwischen Nerven- und Hormonsystem überwachen und zu verschiedensten Bedingungen und Zeiten des Lebens diese Regelvorgänge einstellen können."

Manche Dinge kann man nicht früh genug im Leben lernen. Etwa wer Freund ist und wer Feind, welche Zellen gesund sind und welche krank. Bereits zur Hälfte der Schwangerschaft – Lunge und Gehirn sind noch nicht ausgereift – kann das Abwehrsystem Eindringlinge erkennen und unschädlich machen. Wenig später ist das System auch gerüstet, Krebszellen erfolgreich zu vernichten. Die zuständigen Zellen für diese Abwehrprozesse wachen in allen Winkeln des Körpers, vom Nagelbett am kleinen Zeh bis zu den Windungen des Großhirns. Zusammen wiegen sie etwas mehr als ein Kilogramm, doppelt so viel wie das Herz, mehr als beide Nieren und etwa ebensoviel wie das Gehirn. Die einzelnen Abwehrzellen stammen von alleskönnenden Mutterzellen ab, die beim Erwachsenen im Knochenmark Heimat finden und sich von dort nur unter besonderen Umständen auf eine Reise in die Blutbahn begeben. Diese sogenannten *pluripotenten Stammzellen* teilen sich, je nach Bedarf, in Tochterzellen, aus denen rote Blutkörperchen, Blutplättchen oder die verschiedensten Zellvölker der weißen Blutzellen, die eigentlichen Abwehrzellen, heranwachsen.

Im Blut selbst schwimmt nur der kleinste Teil davon, die meisten sitzen in Lymphknoten, in der Milz oder einzeln verteilt unter der Haut, in der Leber, in der Lunge, im Gehirn. Große Nester solcher Abwehrzellen hüten die Eintrittspforten zum Körper, in den Gaumen- und Rachenmandeln oder hinter der Schleimhaut des Dünndarms. Bereits zu Beginn dieses Jahrhunderts ließen sich nach besonderen Färbeverfahren unter dem Mikroskop drei Hauptvölker dieser Abwehrzellen unterscheiden: Das erste, die *Granulozyten*, sind größere, unförmige Zellen mit einem gelappten Zellkern und getüpfeltem Zelleib. Das zweite, die *Lymphozyten*, sind kleine Rundzellen mit glattem Kern und einem Zelleib, der sich blaßblau anfärbt. Das dritte Zellvolk sind die *Monozyten* oder *Makrophagen*, größer als Lymphozyten und Granulozyten.

Säuberlich verteilt sind die Aufgaben: Granulozyten sind ein allesfressendes gewöhnliches Fußvolk. Sie werden herbeigerufen zur ersten Abwehr von Bakterien oder helfen, größere Gewebetrümmer – etwa nach einem Unfall – abzuräumen. Lymphozyten sind Spezialisten für die Herstellung von Maßwerkzeugen der Abwehr, sie erinnern sich an frühere Krankheiten, wehren Krebszellen ab und töten vom Virus befallene Körperzellen, etwa die der Nasenschleimhaut beim Schnupfen. Makrophagen schließlich sind die Detektive, Müllwerker und Recyclingdienst des Körpers.

Makrophagen sind Einzelgänger, Individualisten. Die ersten wandern bereits während der Schwangerschaft aus dem Blutstrom aus und lassen sich im Gewebe nieder. Dort wachen sie als Erkennungsdienst und Kommandant. Diese eigenartige Kombination von Tätigkeiten macht

Sinn: Dringt etwa ein Eiter erregendes Bakterium unter die Haut, beispielsweise bei einem entzündeten Aknepickel, so muß das erkannt, beseitigt und nötigenfalls Hilfe herbeigerufen werden. Aus dem ruhenden Makrophagen wird ein bewegliches, für ein einzelnes Bakterium überdimensional großes, gefräßiges Monster. Die Abwehrzelle stülpt rüsselartige Fortsätze gegen den Eindringling aus, verleibt ihn sich ein und zerlegt ihn in unschädliche Bestandteile. Besonders charakteristische Stücke des Bakteriums befördert der Makrophage an seine Zelloberfläche und präsentiert sie dort Lymphozyten als eine Art Gußform. Diese nehmen den Abdruck auf und veranlassen die Maßfertigung von genau gegen ein solches Bakterienbruchstück gezielten Abwehrstoffen. Bei einem bislang für den Körper noch unbekannten Erreger dauert es allerdings einige Tage, bis Lymphozyten diese maßgeschneiderten Abwehrstoffe, Antikörper genannt, in hinreichender Anzahl herstellen.

Bei Angriffen von Bakterien in großer Zahl rufen Makrophagen mittels Botenstoffen in der Zwischenzeit das Fußvolk der Abwehr zu Hilfe, die Granulozyten. Diese Botenstoffe wirken bereits in ähnlichen Konzentrationen wie die auf Kilometer wirksamen Sexualduftstoffe bei Schmetterlingen. Auf solche Signale stürzen sich Granulozyten in das Geschehen. Ihr Name leitet sich von den Tüpfeln im Zelleib ab, den Granula.

Die Waffen dieses Fußvolkes sind hochgiftige Enzyme, im Ruhezustand in den Tüpfeln gespeichert. Einmal aktiviert, produzieren Granulozyten zusätzlich Wasserstoffperoxid. Werden die gespeicherten Enzyme samt Wasserstoffperoxid in die Zellumgebung ausgeschüttet, sterben derart attackierte Bakterien oder Zellen einen raschen Tod. Granulozyten können freilich nicht nur Gift verspritzen, sie können auch Fremdes auffressen und versuchen, es im Inneren zu harmlosem, wiederverwertbarem Zellmüll zu recyclen. Was übrig bleibt vom Kampf zwischen Granulozyten und Bakterien, ist Eiter. Er wird später von anderen Zellen – meist Makrophagen und frischen Granulozyten – abgeräumt, wenn er sich nicht nach außen absondern kann.

Im Ruhezustand werden diese granulozytären Giftfabriken selbst Opfer des körpereigenen Recycling. Vier bis fünf Tage reifen die Granulozyten im Knochenmark aus Stammzellen heran, ehe sie ins Blut ausrücken. Dort überleben sie zu Friedenszeiten höchstens einen halben Tag. Dann setzt die Zelle ein merkwürdiges Selbstmordprogramm in Gang: Sie baut ein besonderes Eiweiß zusammen, das die eigene Erbsubstanz in unbrauchbare Schnipsel zerkleinert – ein Reißwolf für den Zellbauplan. Zerstörte Erbsubstanz ist für die Zelle ebenso fatal wie ein Festplattencrash für den Computer: Nichts geht mehr; übrig bleibt nur das Gehäuse. Anders aber als in der Computertechnik, vollzieht der Körper ein perfektes Recycling. Makrophagen nehmen die Überreste der durch programmierten Selbstmord gestorbenen Zellen auf, zerkleinern sie und schleusen die Rohstoffe wieder vollständig in den Stoffwechsel ein.

Erst vor wenigen Jahren wurde dieser Mechanismus des zellulären Freitods entdeckt. Unter Fachleuten heißt er *Apoptose*. Je länger sich die Forscher über ihre Mikroskope beugen, mit Spezialfärbungen markierte Zellkulturen untersuchen, de-

sto länger wird die Liste der Umstände, unter denen im Körper das Programm zum zellulären Freitod gebraucht wird. Es erscheint heute als die universelle Recyclingmethode des Organismus, um alternde, entartete oder nicht mehr benötigte Zellen zu beseitigen. Der biologische Sinn des Mechanismus ist klar: Stirbt eine Zelle und platzt, so entleert sich ihr Inhalt in die Umgebung. Manche der im Zellinneren gebrauchten Eiweiße und Chemikalien sind jedoch giftig oder stören die Funktion der Nachbarzellen. Ähnlich der mißlungenen Sprengung eines nicht mehr gebrauchten Gebäudes, die die Glasfassaden umliegender Häuser beschädigt. Viel unschädlicher als das unkontrollierte Platzen von Zellen ist für den Organismus das Abbruchunternehmen Apoptose. Der übriggebliebene Rest der entkernten Zelle gleicht einem soliden,

135

überdimensionierten Müllsack. Makrophagen räumen ihn aus dem Zellverband, ohne Schaden für Nachbarzellen.

Die saubere Art der Selbstreinigung wird bereits früh gebraucht. Im Gehirn müssen während der Entwicklung des Nervensystems Leitzellen abgebaut werden, die zunächst Nervenenden helfen, den langen Weg etwa vom Sehnerv im Auge bis zur Sehrinde am Hinterkopf zu finden. Im *Thymus*, einer kleinen Drüse hinter dem Brustbein, werden falsch programmierte Lymphozyten mittels Apoptose aussortiert. Dort „prüft" der Organismus junge Abwehrzellen, denen später die Spezialaufgabe zufällt, körperfremde, also auch Krebszellen, zu vernichten. Ehe diese Abwehrzellen als T-Killer-Zellen in die Blutbahn entlassen werden, müssen sie „zeigen", daß sie Eigenes und Feind nicht verwechseln. Zwei Schalter auf der Zelloberfläche entscheiden über das weitere Schicksal der Prüflinge. Genügt der junge Lymphozyt den Anforderungen nicht, werden beide umgelegt: Das Apoptoseprogramm läuft an.

Offensichtlich sterben auch manche Krebszellen den Apoptosetod. Bei der Behandlung bestimmter Arten von Blutkrebs steht am Anfang der Therapie eine Behandlung mit Cortison. In kleinen Dosen, kaum mehr als der Tagesproduktion der Nebenniere, läßt das Hormon oft neunzig Prozent der Leukämiezellen absterben. Der Mechanismus ist wiederum Apoptose. Die dann folgende Chemotherapie mit Zyklen über mehrere Monate muß den Rest der bösartigen Zellen beseitigen, die dem einfachen Signal zum Freitod nicht gehorchten. Auch bei *AIDS* ist Apoptose im Spiel. Auf noch nicht ganz geklärte Weise veranlaßt *HIV* das Selbst-

mordprogramm bei den Steuerzellen der Antikörperproduktion. Statt etwa bei einem Infekt aktiv zu werden, verwandeln sich bei HIV-Patienten diese Lymphozyten in zelluläre Müllsäcke mit zerschnipselter Erbsubstanz.

Auf Umwegen hängt auch der Apoptosemechanismus mit der Psyche zusammen. Die Schalter, über die Apoptose bei Zellen eingeschaltet oder im Fall der Granulozyten verzögert wird, werden von Hormonen und Abwehrzellen betätigt. Und Abwehrzellen, das scheinen Cohens Experimente mit Schnupfenviren zu untermauern, versehen ihren Dienst nicht unbeeinflußt vom Nervenkostüm. Auf drei Arten kann das Nervensystem die Abwehrzellen beeinflussen: zum ersten durch seine eigenen Überträgerstoffe, die Neurotransmitter und Neuropeptide. Zum zweiten durch Verstellen des Hormonhaushaltes und zum dritten durch Botenstoffe des Immunsystems selbst.

Hormone sind chemische Botenstoffe, die in Drüsen wie der Nebenniere, der Schilddrüse, den Eierstöcken und Hoden und der Bauchspeicheldrüse gebildet werden. Sie zirkulieren im Blut und regeln vielerlei Vorgänge wie Wachstum, Energiehaushalt, sexuelle Aktivität oder Streßreaktion. Hormone wirken an ihren Zielzellen, indem sie entsprechende Schalter an der Zelloberfläche verstellen. Diese Schalter veranlassen über nicht letztlich geklärte Mechanismen Botschaften an den Zellkern. Nach diesen Botschaften werden dort Gene abgelesen, etwa für den Zellstoffwechsel, für das Zellwachstum oder aber das Selbstmordprogramm. Nach den abgelesenen Kopien der Erbsubstanz werden die jeweils benötigten Eiweiße zusammengebaut. Manche Zellen bedürfen dauernder Stimulation, etwa durch Sexualhormone, um nicht zu verkümmern.

Die Schalter an der Zelloberfläche werden in der Fachsprache *Rezeptoren* genannt. Sie sind sehr präzise ausgeformt, ähnlich Sicherheitsschlössern. Auf die meisten Rezeptoren paßt nur jeweils ein ganz bestimmter Botenstoff. Neueste Befunde zeigen zudem, daß die Hülle einer Zelle nicht als statisches Gebilde, etwa wie die Fassade eines Gebäudes mit all ihren charakteristischen Kanten, Fensterrahmen, Türen und Dachluken, verstanden werden kann. Eher gleicht sie der Kleidung eines Menschen: Wetter und Umständen angepaßt. Nur wenige Rezeptoren erscheinen immer auf der Oberfläche, viele werden je nach Aktivitätszustand der Zelle ausgestülpt. Beispielsweise reagieren bestimmte Killer-Lymphozyten rascher auf Adrenalin, wenn sie zuvor durch andere Botenstoffe des Immunsystems aktiviert wurden. Auf diese Weise können viele Zellen genau regulieren, wie stark sie auf ein im ganzen Körper vorkommendes Hormon reagieren.

Die Botenstoffe des Immunsystems, *Zytokine* genannt, verhalten sich biologisch ganz ähnlich wie Hormone. Der feine Unterschied ist nur, daß sie anders als Hormone nicht in Drüsen, sondern von den Abwehrzellen selbst oder von gestreßten Gewebezellen ausgeschüttet werden. Zytokine dienen vor allem der Verständigung der Abwehrzellen untereinander. In den letzten Jahren hat man zusätzliche Wirkungen dieser Zytokine auch auf andere Zellen bewiesen, beispielsweise auf Nervenzellen. Über die Wirkung an Nervenzellen justiert sich sogar das Immunsystem selbst. Ein Beispiel ist die Produktion von

Interleukin-6. Dieses Zytokin aktiviert nicht nur Lymphozyten und Granulozyten, sondern es wirkt auch auf den Hypothalamus, jene Zentrale der Hormonsteuerung am Unterrand des Großhirns.

Dort sorgt es für vermehrte Ausschüttung von ACTH, das über den Blutkreislauf zu den Nebennieren gelangt und hier die Produktion des Streßhormons Cortisol ankurbelt. Cortisol indes ist eine wirkungsvolle Bremse, die hilft, das aktivierte Immunsystem nach erfolgreichem Abwehrkampf wieder in den Ruhezustand zurückzustellen. Auf diese Weise unterbinden hohe Blutspiegel an Cortisol etwa einen Tag später die weitere Produktion von Interleukin-6. Damit schließt sich der Regelkreis mit dem Botenstoff, der seine eigene Produktion wieder bremst. Nahezu alle Wechselwirkungen im Abwehrsystem der Nervenzellen untereinander, im Hormonhaushalt, werden durch ähnliche, gedämpfte und sich selbst stabilisierende Regelkreise gesteuert.

Wechselwirkungen zwischen Immunsystem, Hormonhaushalt und Körperzellen sind nicht allein auf den Umweg über das Nervensystem beschränkt. Nahezu alle Abwehrzellen besitzen Rezeptoren für die wichtigsten Streßhormone. Hormondrüsen produzieren auch Botenstoffe des Abwehrsystems. Andere Zellen, welche die Blutgefäße austapezieren, geben Substanzen ab, die Abwehrzellen steuern. Selbst im Gehirn sind die Systeme tief ineinander verzahnt: Abkömmlinge der Makrophagen wachen dort über Gewebeschäden. Vermutlich steuern sie auch das Apoptoseprogramm mit, das nach Sauerstoffmangel bei Ertrinkungsunfällen oder Schlaganfall die angeschlagenen Gehirnzellen für immer abschaltet.

Die Wechselbeziehungen zwischen Gehirn, Hormondrüsen und Abwehrzellen gestalten das werdende Leben bereits im Mutterleib. Sie stabilisieren das System Mensch bis ins hohe Alter. Was auf einem langen Lebensweg aus dem Feten wird, hängt nicht allein von den ererbten Genen ab. Es hängt auch ab von der Feinjustierung, der Anpassung auf immer neue und andere Lebensumstände, von der Geschichte und dem Geschick eines Menschen. Körperliche Krankheit kann dabei über Botenstoffe des Abwehrsystems das Denken und Fühlen verändern. Das läßt sich in einfachen Experimenten selbst an Ratten beobachten: Spritzt man ihnen den Botenstoff Tumor-Nekrose-Faktor alpha, verlieren die Labortiere die Lust an der Gesellschaft und ziehen sich in eine Ecke des Käfigs zurück.

Schwieriger ist der umgekehrte Beweis zu führen: daß psychische Verfassung den Verlauf von Krankheit verändern kann. Cohens Arbeit und Spiegels Studie haben dies für zwei bislang als rein körperlich angesehene Leiden gezeigt. Noch sind solche Arbeiten in der Schulmedizin spärlich. Ganzheitliches Denken ist nicht gefragt. Wenige Psychologen interessieren sich für die körperlichen Verhältnisse einer Krankheit. Umgekehrt verstehen zu wenige Mediziner genügend von Psychologie und Psychotherapie, um derartige Wechselwirkungen aus der Sicht des Mediziners erfassen zu können. In der immer weiter gehenden Spezialisierung der Mediziner ist das frühere intuitive Wissen um die Zusammenhänge von Heilung und Seelenverfassung verlorengegangen. Der moderne Praktiker in der städtischen Praxis kennt oft kaum die Wetterlagen im Gemüt seiner Patienten.

Die Forschungsergebnisse der Psycho-Neuro-Immunologen haben bis an die Schwelle eines neuen Verständnisses geführt. Sie haben ausführlich, aus vielen Experimenten an Freiwilligen und Versuchstieren, kleine Mosaiksteine zusammengetragen, die erahnen lassen, daß im Mikrokosmos Mensch zwischen den einzelnen Zellen und Organsystemen ein steter Strom an Botschaften fließt, ähnlich den Datenverbindungen im Internet. Aus diesem Netzwerk an Beziehungen und Zuständen konstelliert sich das Befinden, ob als Krankheit oder Gesundheit. Die Vernetzung freilich sprengt das menschliche Vorstellungsvermögen. Obwohl man gewiß ist, viele Details überhaupt noch nicht entdeckt zu haben, ist das System der Wechselwirkungen schon jetzt für kaum einen Forscher mehr überschaubar. Es ist wie in einem geistreichen Schachspiel. Die Wissenschaft hat enträtselt, wie die einzelnen Figuren ziehen, sich bewegen, und welche Wirkung sie aufeinander haben. Die Strategie des Ganzen ist nur in Ansätzen ersichtlich. Es ist sehr wahrscheinlich, daß dieser Strategie mit kausalem Denken nicht auf die Spur zu kommen sein wird.

Immerhin macht die Forschung denkbar, wie Psyche und Körper bei chronischen Erkrankungen aufeinander einwirken, etwa bei Darmentzündungen, Magersucht, Asthma, Allergie oder Bauch- und Kopfschmerzen. Beim Asthma etwa reagieren Abwehrzellen überempfindlich und schütten überstürzt einen Botenstoff namens *Histamin* aus, der die Bronchien verengt. Die Angst vor und bei einem Anfall wiederum wirkt zurück auf die Psyche. Zwar ist eine gewisse genetische Veranlagung beim Asthma wahrscheinlich. Doch

welchen Verlauf das genetisch mögliche
Asthma dann beim einzelnen nimmt,
hängt von der Umwelt ab, dem sozialen
Umfeld und der psychischen Verfassung.
Besteht eine Erkrankung erst einmal über
Jahre, ist nur noch schwer auszumachen,
warum sich die Reaktionsbereitschaft der
Abwehrzellen der Bronchien veränderte.
Der Organismus hat sich längst auf das
neue Gleichgewicht eingestellt, bei dem
Asthma zu einem der möglichen Reak-
tionsmuster gehört.

Es gibt viele Weisen, mit einer chronischen Erkrankung wie Asthma umzuge-
hen. Die gängigste ist der Griff zum Re-
zeptblock und die Verordnung einer hin-
reichenden Menge an Chemie, um die
Wirkung des Histamin aufzuheben. Zweifelsohne ist das die wichtigste Stütze der
Behandlung, um Krisen zu überbrücken
und den Patienten vor Luftnot zu retten.
Manche indes gehen darüber hinaus. Sie
fragen ihre Patienten vielleicht auch, unter welchen Umständen ein Asthmaanfall
auftritt. Sie fragen nach dem Umfeld, den
beruflichen Sorgen und versuchen, sich
ein Bild der seelischen Umstände zu machen, die Asthma besonders begünstigt.
Manchmal läßt sich Sonderbares entdecken. Der kleine Manfred etwa erlitt
immer dann besonders heftige Asthma-
attacken, wenn der Besuch der Großmutter bevorstand, unabhängig von Winter-
oder Sommerzeit. Der darob erstaunte
Arzt, dem dies gar nicht in den schulme-
dizinisch denkenden Kopf passen wollte,
hakte nach. Bald klärte sich, die Mutter
des Jungen und seine Großmutter seien
aufs erbittertste zerstritten.

Es klärte sich auch, daß die Asthma-
attacken mit Erkältungen verbunden waren. Der asthma- und erkältungskranke

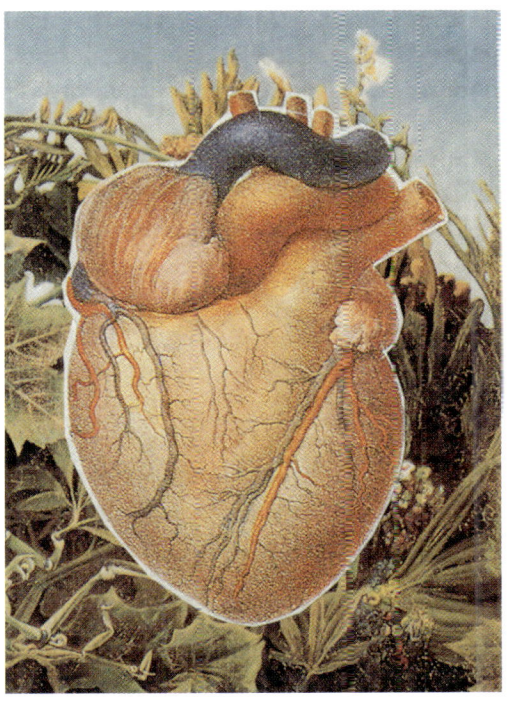

Sohn mußte gepflegt werden, der an-
gekündigte Besuch der Großmutter
konnte dann jedesmal abgesagt werden.
Nach einigen familientherapeutischen
Sitzungen mit Großmutter, Mutter, Vater
und dem einzigen Sohn hat die Familie
gelernt, unpassende Einladungen auch
ohne Umweg über eine Erkältung mit
Asthma beim Junior abzusagen. Im folgenden Jahr war die asthmatische Groß-
wetterlage des Jungen verändert. Zwar
brauchte er weiter Medikamente, aber die
schweren Anfälle, die mehrfach zur Kli-
nikeinweisung geführt hatten, blieben
aus.

Ein Rest von Zweifel bleibt. Zu glatt
klingt die Geschichte. Wer als junger Arzt
über solche Fälle stolpert, wird nach-
denklich. Es mutet wie Zauber an, was er
bei dem älteren Kollegen bemerkte, der
Behandlung und Gespräche führte. Und

er beginnt auf einmal selbst aufzu-
horchen. Bei Schulkindern, die wegen
Bauchweh zur Ultraschalluntersuchung
geschickt werden, auch einmal nachzu-
fragen, was denn Besonderes in der Familie geschehen sei, als die Bauchweh
begannen. Oft findet er einen völlig normalen organischen Befund, aber eine auffällige Familiengeschichte. Er wird sich
eine Art Routineset an Familienfragen
zulegen, die er beiläufig einstreut. Er wird
aber auch, mehr als einmal, schon fast
sicher sein, die psychosomatisch richtige
Fährte zu verfolgen und entdeckt plötzlich doch noch einen großen Knoten, der
sich als Lymphdrüsenkrebs herausstellt.

Es reicht darum nicht aus, zu den vielen Spezialfächern der Medizin noch ein
weiteres hinzuzufügen, mit dem Namen
Psychosomatik, an deren Spezialisten die
Patienten nach Abklärung aller anderen
möglichen Ursachen überwiesen werden.
Was not tut, ist ein Gespür für die Gleich-
zeitigkeit von Körper und Seele zu entwickeln. Professor Thomas Delbanco von
der Harvard University und Leiter der Abteilung Allgemeinmedizin am Beth-Israel-
Krankenhaus in Boston formuliert das so:
„Wenn jemand Bauchweh hat, dann stelle
ich sehr bald nicht nur die Frage, was in
seinem Bauch, sondern auch, was in seiner Seele vorgeht. Wenn jemand depri-
miert ist, dann denke ich auch darüber
nach, was sich in seinem Körper abspielen
und die Depression hervorrufen könnte.“
Solch ganzheitliche medizinische Haltung erprobte bereits in den sechziger
Jahren der heute emeritierte Freiburger
Professor Thure von Uexküll an der Ulmer
Universitätsklinik für Innere Medizin. Als
von Uexküll 1981 die erste Auflage seines
Buches *Integrierte Psychosomatische Medizin*

herausgab, wollte er „... einer breiten Öffentlichkeit darstellen, daß in unserem
dualistischen, in immer mehr und immer
engere Spezialdisziplinen aufgeteilten Ge-
sundheitssystem Einrichtungen existieren
und funktionieren, die es nach dem Urteil vieler Fachleute sowohl aus dem Lager
der somatischen Mediziner als auch dem
der Psychotherapeuten angeblich nicht
geben kann: Einrichtungen für eine medizinische Betreuung, welche bei hohem
Anspruch an das Niveau der diagnosti-
schen Maßnahmen die organischen und
psychosozialen Probleme der Kranken
gleich ernstnehmen.“

Heute zählt die Bundesrepublik die
meisten psychosomatischen Betten weltweit. Allerdings werden über achtzig Prozent dieser Betten von Rentenversiche-
rungsträgern in Rehabilitations- und Kur-
einrichtungen betrieben. Nur ein ver-
schwindender Anteil gehört zu Betten der
Akutversorgung. Während kaum ein Arzt
Zweifel am akuten Behandlungsbedarf
bei einer frischen Blinddarmentzündung,
bei Herzinfarkt oder Asthmaanfall hegt,
schwären psychosomatische Leiden lange.
Erst nach Jahren von Patientkarriere
durch Praxen und Ambulatorien der verschiedensten Spezialität findet mancher
Gehör und Nachfragen bei einem entsprechend geschulten Arzt, der auch die
nichtmeßbare Seite eines Leidens zu erkunden weiß. Nicht nur die psychischen
Wechselwirkungen, das soziale Umfeld,
der Hormonhaushalt und die Immunabwehr haben sich in diesen Jahren ein
eigenes, neues Gleichgewicht organisiert.

Auch Leiden ist, systemisch gesehen,
ein stabiler Zustand. Wenn erst einmal die
ursprünglich in jeder Krankheit aufgeru-
fenen Selbstheilungsvorgänge ermüdet

sind und das Leben in anderen Regel-
kreisen funktioniert, wird Veränderung
schwer. Dann ist es nicht mit einigen wenigen Sitzungen Familientherapie getan.
Die Bereitschaft, sich nach längerer
Krankheit noch psychosozialen Fragen zu
stellen, nimmt etwa nach fünf Jahren rapide ab. Die durchschnittliche Zeit, bis
ein psychosomatisch leidender Patient
heute erstmals einen entsprechend aus-
gebildeten Arzt oder Psychotherapeuten
zu Gesicht bekommt, beträgt etwa acht
Jahre. Rehabilitieren ist dann bedeutend
teurer als heilen.

Der höhere Aufwand, läßt man psychosoziale Gesichtspunkte außer acht,
beginnt schon bei der Akutversorgung im
Krankenhaus. Die Hamburger Ärzte Antje
Haag und Ulrich Stuhr berichten von
überraschenden Kostenersparnissen durch
psychosoziale Betreuung. In einer amerikanischen Studie konnte für alte Patientinnen mit Schenkelhalsbruch gezeigt
werden, daß angemessene psychosoziale
Betreuung den Aufenthalt im Krankenhaus im Durchschnitt um zwölf Tage verkürzte. Auf ein Jahr hochgerechnet, ergab das Mehr an Pflegetagen einen fast
zwanzigfach höheren finanziellen Aufwand als das Honorar des konsiliarisch
hinzugezogenen Psychiaters. Nahezu alle
späteren Studien, die den Einfluß von
psychotherapeutischer Betreuung auf die
Kosten der Krankenhausbehandlung untersuchten, zeigten eine reduzierte Ver-
weildauer und damit gesenkten Aufwand.

Dazu bedarf es nicht der großen psy-
choanalytischen Behandlung von hundert
Stunden Dauer. Oft reichen kleine, be-
scheidene Hilfen, etwa Informationsge-
spräche, Gruppen- oder Entspannungsübungen. In einer Untersuchung führte

eine Schwester am Abend vor Operationen Gruppengespräche mit Patienten
über die an den Eingriff geknüpften Äng-
ste und Sorgen. Die Patienten schliefen
besser und hatten weniger Angst. Am anderen Tag brauchten sie weniger Narko-
semittel, erlitten im Durchschnitt weniger
Komplikationen und konnten früher entlassen werden. Viele Patienten brauchen
und suchen gar keinen Psychotherapeuten. Sie brauchen ein Gegenüber, das sowohl die Zeichen ihres Körpers wie die
Zeichen ihrer Seele ernst nimmt. Solche
Kenntnis läßt sich nicht in wenigen
Wochenendkursen vermitteln oder in
einem Zusatzseminar während des Studi-
ums. Sie verlangt vom Arzt, auch sich
selbst solchen Fragen nach psychosozialen Zusammenhängen zu stellen. Es
braucht sonderbarerweise erheblich mehr
Mut, behutsam nach dem Eheleben zu
fragen, nach Streit und Liebe, als nach
dem Stuhlgang und der Häufigkeit von
Winden.

Bereits 1982, als die psychosomatische
Denkweise vielen noch nicht geläufig war,
hatte der britische Arzt John Apley für die
jüngsten Patienten formuliert: Ein Kind
brauche täglich „emotionale Vitamine",
um sich gesund zu entwickeln. Es muß
spüren, geliebt zu sein, braucht Respekt
als Wesen mit eigener Individualität, ein
Gefühl von sicherer Geborgenheit und
schließlich Anerkennung, Lob, kleine Erfolge und wachsende Verantwortung in
einer sozialen Gemeinschaft.

Diese emotionalen Vitamine lassen
sich sogar zur Heilung einsetzen. Nicht
wenige Neugeborenenärzte haben von
ihren Kollegen aus Bogota gelernt, die
dort mangels Brutkästen das Kangarooing
erfanden. Sie nutzten die Körperwärme

der Mutter, ließen die zu früh geborenen Babies auf der Brust austragen. Zur Überraschung der Kinderärzte gediehen die Kleinen besser als ihre im Brutkasten betreuten Kollegen. Verschiedene Untersuchungen haben den großen Vorteil von Hautkontakt und liebevoller Zuwendung auf die Heilung bei den kleinsten Patienten der Medizin gezeigt. Sie gesunden nicht nur schneller, werden früher aus dem Krankenhaus entlassen und häufiger gestillt, die Vorteile der Ferien vom Brutkasten auf der Brust der Mutter bleiben bis in das zweite Lebensjahr als Entwicklungsvorsprung nachweisbar.

Was für die kleinsten Intensivpatienten gilt, scheinen Erwachsene nicht zu brauchen. An vielen Intensivstationen hängen am Besuchereingang noch immer Schilder: „Besuchszeit täglich 5–10 Minuten". Die werden dann oft schweigend am Bett verbracht, vor Schreck erstarrt angesichts der Monitore, Infusionsautomaten und Beatmungsschläuche, den Blick fixiert auf die flackernden Kurven und Zahlenkolonnen der Anzeigegeräte. Dabei hatte schon in den sechziger Jahren der New Yorker Psychiater Roy John gezeigt, daß sich die Hirnströme eines komatösen Patienten verändern, wird er von jemandem liebevoll berührt.

Es scheint also doch ein Universalheilmittel zu geben, das die Wechselwirkung von Leib und Seele in allen Lebensaltern günstig beeinflußt. Es ist das, was John Apley „emotionale Vitamine" nennt, was als das Wichtigste im Neuen Testament genannt ist und für das in den Rationalisierungsvorschlägen der McKinsey-Unternehmensberater keine Rubrik geführt wird: liebevolle, achtende Zuwendung.

Christoph Drösser

Künstliche Intelligenz: Der Geist im Chip?

Können Computer denken? Sollen Elektronikgehirne das menschliche Gehirn imitieren? Werden sie einst über einen „gesunden Menschenverstand" verfügen? Nach einem halben Jahrhundert Entwicklung haben Rechenknechte vielfältige Leistungen vorzuweisen. Künstliche Sensoren erkennen Sprache, Softwaresysteme beraten Experten, lesen Handgeschriebenes, steuern Fabriken, konzipieren neue Technologien – und stellen den Menschen beliebige virtuelle Realitäten zur Verfügung.

Der Konflikt zwischen Geist und Körper bezog sich zweitausend Jahre lang ausschließlich auf das Phänomen des evolutionär entstandenen, biologischen Geistes. Es ist ein Novum der Debatte, daß seit wenigen Jahrzehnten eine andere Variante, ein dritter Bezugspunkt hinzugetreten ist: der künstliche Geist, und es ist dieser Geist aus der (elektronischen) Retorte, das Ich, das aus dem Computer stammt, das – für viele Zeitgenossen – in Konkurrenz tritt zu dem, was menschlichen Verstand und humane Kreativität ausmacht.

Alles nur Chimären computerverliebter Technofreaks? Oder tauchen hier nicht doch Fragen auf, die an das Zentrum unseres Selbstverständnisses (und Selbstbewußtseins) als Mensch greifen? Und was wäre spannend daran? Wie ist das Verhältnis biologischer zu künstlicher Intelligenz, wie weit ist es bereits gedie-

hen? Kann die künstliche Version die biologische eines Tages vielleicht übertreffen (denn wo soll technisch da die Grenze sein)? Blicken wir zurück.

Das neue Zeitalter wird mit einer Lüge beginnen. Der erste Computer, der mit Fug und Recht als intelligent bezeichnet werden kann, wird all sein Können darauf verwenden, seinem Gesprächspartner vorzuspiegeln, er sei ein Mensch und nicht mehr nur ein Computer. Wenn er es schafft, den Menschen hinters Licht zu führen, dann soll er als intelligent gelten. Das jedenfalls verlangen die Spielregeln des sogenannten *Turing-Tests* – ein Intelligenztest für Computer, den der geniale britische Mathematiker Alan Turing im Jahr 1950 ersann.

Turing prognostizierte damals, daß bis zur Jahrtausendwende ein Rechner seinen Test bestehen würde. Man kann davon ausgehen, daß daraus nichts wird. Es gibt zwar einen jährlichen Computerwettbewerb, bei dem Rechner Menschen foppen sollen, aber im Unterschied zum allgemeinen Turing-Test beschränkt sich die Konversation dabei auf ein Spezialthema, in dem sich das jeweilige Computerprogramm „auskennt". Bei einem Preis, der 1991 für Computerprogramme vergeben wurde, die den Turing-Test bestehen, waren zum Beispiel Computer am Start, die Experten für das Mixen von Martinis waren oder für die Probleme von Liebesbeziehungen zwischen Mann und Frau. Um die Jury zu verwirren, verbargen sich hinter zwei Computerterminals auch Menschen aus Fleisch und Blut, Fachleute für Shakespeare beziehungsweise Damenmode.

Sieger wurde ein Computerprogramm namens *PC Therapist*, das immerhin von der Hälfte der Schiedsrichter für einen Menschen gehalten wurde. Sein Spezialgebiet: „launige Konversation". Erst ein übler Grammatikfehler verriet den verschrobenen Rechner. Aber das sind Spielereien. Im Prinzip macht PC Therapist dasselbe wie Joseph Weizenbaums Therapieprogramm *Eliza* aus den sechziger Jahren: bestimmte Worte des Gegenübers aufgreifen, nach programmierten Mustern Gegenfragen stellen. Auch wenn Eliza schon von manchen Gesprächspartnern mit einem echten Psychotherapeuten verwechselt wurde: Niemand, der den Täuschungs-Algorithmus des Programms kennt, würde es als intelligent bezeichnen.

Schon die Frage, was ein intelligenter Mensch sei, ist schwer zu beantworten. Noch schwieriger ist es zu sagen, wann denn eine Maschine als intelligent gelten

kann. Gemäß unserem anthropozentrischen Weltbild erwarten wir, daß eine solche Maschine „irgendwie" so ist wie wir. Sie mag uns in vielerlei Hinsicht überlegen sein, etwa schneller rechnen können oder sogar die schematischen Aufgaben gängiger Intelligenztests lösen können – wenn sie dieses gewisse Etwas nicht hat, wird sie nicht als intelligent akzeptiert. Schon beim Turing-Test sollte der Computer ja nicht „artgerechte' Aufgaben lösen, sondern einen Menschen mit all seinen Unvollkommenheiten imitieren. Eine recht schwammige Vorstellung also. Intelligenz sei „nur ein Wort, das die Leute benutzen, wenn sie über jene unbekannten Prozesse sprechen, mit denen unser Gehirn Probleme löst, die uns schwierig erscheinen", meint der amerikanische Künstliche-Intelligenz-Pionier Marvin Minsky. „Doch sobald man selbst eine bestimmte Tätigkeit beherrscht, ist man weniger beeindruckt und verblüfft, wenn andere dasselbe tun." Und ähnlich ist es mit Computern: Ein Programm, das auf den ersten Blick erstaunlich „intelligent" erscheint, verliert an Faszination, wenn man weiß, wie der Computer das Problem löst. Ein Schachprogramm mag brillant spielen – aber wenn es „nur" in Sekundenschnelle Millionen von Zügen blind durchrechnet, kann man das nicht als intelligent bezeichnen. Alle Schwierigkeiten, menschliche Intelligenz zu definieren, verstärken sich noch bei dem Versuch, der Intelligenz einer Maschine habhaft zu werden.

So ist es ein Grunddilemma der Künstlichen Intelligenz, daß sie immer an dem hohen – und vielleicht nie erreichbaren – Ziel gemessen wird, eine dem Menschen geistig ebenbürtige Maschine zu schaffen.

147

Auf der anderen Seite hat sie in den letzten vierzig Jahren erstaunliche Leistungen erbracht. Wir sind umgeben von durchaus alltagstauglichen Künstliche-Intelligenz-Systemen, die eine Menge praktischer Aufgaben lösen können:

Expertensysteme für begrenzte Fachgebiete sind in der Lage, dem Computerbenutzer das Wissen von Fachleuten zur Verfügung zu stellen: etwa Systeme zur Diagnose exotischer Krankheiten, über die ein gewöhnlicher Arzt wenig weiß. Ein geologisches Expertensystem hat schon aufgrund von Beobachtungsdaten die Lage eines Erzvorkommens voraussagen können.

Computer können – wiederum jeweils in eingeschränkten Bereichen – „sehen" und „lesen": Industrieroboter erkennen die Lage von Bauteilen, Minicomputer verstehen die handgeschriebenen Eingaben ihres Benutzers, andere Programme können etwa den Fingerabdruck eines Täters mit einer Kartei bekannter Verbrecher abgleichen.

Auch beim Hören machen die Rechner Fortschritte: Zwar ist der Computer, der fließend gesprochene Umgangssprache versteht und in eine Fremdsprache übersetzt, noch in weiter Ferne, aber auch hier gibt es für Teilbereiche funktionsfähige Anwendungen. Grob gesagt, kann man feststellen, daß die heutigen Systeme eine von drei gewünschten Eigenschaften haben: Sprecherunabhängigkeit, großer Wortschatz, Verstehen von fließend gesprochener Sprache. Und was das Übersetzen angeht: Den Rechner, der Literatur in eine andere Sprache überträgt, wird es vielleicht nie geben, aber heute existieren schon durchaus akzeptable Übersetzungsprogramme für technische Handbücher.

Computer können eine Vielzahl von Prozessen autonom steuern. In vielen Industriezweigen läuft die Produktion heute schon automatisch, moderne Flugzeuge fliegen den größten Teil der Strecke computergesteuert, und selbst der Autoverkehr ließe sich weitgehend automatisieren: Es gibt bereits Systeme, die einen Wagen sicher auf der Autobahn steuern. Hier ist nur die Frage, wieviel Verantwortung der Mensch an den Computer abgeben will – und wer schuld hat, wenn es trotzdem kracht.

Die Informationsflut des elektronischen Zeitalters ist ohne die Hilfe von pfiffigen Computerprogrammen gar nicht mehr zu bewältigen. Es gibt bereits Prototypen von „intelligenten Agenten", die für ihren Benutzer selbständig Informationen in den internationalen Datennetzen sammeln und ihn allmorgendlich mit den neuesten Nachrichten versorgen.

Was für uns heute selbstverständlich ist, sorgte in den Anfangstagen der Künstlichen Intelligenz noch für Schlagzeilen. Die Computerpioniere hatten es leicht, das Publikum zu beeindrucken. Der Begriff wurde 1956 geprägt, und schon bald waren spektakuläre Erfolge zu verbuchen: Computerprogramme, die dem Menschen auf Gebieten ebenbürtig oder gar überlegen waren, die beim Menschen zweifellos eine gewisse Intelligenz erfordern. Es gab ein unschlagbares Dameprogramm und eines, das Poker spielte. Ein Computer schaffte sogar einen Test für Mathematikstudenten des ersten Semesters am *Massachusetts Institute of Technology (MIT)*, dem Mekka der Künstliche-Intelligenz-Forscher. Für die Wissenschaftler war klar, daß es bis zur denkenden Maschine, bis zum intelligenten Roboter nur noch ein kleiner Schritt wäre: Marvin Minsky, der Künstliche-Intelligenz-Papst vom MIT, gab einem Studenten über die Semesterferien die Aufgabe, dem Computer das Sehen beizubringen. Aber bis heute gibt es keinen Computer, der ein dem Menschen vergleichbares Sehvermögen hätte.

Die euphorischen Künstliche-Intelligenz-Pioniere mußten plötzlich feststellen, „wie einfach die ‚schwierigen' Dinge, aber wie schwierig die ‚einfachen' Dinge waren", so Herbert Simon von der *Carnegie Mellon University*. Das Schachspiel, für den Menschen eine große geistige Herausforderung, beherrschen moderne Schachcomputer auf Großmeisterniveau, weil es in Algorithmen, also eindeutigen Rechenvorschriften, zu fassen ist. Das wissenschaftliche oder technische Spezialwissen von Fachleuten läßt sich in sogenannten Expertensystemen programmieren, weil es um eindeutige Fakten und Regeln geht. Was für Fachidioten solche Programme jedoch sind, zeigt der Dialog mit einem Expertensystem für Hautkrankheiten, von dem Doug Lenat von der Universität von Austin in Texas berichtet: „Aus Scherz haben wir ihm von meinem 1980er Chevrolet erzählt. Es fragte Sachen wie: Hat er Flecken am Körper? – Ja. – Welche Farbe? – Rotbraun. – Wie alt ist der Patient? – Zehn Jahre. Die Diagnose des Computers: Das Kind hat Masern."

Die Schwerpunkte der Künstliche-Intelligenz-Forschung haben sich verlagert von hochgeistigen Problemen auf scheinbar primitive, alltägliche Dinge. *Elefanten spielen nicht Schach* betitelte der Roboterforscher Rodney Brooks einen Artikel. Elefanten-, selbst Fliegenhirne vermögen Dinge, an denen jeder Computer heute scheitert. Den „Volksroboter" als Haus-

haltshilfe gibt es vor allem deshalb noch nicht, weil er sich in einer unaufgeräumten Wohnung nicht ohne größere Katastrophen bewegen könnte. Sehen, Muster erkennen, gesprochene Sprache verstehen, Kollisionen mit Hindernissen vermeiden – daran tüfteln die Forscher heute.

Was ist das „Alltagswissen", der „gesunde Menschenverstand", bei dem ein dreijähriges Kind jedem Rechner überlegen ist? Wie speichern wir die Dinge, die in keinem Lexikon stehen? Eines der ersten Künstliche-Intelligenz-Programme sollte mit Hilfe eines Roboterarms einen Turm aus Bauklötzen bauen. Es begann mit der Spitze des Turms, weil es nichts von der Schwerkraft wußte. Was muß der Computer alles wissen, um solche scheinbar elementaren Fehlhandlungen zu vermeiden? Läßt sich das „Weltwissen", über das wir alle verfügen, ohne uns dessen bewußt zu sein, sozusagen aufdröseln in eine Liste von Tatsachen, die sich einem Rechner einprogrammieren lassen? Eines wurde den Künstliche-Intelligenz-Forschern klar: Ohne „gesunden Menschenverstand" würde keines ihrer Geschöpfe jemals in der Lage sein, sich außerhalb der kontrollierten Umgebung des Labors zurechtzufinden, geschweige denn den Turing-Test zu bestehen. Die fieberhafte Suche nach dem common sense begann.

Dabei sind zwei unterschiedliche Lösungsansätze zu erkennen: Die eine an der klassischen Künstlichen Intelligenz orientierte Schule versucht, dem Computer das Wissen über die Welt explizit beizubringen – von oben nach unten sozusagen. Die andere setzt darauf, die Natur zu imitieren: So wie sich im Laufe von Jahrmilliarden aus primitiven Einzellern der Mensch entwickelt hat, so soll sich – von unten nach oben – eine Evolution der Maschinenhirne vollziehen – natürlich im Zeitraffer.

Seit 1984 läuft in Texas an der Universität von Austin ein Mammutprojekt: Zehn Jahre hatte Doug Lenat dafür angesetzt, seinem Computerprogramm *CYC* die Welt zu erklären. Ausgestattet mit einem Forschungsetat von fünfundzwanzig Milionen Dollar begann Lenats Team, Regeln in das System einzugeben. Zehn Millionen Tatsachen bräuchte man, um sich in der Welt zurechtzufinden, schätzte der Wissenschaftler damals. Inzwischen glaubt er, daß es eher hundert Millionen sind, und erst einen Bruchteil davon haben die fleißigen Programmierer CYC beigebracht. Die einzelnen Fakten sind natürlich nicht voneinander isoliert, sondern miteinander verknüpft, und CYC ist auch in der Lage, selber neue Schlüsse aus

seinem Wissen zu ziehen. Dabei kommen auch überraschende Erkenntnisse zustande wie „Die meisten Menschen sind prominent" – einfach deshalb, weil natürlich vor allem Fakten über irgendwelche Berühmtheiten eingegeben wurden.

Das Computerprogramm CYC ist vielleicht das extremste Beispiel für den klassischen Ansatz der Künstlichen-Intelligenz: das menschliche Wissen in Fakten und Regeln zu fassen. Die möglichen Anwendungen für CYC liegen dort, wo es gilt, große Informationsmengen zu durchsuchen – eine immer wichtigere Aufgabe angesichts der Datenflut im Informationszeitalter. Herkömmliche Suchprogramme oder „Agenten" können nur nach bestimmten Stichworten in Texten suchen. CYC dagegen soll durch sein Hintergrundwissen in der Lage sein, relevante Dokumente zu finden, auch wenn das gesuchte Stichwort dort nicht vorkommt.

Eine heute bereits funktionierende Anwendung von CYC ist etwa ein Programm, das Bilddatenbanken aufgrund der Bildbeschreibungen durchsucht. So fischte es bei der Suche nach Bildern von Menschen mit Krebsrisiko das Foto einer jungen Frau am Strand heraus – das System wußte, daß Menschen am Strand meist wenig Kleidung tragen und daß es riskant ist, die Haut intensiver Sonnenbestrahlung auszusetzen. In einem anderen Fall dagegen versagte CYC: Als es Bilder finden sollte, auf denen Herzen abgebildet sind, suchte es alle Tierbilder im Archiv heraus. Das Programm wußte, daß Tiere ein Herz haben – aber keiner hatte ihm gesagt, daß man die inneren Organe im allgemeinen nicht sehen kann.

Wird CYC sein ambitioniertes Ziel erreichen und eines Tages ein intelligenter

Gesprächspartner werden? Zweifel sind erlaubt. Der Zehnjahresplan wurde überschritten, Sponsoren wie *Apple* und *Microsoft* zogen sich zurück, weil sie den ambitionierten Versprechungen nicht mehr trauen. Doug Lenat dagegen hält weiterhin zu seinem Baby. Während er versucht, durch den Verkauf kommerzieller Anwendungen von Teilen von CYC sein Budget abzudecken, behält er weiterhin das große Ziel im Auge: „1984 glaubte ich, wir hätten eine Chance von ein oder zwei Prozent, die Welt radikal zu verändern. Jetzt glaube ich, die Chancen stehen 50:50."

Von vielen Kritikern der traditionellen Künstlichen Intelligenz wird dieser Optimismus belächelt. Sie setzen auf einen anderen Versuch, dem Geist auf die Schliche zu kommen: die *Neuronalen Netze*. Deren Konstrukteure, die Konnektionisten, wollen das Gehirn selbst, die Hardware sozusagen, nachbauen. „Bottom up" wollen sie sich von den einfachsten Netzen aus kleinen Prozessoren, sogenannten Neuronen, bis zur Komplexität des menschlichen Hirns hocharbeiten. Das Gehirn funktioniert nämlich nicht wie ein digitaler Computer, der nach einem vorgegebenen Programm Informationen als Bits verarbeitet und abspeichert. Ein Neuronales Netz wird deshalb nicht programmiert, sondern trainiert – es lernt anhand von Beispielen. Besonders fähig sind diese Netze beim Erkennen von Mustern. Am Institut für Neuroinformatik der *Ruhr-Universität Bochum* zum Beispiel wurde ein „elektronischer Türwächter" entwickelt, der Gesichter erkennen kann – selbst dann, wenn die Person eine Sonnenbrille trägt oder sich einen Bart hat wachsen lassen.

Jedes Bild erzeugt ein Muster von aktivierten Neuronen des Netzes. Je öfter ihm

das Bild präsentiert wird, desto mehr verstärken sich die Verbindungen zwischen diesen Neuronen. Der wesentliche Unterschied zu einem herkömmlichen Computer: Das Netz ist fehlertolerant – auch ein leicht verändertes Bild derselben Person führt zum selben Output.

Aber noch sind die besten Neuronalen Netze allenfalls so komplex wie das Gehirn einer Küchenschabe. Mit der Größe der Netze wächst die notwendige Trainingszeit ins Unermeßliche. Und was das Netz dabei lernt, ist durchaus nicht immer klar. So berichtet der amerikanische Künstliche-Intelligenz-Kritiker Hubert Dreyfus von einem Neuronalen Netz, das lernen sollte, Panzer in einer Landschaft zu identifizieren. Man trainierte es an einem Stapel von Fotos, auf denen Bäume und Büsche zu sehen waren, mal mit Panzern, mal ohne. Das Netz lernte bald, diese beiden Fälle zu unterscheiden. Als man ihm daraufhin neue Fotos zeigte, die bei einer anderen Gelegenheit aufgenommen worden waren, versagte es allerdings komplett. Des Rätsels Lösung: Die ursprünglichen Bilder mit Panzern waren alle bei schönem Wetter aufgenommen worden, die Bilder ohne Panzer bei bedecktem Himmel. Das Netz hatte also lediglich gelernt, Bäume bei schönem und bei schlechtem Wetter auseinanderzuhalten.

Ein anderer „bottom up"-Ansatz der Künstlichen Intelligenz setzt angesichts solcher Schwierigkeiten nicht darauf, das Gehirn Zelle für Zelle nachzuahmen. Stattdessen soll eine Vielzahl von herkömmlichen Prozessoren, die jeweils für eine spezifische Aufgabe programmiert sind, zu einem komplexen Verhalten führen. *COG* nennt sich das Projekt von

Rodney Brooks am Massachusetts Institute of Technology. Das Ziel: innerhalb von fünf Jahren einen Roboter zu bauen, dessen Verhalten mit dem eines zweijährigen Kindes vergleichbar ist.

Brooks ist durch seine „Insekten" bekannt geworden – kleine Roboter, tatsächlich etwa hauskatzengroß, die sich erstaunlich behende in unwegsamem Terrain bewegen können, obwohl sie vom Standpunkt der traditionellen Künstlichen Intelligenz gesehen eher dumm sind – ein zusammengeschaltetes Netzwerk von sehr simplen, für spezielle Aufgaben zuständigen Prozessoren ohne ein zentrales „Gehirn".

Nach diesen erfolgreichen Prototypen wäre eigentlich zu erwarten gewesen, daß sich Brooks langsam den Stammbaum des Lebens emporarbeiten würde, um Schritt für Schritt dem Weg der Evolution zu folgen, der schließlich zur Entwicklung des Menschen geführt hat – ein Frosch wäre vielleicht ein geeignetes Anschlußprojekt gewesen. Aber nein: Brooks wollte gleich „the whole enchilada" und einen künstlichen Menschen bauen. Der pressescheue, aber medienbewußte Brooks weiß natürlich, daß ein solcher Plan ihm mehr Publizität sichert als eine weitere Generation hüpfender und krabbelnder Tierchen. „Ich kann vielleicht noch ein Zehn-Jahres-Projekt durchführen – und ich würde es hassen, wenn man später über mich sagt: ‚Er hat die beste künstliche Katze der Welt gebaut'."

COG ist ein „Baby ohne Unterleib" – ein Roboter-Torso, versehen mit Kameras als Augen, Mikrofonen als Ohren und (bislang) einem Arm. Sein Gehirn befindet sich in einem Nebenraum – Computerschränke mit auswechselbaren Modu-

len, die von studentischen Mitarbeitern programmiert werden. „Intelligenz kann nicht getrennt werden von einer subjektiven Körpererfahrung", sagt Brooks, und folglich soll COG als erstes seinen Körper beherrschen lernen. Wie ein Kleinkind soll es zunächst nur über elementare Triebe verfügen und seine Sinnesdaten verarbeiten. Die Forscher hoffen, daß sein Verhalten im Lauf der Jahre immer komplexer wird und die konkurrierenden Antriebe sich koordinieren. Die Vertreter der traditionellen Künstlichen Intelligenz, wie sie etwa in dem Konzept der Expertensysteme zum Tragen kommen, wiederum lächeln über den Glauben, aus dem Sammelsurium unabhängiger Module könne plötzlich eine intelligente Einheit werden. „Brooks täuscht sich, wenn er glaubt, daß das Verhalten von Insekten sich auf magische Weise zu nützlichem, kognitivem Problemlösen erweitern läßt", meint etwa Doug Lenat vom CYC-Projekt. Und Marvin Minsky hat nur Spott für seine MIT-Kollegen übrig: „Sie hoffen darauf, daß eines Tages ein Student vorbeikommt und das Ding programmiert."

CYC und COG repräsentieren die Extreme im Spektrum der heutigen Künstliche-Intelligenz-Forschung: Das explizite Programmieren von Weltwissen auf der einen Seite, und das Trainieren von für sich „dummen" Modulen in der Hoffnung, daß komplexes Verhalten sich irgendwann von selbst ergibt. Welche der beiden Maschinen wird als erste eines Morgens ihren Schöpfer mit den Worten begrüßen: „Hallo, ich bin jetzt intelligent?" Wahrscheinlich keine von beiden. Sowohl CYC als auch COG hinken weit hinter ihren Planzielen her, und beiden

Projekten drohen die Fördergelder auszugehen. Es scheint, als fehle beiden Intelligenzrezepten das Wesentliche (was immer es sein mag) – wenn denn der Bau eines intelligenten Computers überhaupt möglich sein sollte.

Der Turing-Test wird auch von Künstliche-Intelligenz-Forschern immer weniger als das Kriterium für Computer-Intelligenz angesehen. Die Simulation von menschlich-intelligentem Verhalten mag in immer greifbarere Nähe rücken – aber was nützt eine Maschine, die aufgrund programmierter Regeln so tun kann, als sei sie ein Mensch? Ist die Simulation von Intelligenz intelligent?

Der amerikanische Philosoph John Searle beschreibt dieses Dilemma in seinem Gleichnis vom Chinesischen Zimmer: Eine Person, die kein Wort Chinesisch spricht, sitzt in einem Raum und bekommt unter der Tür Kärtchen mit chinesischen Schriftzeichen durchgeschoben. Sie hat einen großen Katalog, in dem (in Englisch) Regeln angegeben sind, wie diese Zeichen „verarbeitet" werden, mit welchen Kärtchen man also darauf antwortet. Nehmen wir an, der Katalog ist sehr gut, ein Chinese außerhalb des Zimmers hätte also das Gefühl, mit einem chinesisch sprechenden Partner zu kommunizieren: Kann man dann sagen, unsere Versuchsperson, die nach völlig schematischen Regeln Kärtchen hin- und herschiebt, spräche Chinesisch?

Natürlich nicht, sagt der gesunde Menschenverstand. Der Chinesisch-Simulator hat keine Ahnung von der Bedeutung der Schriftzeichen. Er denkt sich nichts dabei. Er ist sich des Inhaltes der chinesischen Sätze nicht bewußt. Er versteht nichts. Denken, Bewußtsein, Verstehen –

das sind die neuen Schlagworte in der Diskussion um intelligente Maschinen. Der Künstliche-Intelligenz-Forscher David Gelernter von der amerikanischen *Yale University* ist ein scharfer Kritiker des Turing-Tests. Die bloße Simulation von Denken sei kein Denken. Da aber andererseits Denken eine sehr interne Angelegenheit und von außen schwer zu überprüfen sei, schlägt er als Kriterium für Intelligenz die Frage vor: Versteht mich der Computer?

Eine Frage mit Konsequenzen. Denn was heißt verstehen? Einfach ist es vielleicht noch mit Sätzen wie „Ich glaube, es wird morgen regnen". Ein Programm wie Doug Lenats CYC könnte über das nötige Wissen verfügen, um Schlüsse zu ziehen wie „Es werden Wassertropfen vom Himmel fallen", „Die Straße wird naß", „Es ist ratsam, einen Regenschirm mitzunehmen". Durch Nachfragen können wir zu dem Schluß kommen, daß der Satz „Es wird regnen" im Hirn des Computers eine „logisch äquivalente Repräsentation" besitzt wie bei uns; daß er mit Regen ähnliche Dinge assoziiert wie wir. Aber wie ist es, wenn der Mensch zum Computer sagt: „Ich habe heute morgen meinen Job verloren. Mir geht es nicht so gut. Verstehst Du?" Wenn der Computer „ja" antwortet, können wir ihm glauben?

Es mag sein, daß die Wissensbasis des Computers genug Fakten über Arbeitslosigkeit enthält, um ihn zu dem Schluß kommen zu lassen, daß der Verlust des Arbeitsplatzes ein einschneidendes Erlebnis für einen Menschen ist, verbunden mit Ängsten vor sozialem Abstieg, mit der Sorge um die Existenz der Familie, und so weiter. Aber kann eine Maschine das je verstehen, in einem Sinne, der eher mit Verständnis zu tun hat?

Gelernter bringt ein weiteres Beispiel, um sein Argument zu verdeutlichen. Bert erzählt Arlene: „Es ist gerade ein schrecklicher Unfall vor dem Haus passiert. Ein Bus hat eine Gruppe von Menschen überfahren, und zehn von ihnen wurden getötet." Arlene lacht. Das muß bei Bert zu dem Schluß führen, daß mit Arlene etwas nicht stimmt, daß sie ihn nicht versteht. Nicht weil ihr der logische Inhalt des Satzes nicht klar ist, sondern weil sie offensichtlich unangemessen reagiert. Weil ihre Gefühlsäußerung nicht mit Berts übereinstimmt. Gelernters radikale These: „Ich glaube, daß ein anderes Wesen (Mensch oder Computer) eine Äußerung von mir versteht, wenn ich davon ausgehe, daß die Äußerung bei dem anderen Wesen ein ähnliches Gefühl erregt wie bei mir."

Nun mag man einwenden, daß Computer mit Gefühlen nicht gerade eine wünschenswerte technische Entwicklung wären. Ein Rechner, der einen morgens mit den Worten begrüßt „Tut mir leid, aber ich fühle mich heute nicht gut, laß uns die Arbeit auf morgen verschieben", wäre nicht gerade ein effektives Arbeitsgerät. Aber Gelernters Argument ist, daß ohne die Ausstattung mit Gefühlen Computer niemals wirklich intelligent würden. Daß etwa Kreativität nicht vorstellbar sei ohne eine emotionale Grundausstattung. In seinem Buch *The Muse in the Machine* entwickelt Gelernter die Theorie eines kognitiven Spektrums. Es gebe eine kontinuierliche Bandbreite, in der sich unsere Gedanken bewegen könnten, charakterisiert durch den Grad der Fokussierung. Hochfokussiertes Denken ist abstrakt und logisch – die Art des Räsonnierens, die man etwa bei der Lösung von Rechenaufgaben anwendet. Je niedriger der Fokus ist, desto assoziativer, unbewußter und scheinbar konfuser wird der Gedankengang, der Extremzustand sind schließlich Halluzinationen und Träume, bei denen der Mensch den Gedankenbildern völlig ausgeliefert ist.

Nehmen wir das Beispiel eines Mannes, dessen Aktenkofferschloß sich verklemmt hat. Je nach seinem momentanen Fokus wird der Mensch verschiedene Strategien anwenden, um das Problem zu lösen: Im hochfokussierten Bewußtseinszustand wird er das Problem analysieren, sich Gedanken über den Schließmechanismus machen und überlegte Versuche unternehmen, den Koffer wieder aufzubekommen. Er ist sich jedes seiner logischen Schritte bewußt. Ausschließlich diese Art des Denkens versucht die klassische Künstliche Intelligenz nachzuahmen. Sie ist sehr gut geeignet für überschaubare, strukturierte Probleme, und das Beispiel der Schachcomputer zeigt, daß Elektronenrechner dem Menschen aufgrund ihrer schieren Rechenkapazität bei Problemen dieser Art schnell überlegen sind. Wenn wir gerade eine neue Fähigkeit gelernt haben, sei es Schach zu spielen oder Auto zu fahren, dann bedienen wir uns dieser hochfokussierten, logischen Denkweise, arbeiten die gelernten Regeln Schritt für Schritt ab.

Wenn der Fokus des Mannes mit dem verklemmten Aktenkofferschloß weniger konzentriert ist (sei es, weil er müde ist oder weil seine Gedanken gerade mit etwas anderem beschäftigt sind), dann wird er anders vorgehen: Sein Bewußtsein „breitet sich aus", die Gedanken werden konkreter und weniger abstrakt, Gefühle kommen ins Spiel. Er denkt vielleicht „letztes Mal habe ich das Problem so gelöst" und gibt dem Koffer einen ordentlichen Schlag mit der Faust. Hier kommt besonders die Analogie ins Spiel: Was habe ich in vergleichbaren Situationen getan? Es hat einige Versuche mit der Künstlichen Intelligenz gegeben, dieses „analoge" Denken in Computerprogramme zu implementieren.

Wenn der Fokus des Mannes sich noch weiter öffnet, wird er das Problem vielleicht gar nicht lösen, sondern etwa den Gedankengang entwickeln, den Gelernter beschreibt: „Das war ein heißer Tag, als ich diesen verflixten Aktenkoffer in Milford gekauft habe – hab' ich eigentlich zuviel dafür bezahlt? – aber in dieser Hinsicht bin ich immer noch besser als Bill Schwartz – die letzte Dinner Party bei Schwartz war ganz lustig – Molly hatte ja

eigentlich keine Lust hinzugehen – sie sah gut aus in diesem kurzen blauen Kleid – wir haben das Ding in der Columbus Avenue Ecke 26. Straße gekauft..." Die Gedanken entwickeln eine Eigendynamik, fließen dahin in einer Kette, bei der jedes Element mit dem vorigen logisch verbunden ist, die aber ziellos vom ursprünglichen Problem wegführt.

Schließlich scheinen die Gedanken jegliche Logik zu verlieren: In dem erwähnten Beispiel verweilen sie vielleicht bei Schwartz' Dinner Party, und plötzlich erinnert sich der Denker an eine Überfahrt mit der Fähre über den Long Island Sound, wie er auf dem Deck saß und das Glitzern des grünen Wassers an jenem dunstigen Sommernachmittag bewunderte. Es gibt überhaupt keine logische Verbindung mehr zu dem vorausgegangenen Gedanken. Aber vielleicht hatte der Denker in beiden Situationen ein ähnliches Gefühl – und diese emotionale Analogie bringt nun den neuen Gedanken hervor.

Gelernters Argument ist nun: Analogien sind die Basis der Kreativität. Schöpferische Ideen entstehen nicht im Zustand der engen Fokussierung, sondern dann, wenn man entspannt, analog, bildhaft denkt. Engfokussiertes Denken ist nicht minderwertiger als das weitfokussierte – im Gegenteil: Ein guter Autofahrer fährt „automatisch", er muß nicht bewußt jeden Griff planen und durchdenken (gefährlich wird's nur, wenn der Fokus allzu weit ist...).

Ein meisterlicher Schachspieler denkt nicht wie der Schachcomputer alle möglichen Zugvarianten konsequent durch. Er findet „Abkürzungen" durch Analogien zu früher gespielten Partien, und oft wird er einfach aus einem Gefühl heraus den richtigen Zug machen – ein weitfokussiertes Denken, das ihm selbst nicht bewußt ist, das ihn aber „mit traumwandlerischer Sicherheit" auf den richtigen Weg bringt.

Gelernter führt drei Beispiele an, wie sich das Denken innerhalb des kognitiven Spektrums entwickelt: Kleinkinder erleben weitfokussiert, müssen das rationale, logische Denken erst lernen. Im Laufe eines Tages sinkt der normale Mensch mit wachsender Müdigkeit immer tiefer im Spektrum, bis er schließlich im Traum ganz unten angekommen ist (Schlaflosigkeit kann demnach die Unfähigkeit sein, den mentalen Fokus zu erweitern). Und kulturhistorisch beobachtet Gelernter eine Entwicklung zu immer enger fokussiertem Denken, die er an literarischen Beispielen belegt. In keiner Kultur wurde Intelligenz so ausschließlich mit dem engfokussierten, analytischen Denken gleichgesetzt wie in unserer westlichen Zivilisation des 20. Jahrhunderts – eine fatale Einschränkung, die wohl auch für die vielen falschen Versprechungen der Künstlichen Intelligenz verantwortlich ist.

Gelernter führt seine Thesen nicht an, um die grundsätzliche Unmöglichkeit intelligenter Maschinen zu beweisen. Im Gegenteil – mit seinem Team arbeitet er daran, Computerprogrammen ein rudimentäres Gefühlsleben einzupflanzen. Und er schließt auch nicht aus, daß „ein Computer eines Tages in der Lage sein wird, uns zu überzeugen, daß er über emotionale Reaktionen verfügt, die in etwa so wie die unseren sind". Werden wir diese Maschine dann endlich als gleichwertigen, intelligenten Partner akzeptieren? Würden wir moralische Hemmun-

gen haben, ihm den Stecker herauszuziehen?

Wohl nur dann, wenn wir der Maschine etwas zugestehen, was wir bei uns selbst Bewußtsein nennen. Um diesen Begriff ist in den letzten Jahren ein erbitterter Streit entstanden. Nicht einmal darüber, ob es Bewußtsein beim Menschen gibt, sind sich die Denker einig (siehe das zweite Kapitel dieses Buches).

Für die einen ist das Bewußtsein die zentrale Institution des Geistes, die die Persönlichkeit eines Menschen ausmacht, für die anderen ist es nichts als eine Illusion, die uns unsere Hirnzellen vorspielen. Um so schwieriger ist die Antwort auf die Frage, ob man je einen Computer mit dieser seltsamen Eigenschaft ausstatten kann. Der britische Mathematiker Roger Penrose unterscheidet in seinem Buch *Schatten des Geistes* vier mögliche Grundpositionen zu dieser Frage:

A. Alles Denken ist Berechnung; insbesondere wird der Eindruck, etwas bewußt wahrzunehmen, schon durch die Ausführung geeigneter Berechnungen geweckt.

B. Bewußtsein ist eine Eigenschaft physikalischer Vorgänge im Gehirn. Zwar läßt sich jeder tatsächliche Prozeß rechnerisch simulieren, aber eine Computersimulation allein schafft kein Bewußtsein.

C. Es gibt im Gehirn physikalische Prozesse, die zu Bewußtsein führen, aber sie lassen sich rechnerisch nicht angemessen simulieren. Die Simulierung dieser physikalischen Vorgänge erfordert eine neue Physik.

D. Bewußtsein läßt sich überhaupt nicht wissenschaftlich erklären, weder in der Sprache der Physik noch in der Sprache der Computer.

Position D ist eine „außerwissenschaftliche". Sie geht davon aus, daß das Bewußtsein der Naturwissenschaft prinzipiell nicht zugänglich ist, und verweist das Phänomen in den Bereich der Mystik oder Religion. Wer von D überzeugt ist (das sind wahrscheinlich die meisten Menschen, auch viele Naturwissenschaftler), für den sollte sich die Künstliche-Intelligenz darauf beschränken, nützliche Programme für bestimmte Spezialaufgaben zu entwickeln, aber den Traum vom Bau dem Menschen vergleichbarer Maschinen sollte er aufgeben.

Position A ist die der „harten Künstlichen Intelligenz". Zu ihren Protagonisten gehört etwa Hans Moravec, der vor einigen Jahren mit den Prognosen seines Buches *Mind Children* Aufsehen erregte. Die Argumentation dieser Denkrichtung: Alle Prozesse in der Natur gehorchen den (weitgehend bekannten) Gesetzen der Physik, auch die Prozesse des Gehirns. Eine genügend detaillierte Simulation in einem genügend leistungsfähigen Computer kann jedes physikalische System täuschend echt imitieren (es ist sogar prinzipiell unmöglich, eine Trennlinie zwischen Realität und Simulation zu ziehen – es ist durchaus logisch denkbar, daß unser gesamtes Universum eine Simulation ist, die auf dem „Rechner" irgendwelcher außerhalb unserer Welt stehender Wesen läuft). Eine hinreichend detaillierte Simulation des menschlichen Gehirns wäre eine, die das Verhalten jedes einzelnen Neurons nachbildet. Das überschreitet zwar bei weitem die Leistungsfähigkeit heutiger Rechner, aber andererseits gilt das Mooresche Gesetz, nach dem sich die Leistung der Computer alle zwanzig Jahre vertausendfacht. Da außerdem stän

dig die Methoden zur Analyse des Gehirns verfeinert werden, könnte theoretisch bereits in fünfzig Jahren ein menschliches Gehirn vollständig in einem Computer simuliert werden. Alle geistigen Phänomene wie Bewußtsein und Persönlichkeit würden dabei mitübertragen.

Moravec läßt es sich natürlich nicht entgehen, die Konsequenzen dieser technischen Entwicklung in der Manier eines Science-Fiction-Romans auszumalen: Jeder Mensch würde praktisch unsterblich, indem er nur eine genügende Anzahl von Sicherungskopien seines Hirns an sicheren Orten aufbewahrte. Einmal in den Computer geladen, böten sich dem nun nicht mehr biologischen Geist unabsehbare technische Möglichkeiten, sich wei

157

terzuentwickeln. Das begänne damit, daß man bald schon die Rechengeschwindigkeit des Hirns vervielfachen könnte – die „Denkarbeit" eines ganzen Lebens wäre in Stunden zu bewältigen. Natürlich müßte niemand mehr etwas vergessen, alle Erinnerungen kämen in sichere elektronische Speicher. Konsequenz solcher Phantasien: Schon wenige Jahre nach dem ersten Downloading eines Menschen in einen Computer würde die Erde von intelligenten Wesen bevölkert, für die ein heutiger Mensch nur noch ein nostalgisches Anschauungsobjekt wäre, das man am besten im Zoo hält. Was diese Übermenschen mit ihren Geisteskräften anfangen werden, davon können wir uns so wenig ein Bild machen, wie eine Maus Verständnis für unsere Zivilisation aufbringen kann. In Moravecs Phantasie werden die Überwesen das Weltall kolonisieren mit dem Ziel, die gesamte Materie in

Künstliche Intelligenz – Konkurrenz zum biologischen Geist?

Die Biologie beschäftigt sich mit lebenden Organismen, die Physik mit den Kräften zwischen den Naturbausteinen, die Chemie untersucht unter anderem die Zusammensetzung und Wechselwirkung von Stoffen. Womit also beschäftigt sich die Künstliche Intelligenz?

Seit im Jahr 1956 auf einer Konferenz im amerikanischen Dartmouth College der Begriff erstmals geprägt wurde, hat es unzählige Debatten darüber gegeben, was eigentlich der Gegenstand dieser Forschungsrichtung sei. Die gängigste Definition lautet: „Künstliche Intelligenz (KI) ist die Kunst, Maschinen zu schaffen, die Aufgaben lösen, zu deren Lösung Intelligenz notwendig ist, wenn sie von Menschen ausgeführt werden." Damit hat man das Problem freilich nur verschoben. Denn wie das Kapitel *Künstliche Intelligenz* zeigt, sind sich die Wissenschaftler keineswegs einig, was beim Menschen unter „Intelligenz" zu verstehen ist.

Ein weiteres Problem der KI-Forscher ist es, daß sie sozusagen auf ein bewegliches Ziel schießen: Kaum haben sie unter großen Mühen ein Problem gelöst, wird ihnen vorgehalten, daß dies doch (angesichts der Durchschaubarkeit ihrer Algorithmen) keine Kunst gewesen sei; daß wirkliche Intelligenz etwas ganz anderes sei. Schachspielende Computer etwa sind heute keine Sensation mehr, auch wenn sie in absehbarer Zeit stärker spielen werden als selbst der Schachweltmeister. Der Computerpionier Marvin Minsky schlug daher eine flexiblere Definition vor: „Künstliche Intelligenz befaßt sich mit Computerproblemen, die zur Zeit noch nicht gelöst sind."

Heute beschäftigt sich die Künstliche Intelligenz meist mit sehr praktischen Problemen, die Zeit der großen Zukunftsversprechen scheint vorbei zu sein. Aber dahinter lauert immer noch die Frage: Wird es der Wissenschaft irgendwann gelingen, ein Elektronehirn zu schaffen, das mit den anderthalb Kilogramm grauer Masse in unserem Schädel konkurrieren kann?

einen gigantischen Computer umzuwandeln. Aber wer weiß, vielleicht werden sie auch in sich ruhen wie Zenmönche und den menschlichen Eroberungstrieb als ein atavistisches Relikt aus dem längst vergangenen biologischen Zeitalter betrachten?

Zu den Vertretern der Position B, oft auch „weiche Künstliche Intelligenz" genannt, gehört etwa John Searle, von dem das Gleichnis vom Chinesischen Zimmer stammt. Demnach könnten die Computer eine ähnlich rasante Entwicklung durchmachen, wie sie die Vertreter der „harten Künstlichen Intelligenz" voraussehen. Da sie aber nur Simulationen sind, würde ihnen der Zugang zu Bewußtsein und Gefühl auf irgendeine Weise versagt bleiben. Irgendwann sähen sich die Menschen umgeben von einer Vielzahl von sehr fähigen, ihnen rein „rechnerisch" gleichwertigen oder gar überlegenen Maschinen, die aber gefühllos und ohne Moral ihr Werk verrichteten. Auch nicht gerade eine einladende Vorstellung von der Zukunft.

Und was ist nun mit Position C? In seinen Büchern *Computerdenken* und *Schatten des Geistes* unternimmt Roger Penrose einen Parforceritt durch die komplexesten Wissenschaftsdisziplinen, von Quantenphysik über formale Logik bis zur Chaostheorie, um für diese Position zu streiten. Die Schlußfolgerungen der „harten Künstlichen Intelligenz" beruhen ja auf der Annahme, daß sich alle physikalischen Prozesse mit einem zwar sehr leistungsstarken, aber im Prinzip herkömmlichen Computer berechnen lassen. Nun ist seit den theoretischen Arbeiten von Mathematikern wie Gödel, Church und Turing bekannt, daß es in jedem formalen

System unbeweisbare Sätze gibt; das heißt Prozesse, die sich in endlich vielen Schritten von einem Computer nach dem Vorbild der „Turing-Maschine" nicht berechnen lassen.

Penrose versucht nun am Beispiel des mathematischen Denkens nachzuweisen, daß unsere Gehirntätigkeit niemals durch einen Computer simuliert werden kann. Er tut das durch einen indirekten Beweis: Angenommen, es gäbe einen Algorithmus, der die Schlußweise von Mathematikern vollständig beschreibt – also eine Art Sammlung jener gültigen Regeln, die Mathematiker bei ihrer geheimnisvollen Tätigkeit anwenden. Ein Beweis ist dann eine Anwendung dieser Regeln auf ein mathematisches Problem. Diese mathematischen Probleme werden wiederum in der Gestalt von Algorithmen formuliert: Der Satz „Es gibt keine ungerade Zahl, die die Summe von zwei geraden Zahlen ist", läßt sich auch so darstellen: „Weise einen Computer an, sukzessive alle geraden Zahlen paarweise zu addieren und anzuhalten, wenn die Summe eine ungerade Zahl ist. Dann wird dieses Programm niemals anhalten." Mathematische Sätze sind also Aussagen darüber, ob bestimmte Computeralgorithmen zu einem Ergebnis kommen oder nicht. Gödels berühmter Unvollständigkeitssatz führt nun aber zu dem bemerkenswerten Resultat: Gleichgültig, wie umfassend die Menge der Regeln ist, es wird immer einen Algorithmus geben, von dem wir wissen, daß er nicht anhält, dessen Nichtanhalten sich aber aus den Regeln nicht herleiten läßt. Wir wissen also mehr, als sich mit einer noch so großen Menge von Algorithmen beweisen läßt. Penrose folgert: Das mathematische Denken als spezielle Spielart menschlichen Denkens kann nicht auf einen Algorithmus reduziert und folglich nicht von herkömmlichen Computern simuliert werden.

Auf die Frage, wie denn nun das Gehirn dieses nichtalgorithmische Denken bewerkstelligt, hat auch Penrose keine befriedigende Antwort. Die physikalischen Gesetze, wie wir sie kennen, lassen sich leicht in Computeralgorithmen fassen, und eine hinreichend genaue Simulation der Physik des Gehirns müßte irgendwann auch die entsprechenden Fähigkeiten hervorbringen. Daraus schließt der Nobelpreisträger messerscharf, daß es auch in der Physik solche Prozesse geben muß, die sich einer Berechnung entziehen. Der reine Verweis auf die Quantentheorie, bei der ja viele Variablen vom Zufall abhängen, reicht dazu noch nicht aus – schließlich kann man auch in Computeralgorithmen zumindest pseudozufällige Prozesse einbauen. Penrose glaubt, daß die heutige Physik nicht genügt, die Wirklichkeit vollständig zu beschreiben. Andererseits ist er „davon überzeugt, daß in einer umfassenderen Naturwissenschaft und Mathematik so viel Geheimnisvolles stecken wird, daß letztlich auch das Geheimnis von Geist und Bewußtsein in diesem Rahmen behandelt werden kann".

Haben sich also Geist und Bewußtsein in die Schlupflöcher mathematischer und quantentheoretischer Spitzfindigkeiten zurückgezogen? Penrose hat viel Kritik einstecken müssen für seinen Versuch,

den Geheimnissen unseres Geistes noch eine Art Schonfrist bis zur Entwicklung einer neuen Physik zu gewähren (wobei sicherlich viele Kritiker sich nicht die Mühe gemacht haben, seine detaillierten Ausführungen wirklich nachzuvollziehen). Aber andererseits scheinen die Ziele der traditionellen Künstlichen Intelligenz in immer weitere Ferne zu rücken. Nach vierzig Jahren sind die Ansprüche doch sehr reduziert worden: Noch immer ist es eine kleine Sensation, wenn sich Roboter längere Zeit kollisionsfrei durchs Labor manövrieren können.

Die Computer der nächsten Generation werden reden, sehen, Sprache verstehen, sogar riechen können. Sie werden in der Lage sein zu sagen: „Ich bin kaputt" – weil es ihnen so eingegeben worden ist. Das Programm CYC wird irgendwann zehn Millionen Tatsachen über die Welt wissen, mehr als jeder einzelne Mensch. Sein Kollege COG wird vielleicht die Studenten erkennen können, die seine Module zusammengebaut haben, und ihnen freundlich zuwinken. Aber es gibt keinen Grund, anzunehmen, daß einem von beiden oberhalb einer kritischen Grenze plötzlich das Licht des Selbstbewußtseins aufgeht. Künstliche Intelligenz ist heute eine Fachdisziplin, die sich mit sehr pragmatischen Problemen beschäftigt, und nur noch ihr Name spiegelt den Geist der fünfziger Jahre wider, in denen sie entstanden ist. Die Revolution der übermenschlichen Roboter dagegen wird so bald nicht stattfinden.

Franz Mechsner

Die Göttin nahm mich bei der Hand …

Intelligenz oder die Rolle des Geistes: Wie denkt der Mensch? Was treibt seine Neugier?
Wie löst er Probleme? Wie entsteht seine Kreativität? Offensichtlich war es ein Vorteil
in der Evolution, durch Verstandeskräfte anpassungsfähig zu sein. Doch in einer eng
vernetzten Welt treibt die Anwendung jener Vernunft in die Sackgasse, die vor allem simple
Zusammenhänge und einfache Ursachen akzeptieren will. Werden wir in der Lage sein,
weniger monokausal und dafür vielleicht mehr intuitiv ganzheitlich zu denken?

Sogar Plato hatte Respekt: „Zugleich ehrwürdig und furchtgebietend" nannte er den Philosophen Parmenides, der im sechsten und fünften Jahrhundert vor unserer Zeitrechnung in Elea im griechisch kolonisierten Unteritalien lebte. Kaum einhundertdreißig Zeilen sind von dessen Werk erhalten. Doch noch die Bruchstücke des in Hexametern geschriebenen Lehrgedichtes sind ein erregendes Dokument des wohl folgenreichsten Ereignisses der menschlichen Geistes- und Ungeistesgeschichte: Überschwenglich jubelnd feiert das Poem die Entdeckung der Kraft des Denkens, die Entdeckung der überlegenen Fähigkeit der Logik, wahres und ewiges Wissen weit jenseits der Sinnenwelt, ja sogar gegen deren Zeugnis zu gewinnen – und dies auf zwingende Weise. Nichts ist die Wahrnehmung, alles das Denken, verkündet

Parmenides im prophetisch gebietenden Ton. Verblödet seien die Sterblichen, die sich von der vielerfahrenen Gewohnheit, vom „blicklosen Auge", vom „dröhnenden Gehör" leiten lassen. Das Denken jedoch, und nur das Denken, bringt die Wahrheit ans Licht, die den Ratlosen verborgen ist: „Dasselbe ist Denken und Sein".

Die Kraft des Denkens: Das ewige, unwandelbare Sein glaubte Parmenides als grundlegende Wirklichkeit des Kosmos erkannt zu haben und begriff seine durch unbeirrte Gedankenarbeit erlangte Einsicht als schlüssige Widerlegung der täglichen Erfahrung der Wechselhaftigkeit und Unbeständigkeit des Daseins. Wahrlich kühn und schockierend war des Philosophen Verdikt gegen den unmittelbar überzeugenden Augenschein: Alle Bewegung und Veränderung sei Sinnestäuschung und deshalb nicht wirklich.

Absurder scheint der eingeforderte Vorrang des Denkens vor den Sinnen kaum begründbar, und die meisten Zuhörer werden wohl herzlich gelacht haben. Doch denen, die zu verstehen suchten, muß das Lachen schnell vergangen sein. Denn Parmenides und verblüffender noch sein Schüler Zenon argumentierten in der Tat furchtgebietend."

Zenon bewies beispielsweise: Es ist unmöglich, daß ein Pfeil fliegt. In einem gegebenen Augenblick befindet sich der Pfeil nur an einem einzigen Ort, nicht an mehreren. Das heißt aber nichts anderes, als daß er in diesem Moment stillsteht. Folglich kann er auch nicht im nächsten Moment an einem anderen Ort sein. Ergo: Unser Eindruck, daß es Bewegung gibt, ist nichts als Trug und Täuschung. „Denken heißt Überschreiten" formuliert Ernst Bloch lapidar den hochgemuten Anspruch des Denkers. Natürlich haben auch die Steinzeitmenschen gedacht, und ebenso waren die alten Ägypter, Babylonier und Hebräer nicht ohne Verstand. Doch die souveräne Kühnheit, das Denken über alle anderen Erkenntnisquellen inklusive den überlieferten Mythos zu setzen, der Wagemut, Wesen und Struktur des Kosmos durch logischen Scharfsinn erschließen zu wollen – ein solch stolzes Vertrauen in die Möglichkeiten des Denkens erwachte erst im antiken Griechenland, ebenso wie die Überzeugung, daß allein die Vernunft zum Richter über menschliche Verhältnisse und zu deren Gestaltung befugt sei. „Sapere aude! Habe Mut, dich deines eigenen Verstandes zu bedienen!" – diese Parole Immanuel Kants begleitete den zweiten, nun endgültig geschichtsmächtigen Schub der Hoffnung auf die Kraft der Vernunft, die neuzeitliche Aufklärung.

Wie die Abenteuer des Denkens ausgehen werden, wissen wir nicht. Fest steht nur, daß sie einstweilen weitergehen. Und da die Vernunft „gewisse Fragen nicht abweisen kann" (Kant), wird sie sich auch weiter darum bemühen zu verstehen, was sie denn selbst ist. Als den Tieren verwehrte, doch dem Menschen geschenkte Teilhabe am göttlichen Bewußtsein wurde der Verstand von Denkern seit der Antike gefeiert. Als Fahrt zum Himmel beschreibt etwa Parmenides die Gewinnung seiner Einsichten: „Die Göttin nahm mich bei der Hand…". Noch im siebzehnten Jahrhundert war für den Philosophen, Mathematiker und Naturwissenschaftler René Descartes klar, daß das Denken eine Fähigkeit der unsterblichen Seele sein mußte. Tiere und menschliche Körper sah er als kunstvoll von Gott konstruierte Maschinen an, und daß eine Maschine ohne Hilfe eines zusätzlichen geistigen Prinzips denken oder sprechen könne, schien ihm unmöglich. *Res cogitans*, die denkende Substanz nannte Descartes die Seele im Gegensatz zur *res extensa*, der materiellen, ausgedehnten Substanz.

Doch diese scheinbar so saubere und naheliegende Unterscheidung erzeugte das provozierende Dilemma des Leib-Seele-Problems, das die Denker der Neuzeit seitdem ohne rechte Aussicht auf eine Lösung in immer neuen Variationen gefangen hält: Wenn der Geist etwas anderes ist als der Körper, wie kann er dann auf diesen wirken? Wie soll ein per definitionem nichtphysikalisches Wesen physikalische Energie mobilisieren? Umgekehrt kann man sich genausowenig vorstellen, auf welche Weise der Körper den Geist beeinflussen sollte. Doch auch die Verbannung des Gespenstes namens Seele aus der Maschine namens Körper, etwa durch die Annahme, unsere inneren Erlebnisse seien nichts als belanglose Begleiterscheinungen letztlich rein materieller Prozesse, hilft uns nicht weiter: Denn welchen Sinn hat das Bewußtsein dann? Wozu ist es nütze, wenn es keine Wirkung hat? Wie konnte es dann in der Evolution entstehen, einfach so, ohne Überlebensvorteil? Schließlich haben wir, beispielsweise, das deutliche Gefühl, daß der Grad der Bewußtheit entscheidend für die Qualität unseres Denkens ist.

Daß Denken stets bewußtes Denken sei, schien lange Zeit die selbstverständlichste Voraussetzung allen Grübelns über „des Menschen allerhöchste Kraft" (Goethe). Und wenn das Denken Teil des Bewußtseins ist, was liegt dann näher, als seine Eigenart und Funktionsweise durch Selbstbeobachtung, durch Introspektion zu enträtseln? Doch die Philosophen und Pioniere der Psychologie, die das Denken im eigenen Kopf beobachten wollten, sahen nicht viel mehr als ein paar Brocken im Nebel, Vorstellungen, Bündel von Assoziationen und ähnliches. Erst im frühen zwanzigsten Jahrhundert erkannten Gestaltpsychologen wie Wertheimer, Köhler und Duncker, daß es mit der Bewußtheit des menschlichen Denkens in Wahrheit nicht weit her ist. Um die Vorgänge beim Problemlösen zu enträtseln, baten sie ihre Versuchspersonen, kniffige Aufgaben zu bearbeiten und gleichzeitig laut zu denken. Dabei stellten die Forscher zu ihrer Verblüffung fest, daß der eigentliche Lösungsvorgang stets unbewußt blieb: Das laute Denken offenbarte keineswegs quasi unmittelbar die Mechanismen der Reflexion. Auch auf Befragen konnten die Versuchspersonen nicht erklären, wie sie zur Lösung gekommen waren. „Weißt Du, was das ist: Denken?" fragte der Genfer Entwicklungspsychologe Jean Piaget in den zwanziger Jahren dieses Jahrhunderts Kinder der ersten Schulklasse. Worauf die Mädchen und Buben meist mit einem schlichten „Ja!" antworteten. „Womit denkst Du?" – „Mit dem Mund." Manche Kinder dachten mit den Ohren, eines mit dem Herzen. Andere meinten, eine Stimme sei im Kopf: „Der Mund dort hinten redet zu meinem Mund vorne." Die Unschlüssigkeit, ob das Denken nun eher eine Aktivität sei oder eher auf passiv erlebten Eingebungen beruht, ist bekanntlich auch Erwachsenen nicht fremd.

Daß nur Menschen denken können, wird seit kurzem von mehr und mehr Verhaltensforschern heftig in Frage gestellt. Pfiffige Papageien, Katzen und Wale erobern nicht nur die Titelseiten populärer Magazine. Auch Wissenschaftler verneigen sich mittlerweile vor der solange unterschätzten, ja geleugneten tierischen Intelligenz. Der Zoologe Donald Griffin, Entdecker des Ultraschallradars der Fledermäuse, präsentiert in seinem Buch *Wie Tiere denken* gar Indizien für den Scharfsinn, ja die Genialität von Insekten – mit offensichtlichem Spaß an der Provokation. Die höchsten Geistesgaben von Tieren scheinen sich dabei gar nicht so sehr in technischen Leistungen zu äußern: Das ganz alltägliche Zusammenleben sozialer Tiere, besonders der Affen und Menschenaffen, erfordert nach Ansicht von immer mehr Wissenschaftlern eine Gewieftheit und Raffinesse, die weit mehr verlangt als die Klugheit, die zum gelegentlichen Erfinden einer neuen Nußknack- oder Angelmethode notwendig ist. Vor allem Schimpansen leben in hochkom-

plexen Gruppen, in denen sie sich mit
Tricks und Tücken, in wechselnden Koa-
litionen und Feindschaften, aber auch mit
der Fähigkeit zur Freundschaft und Ver-
söhnung behaupten müssen. Soziale Cle-
verness könnte somit die Basis auch unserer menschlichen Intelligenz sein, entstanden in Millionen Jahren Affengesell-
schaften. Es ist plausibel anzunehmen,
daß Intelligenz entstand, weil sie einen
evolutionären Vorteil für ihre Besitzer be-
deutete. Intelligentere Lebewesen pflanzten sich, alles in allem, erfolgreicher fort
als ihre schlichteren Konkurrenten.

Doch welcher Art ist der Vorteil, den
Intelligenz verschafft? Schon Charles Darwin hatte betont, daß es im wesentlichen
zwei Strategien für evolutionären Erfolg
gibt. Einerseits ist derjenige erfolgreich,
der leichter an Nahrung kommt, sich besser verstecken oder Feinden entwischen
kann, mehr Nachkommen großzieht,
kurz: im Überlebenskampf besser besteht
als andere Tiere der gleichen Art. Da Intelligenz hier ganz offensichtlich hilfreich
sein kann, nahmen Forscher bis vor
kurzem hauptsächlich an, menschliches
Denken, Sprache und Bewußtsein hätten
sich im Zusammenhang mit solchen
Überlebensstrategien – etwa weil Gewitzt-
heit und intelligente Kommunikation die
gemeinsame Jagd effektiver machen – entwickelt. Doch es gibt noch einen zweiten,
gewissermaßen direkten Weg zum Fort-
pflanzungserfolg, den von Darwin so genannten Weg der sexuellen Selektion.
Wenn etwa Weibchen sich nicht nach dem
Zufallsprinzip paaren, sondern ihre Ge-
schlechtspartner auswählen, dann können Männchen, die – aus welchen Gründen auch immer – schlicht den Weibchen
gefallen, leicht mehr Nachkommen ha-

ben als die Helden im Kampf ums Dasein.
Ein bekanntes Schulbeispiel ist der lange,
prächtige Federschweif des Paradies-
vogels, der den Vogel bei seinen Über-
lebensaktivitäten eher zu behindern
scheint, sich jedoch vermutlich zu solcher
Imposanz entwickelt hat, weil Paradies-
vogelweibchen Männchen mit langen
Schweifen bevorzugen. Manchen Forschern erscheint es heute mehr und mehr
plausibel, daß Intelligenz nicht zuletzt die
Funktion eines Paradiesvogelschweifes haben könnte – nicht so sehr unmittelbar
überlebenswichtig, sondern vor allem eindrucksvoll und attraktiv für andere Mi-
glieder der Gruppe und damit auch für
mögliche Sexualpartner.

Intuitiv scheint es einleuchtend: Der
Beliebte, Interessante, Begeisterungsfähi-
ge und emotional Kluge hat mehr Erfolg

beim anderen Geschlecht als der Unbeliebte, Langweilige und Stumpfsinnige. Spaß, Spiel und Tanz, unterhaltsame Neugier, Gespräche, phantasievolle Wettkämpfe, Neckereien oder die Lust am geselligen Erzählen und Hören von Geschichten waren in dieser Sicht zumindest ebenso mächtige Motoren der Entwicklung der typisch menschlichen Intelligenz wie die Schwierigkeiten und äußeren Notwendigkeiten des Lebens. Was ist das Denken? Und vor allem: Was ist das Bezaubernde, das Verführerische, manchmal Unwiderstehliche und Zwingende daran? Was macht Argumente so überzeugend, daß sie uns im Falle eines Falles zu den gefährlichsten Dummheiten verleiten können?

Die Kraft des Denkens beruht auf der sauberen Definition von Begriffen und deren schlußfolgernder Kombination nach den Regeln der Logik – so etwa lautete mehr als zweitausend Jahre lang die allgemeine Vorstellung, was Denken sei. Als Urbild und Ideal aller Denkvorgänge galt den Schulmeistern des Abendlandes der Syllogismus des Aristoteles, eine Vorschrift zur Erzeugung richtiger Schlußfolgerungen: Alle Menschen sind sterblich. Sokrates ist ein Mensch. Also ist Sokrates sterblich. Sollten wir daraus folgern: Denken findet nur dann statt, wenn wir à la Aristoteles systematisch und logisch schließen? Ständig vollziehen wir bei unserem Denken automatisierte Schlüsse: Die Tür ist zugeschlossen, also ist Harald nicht da. Oft sind diese automatisierten Schlüsse implizit, uns gar nicht bewußt.

Lesen Sie beispielsweise den ersten Satz einer Geschichte, deren Rätselhaftigkeit auf automatisierten Schlüssen beruht: „Ein Chirurg fährt seinen Sohn zur Schule." Automatisch denken wir uns, daß das Fahrzeug ein Auto ist. „Mitten auf dem Bahnübergang bleibt das Auto plötzlich stehen." Wir verstehen sofort, daß Gefahr droht, denn wir wissen, daß ein Zug kommen kann – obwohl von einem solchen nicht explizit gesprochen wurde. Lesen Sie die Geschichte zu Ende: „Immer verzweifelter versucht der Vater, das Auto zu starten, als er den Zug herannahen hört, doch vergebens. Der Zug erfaßt das Auto. Der Vater wird getötet, der Sohn schwer verletzt ins Krankenhaus eingeliefert. Ein Mitglied des Chirurgenteams beugt sich über den Kleinen und stöhnt entsetzt: Um Gottes willen, mein Sohn!" Nun lösen Sie das Rätsel: Wie kann das zugehen? Wenn die Geschichte für jemanden nichts Mysteriöses hat, dann hat derjenige eine bestimmte unbewußte und automatische Schlußfolgerung nicht gezogen, der fast alle Leute aufsitzen.

Doch automatische Schlüsse hin oder her: Explizit und bewußt scheinen wir logische Prinzipien kaum anzuwenden, jedenfalls nicht beim alltäglichen Nachdenken und Schlußfolgern. Noch bis vor kurzem waren die meisten kognitiven Psychologen jedoch vom Gegenteil überzeugt: Mit ruhigem, klarem Kopf, so die allgemeine Ansicht, versuchen zumindest Erwachsene vor allem im Einklang mit den jeweils angemessenen Logikregeln zu denken und zu entscheiden. Scheint es nicht eine Binsenweisheit, daß die Qualität des Denkens vor allem von der gewissenhaften Beachtung dieser Gesetze abhängt? Was Wunder, daß die Pioniere der *Künstlichen Intelligenz* lange Zeit glaubten, es genüge, Computern die richtige „Wissensbasis" sowie logisches Schließen beizubringen, um die „natürliche", menschliche Intelligenz nachzuahmen.

Es waren vor allem die israelischen Psychologen Tversky und Kahnemann, die unsere Tendenz, logische Regeln beim Denken und Entscheiden zu ignorieren, seit den siebziger Jahren in immer neuen Experimenten erhärten konnten. Sie stellten ihren Versuchspersonen beispielsweise eine Aufgabe folgender Art: Stellen Sie sich vor, Sie hätten im Vorverkauf zwei Theaterkarten für fünfzig Mark besorgt. Doch im Theater angekommen, bemerken Sie, daß Sie die Karten verloren haben. Würden Sie die Karten nochmals kaufen? Nun stellen Sie sich vor, Sie haben noch keine Billetts und bemerken an der Theaterkasse, daß Sie fünfzig Mark verloren haben. Würden Sie die Karten kaufen? Beide Male sind fünfzig Mark verloren, die Situationen sind also sachlich identisch. Trotzdem würden die meisten Versuchspersonen zwar nach dem Verlust des halben Hunderters durchaus Eintrittskarten im gleichen Wert bezahlen, nicht jedoch, nachdem sie die Karten verloren haben.

Wie kommt diese alles andere als logische Entscheidung zustande? Tversky und Kahnemanns Erklärung: Der Verlust von fünfzig Mark wird in den unterschiedlichen Situationen auf unterschiedlichen geistigen Konten verbucht. Wer die Eintrittskarten verloren hat, empfindet, daß sich die Kosten des Theaterbesuchs auf hundert Mark verdoppeln, wenn er neue Billets kauft. Wer das Geld verloren hat, rechnet eher, daß ihm fünfzig Mark fehlen, was aber, verglichen mit dem Geld, das er besitzt, nicht so besonders schlimm aussieht. Jetzt versteht man die unlogische Entscheidung: Wer nach dem Verlust re-

gistriert, daß die Kosten für den Theaterbesuch verdoppelt sind, hat größere Hemmungen, sich das Vergnügen zu leisten, als jener, der bemerkt, daß er fünfzig Mark weniger in seiner immer noch ausreichend gefüllten Kasse hat.

Eine andere Aufgabe: Die hochintelligente einunddreißigjährige Linda interessiert sich sehr für Probleme der Rassendiskriminierung. Sie hat sich als Studentin gegen soziale Ungerechtigkeit engagiert und an vielen Demonstrationen gegen Atomwaffen teilgenommen. Die Versuchspersonen bekommen nun, nachdem sie derart über Linda informiert wurden, verschiedene Aussagen vorgelegt, wie „Linda ist Sozialarbeiterin", „Linda ist Bankangestellte" oder „Linda ist Bankangestellte und aktive Feministin". Gebeten, die Wahrscheinlichkeit der jeweiligen Aussagen auf einer Skala einzuschätzen, halten die meisten Probanden es für viel wahrscheinlicher, daß Linda Bankangestellte und Feministin als daß sie Bankangestellte ist. Wieder spricht das Ergebnis „jeder Rationalität Hohn", wie sich Martin Gardner ausdrückt, der das Beispiel in seinem Buch *Dem Denken auf der Spur* vorstellt. Denn es ist eines der simpelsten Gesetze der Wahrscheinlichkeitsrechnung, daß ein Ereignis x stets wahrscheinlicher ist als dasselbe Ereignis x in Kombination mit einem davon unabhängigen Ereignis y. „Linda ist Bankangestellte" ist deshalb zwangsläufig wahrscheinlicher als „Linda ist Bankangestellte und Feministin".

Auch in Statistik versierte Versuchspersonen machen den beschriebenen Fehler. An mangelnder Kenntnis der Gesetzmäßigkeiten kann die Tendenz zu solchen Fehlschlüssen also nicht liegen – zumal die meisten Probanden sofort ihren Irrtum einsehen, wenn sie darauf aufmerksam gemacht werden. Wieder meinen Tversky und Kahnemann, daß wir bei derartigen Einschätzungen meist gar nicht auf die Idee kommen, abstrakte Denkvorschriften zu berücksichtigen. Den beiden Forschern zufolge pflegen wir im Alltag eher intuitiv und anschaulich zu denken, indem wir Eindrücke, die zusammenzupassen scheinen, zu einem einigermaßen plausibel wirkenden Bild kombinieren. Im Falle Lindas erzeugt beispielsweise die anfangs gegebene Erzählung die Vorstellung einer gesellschaftskritischen, kämpferischen Frau. Die Aussage, daß Linda Bankangestellte sei, paßt dazu wenig – besser paßt jedenfalls die Annahme, daß sie Bankangestellte und Feministin sei. Wer fragt: „Was ist aus Linda geworden?" und bekommt zur Antwort „Naja, sie ist jetzt Bankangestellte", der kann eigentlich nur verstehen, daß sie jetzt brav geworden sei und ihr Engagement weitgehend aufgegeben habe. Im Alltag könnten wir kaum einer Unterhaltung folgen, wenn wir Sätze nur wörtlich und nichts als wörtlich nehmen würden. Selbst explizite Logikaufgaben wandeln wir, wie der Psychologe Johnson-Laird plausibel gemacht hat, meist erst einmal in anschauliche mentale Modelle um – je besser wir mit den Inhalten vertraut sind, desto leichter lösen wir sie.

Der Sinn dieser Tendenz unseres Geistes, zunächst nach anschaulicher Plausibilität und Stimmigkeit und erst in zweiter Linie – wenn überhaupt – nach strenger logischer Konsistenz zu suchen, scheint auf den ersten Blick schwer verständlich. Immerhin könnten wir die beschriebenen Denkfehler leicht vermeiden, wenn wir logische Regeln ernster nähmen. Doch man

mache sich klar, daß wir in den allermeisten realen Lebenssituationen viel zu wenig wissen, um uns wirklich zuverlässig und logisch konsistent entscheiden zu können. Deshalb ist es durchaus vorstellbar, daß die intuitive, anschauliche Strategie die im allgemeinen treffsicherste und somit bestmögliche für unser alltägliches „Schließen bei unvollständigem Wissen" ist – besonders wenn wir uns sehr schnell aus wenigen Informationen ein Bild machen oder uns rasch entscheiden müssen. Manche in der streng logischen Beurteilung „falsche" Denkweise kann gar, praktisch gesehen, durchaus die angemessenere sein. So fragten Tversky und Kahnemann ihre Versuchspersonen: Welche Reihe von Kopf (K) und Zahl (Z) ist wahrscheinlicher, KKKZZZ oder KZKKZZ? Die meisten Probanden gaben wieder die unrichtige Antwort, nämlich KZKKZZ sei wahrscheinlicher – obwohl beide Reihen genau gleich wahrscheinlich sind. Doch in vielen Alltagssituationen könnte solch ein falsches Urteil durchaus das sinnvollere und rationalere sein: Auch die Buchstabenfolgen EAM RAUNDGSFOMAWOTLGZ und WOLF GANGAMADEUSMOZART erscheinen beispielsweise mit exakt der gleichen Wahrscheinlichkeit, wenn man zufällig einundzwanzig Buchstabenkärtchen zieht. Dennoch würden wir nur über die zweite Folge staunen.

Und das zu Recht. Denn es ist vollkommen rational, eher eine unsinnige Zeichenreihe als eine sinnvolle zu erwarten, da die unsinnigen Zufallsfolgen weitaus zahlreicher sind. „Kompetenz ist ein Sichtäuschen nach Regeln" spöttelte einst der Dichter Paul Valéry. In den meisten Situationen garantiert uns in der Tat keine

Denkform Wahrheit oder gar Angemessenheit und Weisheit des Handelns. Wir müssen uns irgendwie durchlavieren mit unserer sogenannten Erfahrung, sprich: mit Faustregeln sowie mit den fragwürdigen Urteilen und Schlüssen, die wir aus unseren mehr oder weniger geschickt konstruierten „mentalen Modellen" gewinnen können. Drei Grundtypen von mentalen Modellen oder mentalen Repräsentationen glaubt Johnson-Laird unterscheiden zu können: erstens die propositionalen Modelle, die Voraussetzung für das sprachliche Denken sind, zweitens Modelle, die gewisse Analogien zur Welt abstrakt-szenisch darstellen und drittens die bildhaften Modelle, die wahrnehmungsähnliche Vorstellungen vor das geistige Auge bringen. Solche Modelle sind möglicherweise die Medien unseres Denkens. Meist ist keineswegs von vornherein klar, welches Medium sich am besten eignet, eine Aufgabe oder Teilaufgabe mental zu repräsentieren. Zwar arbeitet beispielsweise ein Komponist vor allem an akustischen und ein Maler an optischen Ideen, doch die Gedanken dabei sind keineswegs nur akustisch oder optisch.

Die geeignete Veranschaulichung im richtigen Denkmedium könnte eine der wichtigsten Voraussetzungen zur Lösung oder auch erst zur Entdeckung eines Problems sein. So sind große Physiker oft nicht primär abstrakte Rechenkünstler, sondern vor allem Meister im intuitiven Erdenken und Bedenken mentaler Bilder und Szenen. Michael Faraday hat beispielsweise im letzten Jahrhundert seine bahnbrechende Theorie elektromagnetischer Felder entwickelt, ohne über die „eigentlich" dazu nötigen mathematischen Kenntnisse zu verfügen. Es scheint, daß er

außergewöhnliche Fähigkeiten besaß, die unsichtbaren Kräfte zu visualisieren. Als Albert Einstein über den Problemen grübelte, die ihn schließlich zur Relativitätstheorie führten, ersann er unzählige, immer wieder neue, zum Teil kurios wirkende Veranschaulichungen und Gedankenexperimente. Dem Psychologen Max Wertheimer, der ihn zur Entstehung seiner Theorie ausführlich befragte, erzählte Einstein, daß er sich schon als Jugendlicher seltsame Szenen vorstellte: „Wie wäre es, wenn man hinter einem Lichtstrahl herliefe? Wie, wenn man auf ihm ritte? Wenn man einen Lichtstrahl auf seiner Reise verfolgte, würde seine Geschwindigkeit dann abnehmen? Wenn man schnell genug liefe, würde sich der Lichtstrahl dann überhaupt nicht mehr bewegen?..." Dem jungen Einstein kam dies sonderbar vor.

171

Als „Zustand der Verwirrung" beschreibt Max Wertheimer in seinem Buch *Produktives Denken* die Geisteslage des jugendlichen Genies. Es mag durchaus sein, daß die verrückte Vorstellung, hinter einem Lichtstrahl herzulaufen, schon den Schüler deutlich ahnen ließ, daß es hier ein fundamentales Problem, eine ungelöste, grundlegende Frage gab – auch wenn er diese Frage zunächst nur spürte, aber nicht formulieren konnte. Ohne eine große Sehnsucht nach wirklicher Erkenntnis, ohne die Fähigkeit und den Mut, auch scheinbar gesichertes, traditionelles Wissen in Frage zu stellen, kann eine solche Verwirrung kaum entstehen, und ohne ausdauerndes, manchmal verbissenes Weiterdenken trotz verzagter Perioden kann sie nicht produktiv werden. Die Geschichte der großen denkerischen Leistungen und der revolutionären geistigen Konzepte zeigt immer wieder: Schon das Erkennen eines wichtigen Problems und das Beharren darauf können eine Einsicht von höchstem intellektuellem Rang sein und, wenn der Denker nicht locker läßt, der Keim eines genialen Werkes.

Immanuel Kant beispielsweise war schon fast fünfzig Jahre alt, als ihm der entscheidende Gedanke dämmerte, nämlich: daß die Philosophie stets ein „bloßes Herumtappen" bleiben müsse, wenn nicht endlich überzeugend geklärt würde, was der menschliche Geist prinzipiell leisten kann und was nicht. Zehn Jahre zurückgezogener, hartnäckiger Arbeit folgten und schließlich die Veröffentlichung der *Kritik der reinen Vernunft* als Auftakt einer völlig neuartigen Weise des Philosophierens. Alles Denken beginnt mit Unzufriedenheit, Verwirrung, dem Wissen, daß man nichts weiß.

Doch nur Tüftler, Grübler und Philosophen suchen förmlich diese Unzufriedenheit, suchen Nichtwissen dort, wo alle ihrer Sache sicher sind. Notfalls vertiefen sie ihr selbstgewähltes Unbehagen bis zur intellektuellen Verzweiflung und verfolgen zäh und zielbewußt die einmal erkannten Fragen, um sich zu üben, um sich wesentlich, vielleicht auch anderen überlegen zu fühlen, um besser zu begreifen und auch um zu begreifen, warum wir möglicherweise mit gewissen Rätseln für immer leben müssen. Das verbreitetere Bedürfnis, sich zu bilden, ist damit nur oberflächlich verwandt. Im glücklichen Falle verwandelt Denken, wie die Gestaltpsychologen sagen, eine schlechte oder defekte Gestalt – das Problem – in eine gute oder prägnante Gestalt – die Lösung. Der denkende Mensch bastelt – heute oft im Team – gewissermaßen im Geiste mit Papier, Computer oder auch mit echtem Material so lange herum, bis er zufrieden ist. Aus dieser Redeweise ergeben sich die beiden Fragen, mit denen sich Denkpsychologen hauptsächlich zu beschäftigen pflegen.

Erstens: Wie geht dieses mentale Basteln im Detail vor sich? Was sind die genauen Mechanismen des Denkens? Und zweitens: Wie entsteht Zufriedenheit mit einer Problemlösung? Was sind die Kriterien für eine „prägnante Gestalt"?

Man betrachte beispielsweise folgende, bei Denkforschern beliebte Denksportaufgabe: Mach' aus sechs Streichhölzern eine Figur aus vier gleichseitigen Dreiecken, wobei alle Seiten Streichholzlänge haben sollen! Sechs Streichhölzer auf dem Tisch sind die erste „defekte Gestalt". In der Hoffnung, auf eine Idee zu kommen, schieben die meisten Versuchspersonen die Streichhölzer erst einmal herum zu verschiedensten Figuren, legen sie womöglich irgendwann sogar überkreuz, um gleichseitige Dreiecke mit Seiten von halber Streichholzlänge zu erzeugen – ganz unsinnigerweise, weil danach nicht gefragt ist. Irgendeine dieser defekten Gestalten lassen sie schließlich ratlos liegen und grübeln verwirrt herum mit dem Gefühl „Das geht doch gar nicht". Bis sie vielleicht – „aha!" – auf die Idee kommen, daß ein Tetraeder aus den sechs Streichhölzern die Lösung ist, die gute oder prägnante Gestalt. Der entscheidende Schritt bei dieser Aufgabe ist stets der Einfall, nach einer dreidimensionalen Figur zu suchen. Sobald diese Idee gekommen ist, spürt man oft einen regelrechten geistigen Sog, das Gefühl, unmittelbar vor der Lösung zu stehen, die sich gewöhnlich auch rasch einstellt. Doch warum ist die letztlich doch ziemlich simple 3D-Idee oft so schwierig zu finden? Warum kommt der Gedanke nicht sofort? Warum beschäftigen sich manche Versuchspersonen minutenlang in wachsender Verzweiflung damit, die Hölzchen sinnlos herumzuschieben? Obwohl sie eigentlich längst erkannt haben, daß sechs Streichhölzer niemals eine flache Figur aus vier gleichseitigen Dreiecke ergeben können! Wenn man Versuchspersonen, die sich vergeblich bemüht haben, schließlich die Lösung demonstriert, sagen sie oft so etwas wie „Ich dachte, die Figur sollte in der Ebene liegen!" – nicht selten mit aggressivem Unterton, als fühlten sie sich böswillig hereingelegt, als gäbe es ein Menschenrecht auf die grundsätzliche Flachheit aller Streichholzfiguren. Offensichtlich versuchen wir, soweit also die Antwort auf die erste Frage, solche Aufgaben zunächst mit minimalem Aufwand, sprich: möglichst ohne Überlegung zu lösen. Ohne Überlegung heißt: mit bereits bekannten, eingeübten oder sich quasi unmittelbar ergebenden Verfahren.

Doch zugleich stellt sich die ersehnte Zufriedenheit mit der Problemlösung noch lange nicht ein. Denn uns ist bewußt, daß wir zu rasch einer Scheinlösung aufsitzen können. Nehmen wir etwa die Streichhölzer; in Erinnerung an ähnliche Aufgaben schieben wir sie zunächst einmal planlos auf der Tischplatte herum. Erst, wenn sich die Hoffnung nicht erfüllt, daß die Lösung so gewissermaßen von selbst erscheint, schalten wir – nicht nur bei dieser Aufgabe! – gewöhnlich zur nächst anspruchsvolleren Strategie, dem expliziten Nachdenken. Doch auch dann versuchen wir keineswegs sofort, möglichst vielfältige, vielleicht auch ungewöhnliche Lösungsstrategien in Betracht zu ziehen, sondern bleiben ersteinmal innerhalb des engen mentalen Modells, das wir uns spontan und so einfach wie möglich aufgebaut haben. Ja, oft beharren wir in schwer erschütterbarer Beharrlichkeit selbst auf einer offensichtlich untauglichen Denkmethode, so daß sich an die erste Phase hoffnungsvoller Gedankenarbeit abermals ein sinnloses Herumprobieren anschließen kann – als Ausdruck, daß wir zwar nicht weiterwissen, aber trotzdem immer noch nicht auf die Idee kommen, das eingefahrene und erkanntermaßen unnütze geistige Schema zu überprüfen.

Es wird wirklich viel, meist zuviel von uns verlangt: Einerseits besteht praktisch all unser Lernen im anstrengenden oder auch spielerischen Training von Gewohnheiten. Die meisten unserer alltäglichen und beruflichen Fähigkeiten sind schließlich solche mehr oder weniger perfekt beherrschten, weitgehend automatisierten Gewohnheiten, die nicht umsonst auch Fertigkeiten genannt werden. Andererseits sollen wir fähig sein, die bewährten, so mühevoll erworbenen Denk- und Handlungsweisen nicht nur ständig in Frage zu stellen, sondern im Bedarfsfalle umgehend durch Besseres zu ersetzen. Einerseits sollen wir möglichst nicht von der allgemeinen und akzeptierten Manier abweichen, andererseits sollen wir kreativ sein, gewohnte Bahnen verlassen, schöpferisch oder wie auch immer außergewöhnlich denken und mit brillanten Einfällen verblüffen.

Diesen sich widersprechenden Forderungen zu genügen, bildet das Paradox des menschlichen Geistes. Zu beidem erziehen zu müssen, ist eines der Paradoxe der Pädagogik. Kein Wunder, daß rundum erfreuliches Gelingen hier so selten ist. Kreatives oder produktives Denken gehen immer über die Gewohnheit hinaus, bringen stets in irgendeiner Weise die bekannten Verhältnisse zum Tanzen: Denken heißt Überschreiten. Dabei ist unter Gewohnheit nicht nur die Tradition des explizit Gelernten zu verstehen, sondern auch die Art, wie wir im Fluß des Geschehens unablässig Wahrnehmungen und Vorstellungen vorbewußt und automatisch zu Gestalten ordnen. Eine typische Denkfalle stellen Psychologen beispielsweise, wenn sie ihren Versuchspersonen eine Bastelaufgabe vorlegen und dabei einen Teil der Utensilien in einer kleinen Schachtel hinstellen.

Die gestellte Aufgabe ist aber nur zu lösen, wenn die Schachtel als Bauteil mitverwendet wird. Doch viele Versuchspersonen kommen nicht oder nur spät darauf, den Behälter zu verarbeiten. „Eine Schachtel ist eine Schachtel ist eine Schachtel" sagt uns unser mentaler Automatismus. Wir müssen unsere funktionale Fixierung auf die Schachtel als Behälter gewissermaßen umwidmen oder zweckentfremden. Überflüssig zu sagen, daß diese Schwierigkeit nicht besteht, wenn die Schachtel leer und damit unmittelbar als Utensil unter Utensilien hingestellt wird. In der Regel können wir mit Hilfe der eingeprägten Beispiele, mit unseren Durchmogel-Denkstrategien einigermaßen über die Runden kommen. Wenn wir uns automatisch unter dem Mitglied eines Chirurgenteams einen Mann vorstellen, haben wir ja auch in der Regel recht. Selbst bei – wie meistens – viel zu wenigen Informationen kommen wir so zu Meinungen und Entscheidungen. Solche heuristischen Strategien verhelfen uns sogar dann zu Überzeugungen, wenn wir in Wahrheit nicht im geringsten Bescheid wissen. Nur selten fällt uns die Wirkung der heimlichen Denkautomatismen auf.

Leicht erinnerbare oder unmittelbar präsente, lebendige Informationen führen und verführen ganz allgemein unser Denken am stärksten. So fürchten wir uns wesentlich mehr vor Verkehrsunfällen, wenn wir gerade einen gesehen haben, obwohl die objektive Wahrscheinlichkeit zu verunglücken durch das Erlebnis keineswegs zugenommen hat. Umgekehrt rechnet man weniger mit der Möglichkeit eines Unfalles, wenn man lange keinen erlebt hat. Die so geförderte Vorstellung, daß schon nichts passieren wird, kann die Wachsamkeit auf höchst gefährliche Weise einschläfern. Diese Tendenz unseres Geistes hat nicht nur die Ingenieure des Kernreaktors in Tschernobyl zu Nachlässigkeiten verleitet – mit den bekannten katastrophalen Folgen. Die besprochenen mentalen Strategien scheinen außerordentlich effektiv, wenn es gilt, erste, schnelle Urteile zu gewinnen und im Alltag von Augenblick zu Augenblick zurechtzukommen. Vielleicht führen die Ad-hoc-Strategien in Situationen mit wenig Information nicht selten sogar zu besseren Schätzungen als der Versuch einer genauen Analyse.

Dennoch ist ihre mächtige, das sorgfältigere Nachdenken behindernde, ja lähmende Wirkung bedrückend und nicht selten fatal. Wir sind solchen Denkhemmnissen natürlich nicht vollkommen hilflos ausgeliefert – schon das Wissen, daß unsere schnellen Überzeugungen und langsamen Vorurteile, daß Konformitätsdruck, Fixierungen, sogenannte Ankereffekte und andere Phänomene Urteilsqualität und Phantasie beeinträchtigen, kann uns helfen, das Hindernis im Bedarfsfalle zu erkennen.

Doch schwierig genug bleibt das schöpferische Denken; im Extremfall braucht es Jahrhunderte oder gar Jahrtausende, bis eine anscheinend selbstverständliche allgemeine Überzeugung sich als irreführende Denkgewohnheit entpuppt und nach einer Krise in einer schnellen oder langsamen wissenschaftlichen Revolution durch eine neue Denkweise ersetzt wird – die dann ihrerseits zur Gewohnheit wird. In seinem Buch *Die Bildung des wissenschaftlichen Geistes* untersucht der französische Philosoph Gaston Bachelard eine beeindruckende Vielzahl von Denkhindernissen, die höchst mühsam erkannt und überwunden werden mußten, um die moderne Naturwissen-

schaft möglich zu machen. Da war etwa das mächtige „animistische Hindernis", die Jahrtausende alte Gewohnheit gelehrter Träumer, hinter aller Bewegung und Veränderung ein den Dingen innewohnendes quasi-lebendiges Prinzip zu vermuten, oft aufgefaßt als eine Art Feuer, letztlich eine göttliche Weltseele.

Wer sich mit solchen Erklärungen zufriedengibt, kommt selbstverständlich nicht auf die Idee, Bewegung, ja Leben und schließlich gar das Denken auf jene Weise zu deuten, die das Weltbild der Neuzeit zum Wissenschaftlichen hin verändert hat. Das Neue, das nie zuvor Gedachte, wie erscheint es im menschlichen Geist? Als Lohn größter Mühen – und letztlich nicht selten doch spielerisch, mit leichtem Flügelschlag, in Momenten der Entspannung.

Berühmt sind die Geschichten von Forschern, denen die entscheidende

durch intensivstes und zähestes Nachdenken nicht erhaschte Idee urplötzlich
im Bad, im Bus, im Bett kam, bei eher zer-
streuter Aufmerksamkeit. Als Archimedes
in die Wanne stieg – so die Überlieferung
– erkannte er plötzlich, auf welche Weise
er ermitteln konnte, ob dem Gold einer
ihm zur Prüfung übergebenen Krone
betrügerisch andere Metalle beigemischt
waren – *heureka*!

Archimedes füllte ein Gefäß bis zum
Rand mit Wasser, senkte die Krone hinein
und maß das Volumen der überfließen-
den Flüssigkeit. Das Gewicht der Krone,
dividiert durch das übergelaufene Volumen, ergab ihr spezifisches Gewicht. Da es
sich vom spezifischen Gewicht von Gold
unterschied, war der Goldschmied als Be-
trüger überführt. Kekulé, ein Chemiker
des vergangenen Jahrhunderts, hatte
lange vergeblich darüber nachgesonnen,
welche Gestalt das Benzolmolekül aus
sechs Kohlenstoff- und sechs Wasserstoffatomen haben könnte – ein Molekül dieser Zusammensetzung schien irgendwie
unmöglich. Als er eines Abends müde dö-
send vor dem Kamin saß, phantasierte er,
halb träumend, im Feuer eine Schlange
zu sehen, die sich plözlich zur Kreisform
krümmte und in den Schwanz biß. „Höh-
nisch wirbelte das Gebilde vor meinen
Augen. Wie durch einen Blitzstrahl erwachte ich", berichtet Kekulé von seinem
erregenden Halbtraum, der ihm quasi im
Schlaf die Erkenntnis seines Lebens geschenkt hatte: die Einsicht, daß die gesuchte Molekülform ein Ring ist, der seitdem berühmte Benzolring.

„Mach mal Pause!" scheint in der Tat
eine der wirksamsten Denkhilfen, wenn
man nicht mehr weiter weiß mit einem
Problem. Doch warum ist das so? Zum

einen scheint es so etwas wie produktives Vergessen zu geben: Mit der Zeit, bei
verminderter Aufmerksamkeit, können
sich Fixierungen, empfundener Konformitätsdruck und Ankereffekte auf-
lösen; die falschen Strategien, in die man
sich verbissen hat, hören auf, den Geist zu
blockieren, so daß die Lösung größere
Freiheit hat, sich spontan einzustellen.
Wenn die rigiden, stark kontrollierten
und angestrengten Denkprozesse nicht
zum Ziel geführt haben, scheint es sinnvoll, sich für eine Weile dem weniger dis-
ziplinierten, flexibleren Spiel unserer
Basisphantasie zu überlassen. „Da unten
bildert es immer", sagt Ernst Bloch. Unablässig und spontan erzeugt unser Gehirn in einem verwirrenden, ja chaoti-
schen Prozeß immer neue Assoziationen,
läßt Gedächtnisfetzen auftauchen und
verschwinden, spinnt Phantasieszenen
weiter bis ins Verrückte. Hin und wieder
tauchen aus diesem Chaos durchaus
brauchbare, sinnvolle, ja höchst produktive Gedanken auf. Komplexe von mentalen Inhalten scheinen in diesem Ba-
sisprozeß ständig zu zerfallen und sich
neu zusammenzufinden im Verbund
mit neu aufgewühlten Assoziationen und
Erinnerungen, wobei die Chance, daß
spontan etwas Ungewöhnliches entsteht,
bei geringerer Kontrolle zu wachsen
scheint.

In Pausen oder längeren Inkubations-
zeiten besteht auch eine größere Chance,
daß absichtslos Gesehenes oder Gehörtes
durch Resonanz zur Klärung beiträgt. Resonanz bedeutet hier, daß eine zunächst
eher belanglose Wahrnehmung etwas an
sich hat, eine Eigenschaft, die plötzlich
als mächtiger Impuls zur Problemlösung
wirkt. Wer, kurz bevor er in den Versuchs-

raum ging, beispielsweise Würfel oder ein Poster mit ägyptischen Pyramiden gesehen hat, kommt vielleicht schneller auf die 3D-Lösung der bereits beschriebenen Streichholzaufgabe. Als Newton grübelte, was wohl den Mond auf seiner Bahn hält, sah er der Legende nach einen fallenden Apfel – und blitzartig wäre ihm die Idee gekommen, daß fliegender Mond und fallender Apfel den gleichen Bewegungsgesetzen gehorchen könnten. Für den großen Gelehrten sei es die Initialzündung gewesen zur Formulierung des Gesetzes der Allgemeinen Gravitation. Ob ein fallender Gegenstand von weniger mondähnlichem Aussehen wohl die gleiche Wirkung gehabt hätte? Jedenfalls scheinen auch im Alltagsdenken solche auf Zufällen beruhenden Resonanzen häufig und höchst wirksam zu sein. Auch wenn wir uns dessen nicht bewußt sein müssen: Auch völlig unbemerkte Resonanzen können, so zeigten Studien, das Denken erleichtern.

Wenn beispielsweise eine Aufgabe in einem Raum bearbeitet wird, in dem Gegenstände so beieinanderstehen, daß das Arrangement ihrer Ecken, Kanten und Flächen der gesuchten Lösung ähnelt, wird das Rätsel eher gelöst. Und zwar häufiger von Versuchspersonen, die eine Pause machen dürfen, als von solchen, die sich während der Pause der anderen weiter dem Problem widmen mußten. Doch den Versuchspersonen bleibt unbewußt, daß der Blick auf diese Gegenstände sie beeinflußt hat. Nur manchmal äußern sie diffuse Ahnungen wie „Da war etwas an der Gestalt dieser Uhr, das mir die Idee gab." Aber was genau sie angeregt hat, das wissen sie in den meisten Fällen nicht.

Ein simples Resonanzphänomen: Wenn ich einen Hammer suche, fällt er mir in der unordentlichsten Werkstatt sofort ins Auge, während ich die Zange daneben so gut wie nicht bemerke. Wenn ich den Hammer nicht finde, kann ich das Suchbild in meiner Vorstellung diffuser und allgemeiner gestalten, es auf wichtige *features* wie Härte, Handlichkeit, Schwere einschränken – und sogleich bemerke ich, in Resonanz mit dem neuen Suchbild, unter der Hobelbank einen Backstein, mit dem ich meinen Nagel ebenso in die Wand schlagen kann. Beim produktiven Denken ist eine der hilfreichsten Wirkungen von Resonanzen die Entdeckung von sinnvollen Analogien. Probleme, bei denen die bekannten Strategien nicht zum Ziel führen, lösen sich nicht selten auf überraschende und höchst kreative Weise durch das Gewahrwerden von fundamentalen Gemeinsamkeiten mit anderen Bereichen. Die Erkenntnis, daß Licht sich in Wellen – in Entsprechung zu Wasserwellen – fortpflanzt, ist beispielsweise solch eine produktive Analogie. Die Einsicht, daß Addition und Multiplikation wichtige Eigenschaften gemeinsam haben, ist grundlegend für die mathematische Gruppentheorie. In Leitungen *fließender* elektrischer Strom kann in vieler Hinsicht wie in Röhren fließendes Wasser betrachtet werden. „Analogien sind meine zuverlässigsten Lehrmeisterinnen, vertraut mit allen Geheimnissen der Natur", schwärmte Kepler. Als Archimedes in die Wanne stieg, analogisierte er sich selbst mit der Krone, Kekulé analogisierte die Schlange mit dem Benzolmolekül, Newton der vom Baum fallenden Apfel mit dem fliegenden Mond.

Im Chaos unserer Basisphantasie werden ähnliche mentale Inhalte ständig und quasi automatisch kombiniert – schon Aristoteles erkannte die Assoziation aufgrund von Ähnlichkeit als einen der Grundmechanismen unseres Geistes. Auch während eines produktiven Denkprozesses erzeugt der Basisprozess wahrscheinlich ungezählte Assoziationen, darunter viele Vorschläge zu möglichen Analogien, doch die meisten davon sind ohne Nutzen und versinken so schnell wie sie aufgetaucht sind. Irgendwann, wenn man Glück hat, kommt dann der produktive Augenblick, der Moment, wo eine Assoziation paßt, das Heureka, der als unerwartete Eingebung empfundene göttliche Funke.

Doch auch hier gibt es zunächst keine Garantie, daß die Analogie stimmt – auch das stärkste Aha-Erlebnis kann einer Fehleinsicht, einem Trugschluß gelten, wie nicht nur die Geschichte der Wissenschaft eindringlich vor Augen führt. Analogien sind stets versuchsweise. Und die Fähigkeit, wirklich gute Analogien zu finden, ist vor allem eine Vermutekunst. In seinen Büchern *Die Schule des Denkens* und *Analogie* versuchte der Mathematiker Polya diese Vermutekunst als eine der wichtigsten mathematischen Fähigkeiten systematisch zu lehren. Analoges Denken gehört zu den traditionell von Intelligenztests abgefragten Intelligenzfaktoren, doch ist es höchst fraglich, ob beispielsweise Kepler beim Bearbeiten der Analogieaufgaben eines solchen Tests besonders gut abgeschnitten hätte.

Es ist überhaupt fraglich, ob es irgendeine Art von Prüfung geben könnte, mit der sich bereits im Kindesalter einigermaßen zuverlässig der Berufserfolg oder gar große geistige Leistungen voraussa-

gen lassen oder mit der sich die Eignung für ein bestimmtes Studium mit großer Sicherheit feststellen läßt. Menschen mit hohem Intelligenzquotienten haben größere Erfolgschancen, und solche mit geringerem Intelligenzquotienten werden seltener Professoren – bessere Vorhersagen gestatten die Tests auch nach mehr als achtzigjähriger Entwicklungs- und Verfeinerungsarbeit nicht. In den letzten Jahren flackerte die Hoffnung auf, daß der IQ in Verbindung mit anderen Persönlichkeitsfaktoren eine verbesserte Aussagekraft bekommen könnte. Nicht nur die Höhe des IQ sei entscheidend, so heißt es nun, sondern auch Kreativität, Interesse und Involviertheit in die Aufgabe, das Selbstkonzept eigener Tüchtigkeit sowie die Fähigkeit, mit seinen Emotionen gut umgehen zu können, für die ein weiteres Maß, der *EQ* erfunden wurde.

All diese Ergänzungen klingen einleuchtend – so einleuchtend wie einst die Begründungen der IQ-Konstrukteure. Wie Michael Waldmann und Franz Weinert in ihrem Buch *Intelligenz und Denken* betonen, sagt jedoch solch eine inflationäre Auflistung immer neuer intuitiv plausibler Leistungsdeterminanten nichts über deren tatsächliche Brauchbarkeit als Begabungsindikatoren aus. Kühl konstatieren die beiden Autoren, daß sich die Leistungsfähigkeit von Intelligenztests auch durch solche Ergänzungen bisher keineswegs steigern ließ. Die schwere wissenschaftliche Krise, in der sich die Intelligenztests und mit ihnen die Theorie der Intelligenzfaktoren befinden, könnte grundsätzlich sein und auf solche Weise nicht behebbar.

Vielleicht können wir erst dann, wenn die Mechanismen des Denkens verstanden sind, darangehen zu erforschen, was das Denken des einen denn nun genau von dem des anderen unterscheidet. Nicht nur Wissenschaftler würden gern wissen, ob sich alle Denkvorgänge letztlich aus wenigen, immer gleichen mentalen Basisprozessen zusammensetzen und welcher Art diese Basisprozesse sind. Acht elementare kognitive Prozesse unterscheidet der Psychologe Lompscher: Zergliedern eines Sachverhaltes, Erfassen von Eigenschaften, Vergleichen von Sachverhalten zur Entdeckung von Unterschieden und Gemeinsamkeiten, Ordnen nach ausgewählten Kriterien, Abstrahieren, Verallgemeinern aufgrund gemeinsamer Eigenschaften, Klassifizieren und schließlich das Konkretisieren, die Veranschaulichung von allgemeineren Gedanken durch Beispiele. Der Psychologe Dörner hält für möglich, daß alle geistigen Prozesse sich letztlich auf die elementaren Operationen Aktivieren, Hemmen, Verknüpfen und Entknüpfen von mentalen Inhalten zurückführen lassen.

Eine solche Annahme würde gut zu auf ganz anderen Wegen gewonnenen Vermutungen von Gehirnforschern und Theoretikern neuronaler Netze passen: Als höchst fruchtbar zur Deutung von Vorgängen in der Gehirnrinde hat sich die Vorstellung erwiesen, daß mentale Einheiten vielleicht durch sogenannte *Cell Assemblies* dargestellt werden, durch Gruppen von Neuronen, die aufgrund von Lernprozessen stärker miteinander verbunden sind. Da die Neuronen der Hirnrinde alle miteinander vernetzt sind, kann man sich gut vorstellen, daß solche Cell Assemblies sich gegenseitig assoziativ erregen können. Auch Ideen, wie Cell Assemblies gehemmt werden, wie ihre Aktivitäten verknüpft

und entknüpft werden könnten, existieren. Schon die Anatomie der Hirnrinde paßt gut zu der Auffassung, daß sie nicht streng sequentiell und logisch wie herkömmliche Computer arbeitet. Im dichten Gespinst der Hirnzellen scheinen sehr viele Prozesse gleichzeitig und parallel abzulaufen, in der gewaltigen inneren Vernetzung der Hirnrinde die Möglichkeiten zum kreativen Chaos, zum gleichzeitigen Ausbalancieren vielfältigster Informationen angelegt zu sein. Ungezählte und immer neue mentale Inhalte könnten hier durcheinanderschwirren, aus denen sich Wahrnehmungen und Gedanken in einem Prozeß herauskristallisieren, der weit mehr einer wilden Diskussion gleicht als einem logisch voranschreitenden Kalkül.

Doch selbst wenn uns alle elementaren Denkoperationen bekannt wären, hätten wir damit noch längst nicht verstanden, was Denken ist. Und noch weniger könnten wir daraus Rezepte zum Denktraining gewinnen. Wer nur weiß, wie man Legosteine zusammensteckt, kann deswegen aus diesen Steinen noch kein Haus- oder ein Automodell bauen. Das Geheimnis des guten Denkens scheint in den sogenannten Heuristiken zu liegen, der Fähigkeit, ganz bestimmte Denkprozesse in ganz bestimmten Situationen gezielt einsetzen und gekonnt kombinieren zu können. Viele Denker haben viel über das Denken nachgedacht und so ihre Fähigkeiten zur Introspektion verbessert. Anderen ist weniger bewußt, mit welchen Methoden sie immer wieder zu Erfolgen kommen. Nicht nur das Finden von Problemen ist eine wichtige Kunst des Denkers, nicht nur das Austüfteln von Methoden, um definierte Probleme zu lösen, sondern auch die Fähigkeit, übergeordnete Ziele zu entwerfen und im Laufe der Entwicklung laufend neu zu bewerten und zu korrigieren. So nutzt einem Maler, der zwar virtuos Einzelheiten darstellen kann, aber kein Gefühl für Komposition hat, sein Können im Detail wenig. Die nötige Urteilsfähigkeit zu entwickeln, ist alles andere als leicht.

Können und Kritik müssen in einem vielstufigen, nicht selten mühsamen Prozess ausgebildet werden. Ein Romanautor muß beispielsweise ein Gespür für die innere Logik und Konsistenz seines Werkes entwickeln, wegnehmen, zufügen und umbauen, so wie das Opus es verlangt. Nicht selten verselbständigt sich dabei das Kunstwerk gegenüber seinem Schöpfer und nimmt aus innerer Zwangsläufigkeit heraus einen Fortgang, der selbst den Autor verblüfft. Die meisten unserer All-

tagsprobleme sind solche dialektischen Probleme. Meist sind die Probleme auch noch komplex mit vielfältig und verzweigt wirkenden, doch verborgenen Einflüssen verknüpft, so daß wir nur selten überblicken, was unsere Handlungen genau anrichten. Obendrein pflegen die täglichen Probleme dynamisch zu sein, das heißt: Der Sachverhalt, in den wir eingreifen wollen, entwickelt sich stetig weiter, ob wir uns nun etwas tun oder nicht. Dietrich Dörner hat in mittlerweile berühmt gewordenen experimentellen Szenarien versucht, unser Denken bei unübersichtlichen Sachverhalten zu erforschen und viele seiner Ergebnisse in einem Buch mit dem schönen Titel *Die Logik des Mißlingens* dargestellt: Den Untersuchungen Dörners zufolge haben wir große Schwierigkeiten, in komplexen – also normalen – Situationen richtig zu entscheiden und zu handeln.

In einem seiner Experimente gab Dörner den Versuchspersonen die Aufgabe, zehn Jahre lang als Bürgermeister mit diktatorischen Vollmachten das Schicksal eines kleinen Ortes von dreitausendfünfhundert Einwohnern namens Lohhausen zu lenken. Die sozialen, ökonomischen, psychologischen und ökologischen Verhältnisse des Ortes waren als miteinander vernetzte Variable in einem Computer programmiert, und so vergingen natürlich auch die Regierungsjahre schneller als in Wirklichkeit. Eine Uhrenfabrik, eine Stadtverwaltung, Arztpraxen, Schulen, Geschäfte mit ihren Gewinnen, Verlusten und ihrer Wirkung auf die Umwelt, Beschäftigtenzahlen und Arbeitszufriedenheit, auf alles konnte der Bürgermeister direkt oder indirekt mit seinen Entscheidungen einwirken.

Seine Aufgabe war etwas vage mit „Erhaltung und Verbesserung des Wohlergehens der Gemeinde" umschrieben. Praktisch alle Versuchspersonen machten zu Beginn schwere Fehler. So studierten sie beispielsweise zur Beurteilung der Stadt höchst sorgfältig den Status quo, nicht aber Tendenzen und Dynamiken, auf die es jedoch vor allem ankommt. Verderblich wirkte sich auch die anfängliche oder dauernde Unfähigkeit der „Gemeindevorsteher" aus, exponentielle Entwicklungen im voraus einzuschätzen: Es fällt den meisten Menschen sehr schwer zu begreifen, daß beispielsweise sechs Prozent Wachstum pro Jahr eine explosionsartige Zunahme der fraglichen Größe in wenigen Jahren bedeuten. Und sehr viele Prozesse in komplexen Systemen sind Wachstumsprozesse.

Ein dritter verbreiteter Fehler war die Tendenz, in Kausalketten statt in Kausalnetzen zu denken. Damit ist die Tendenz gemeint, ein Ziel geradewegs anzupeilen, also etwa die Erhöhung der Gemeindeeinnahmen durch simple Erhöhung der Steuern zu betreiben – ohne Nebenwirkungen zu bedenken. Über die Qualität des jeweiligen Bürgermeisters entschied schließlich seine Fähigkeit, aus den begangenen Fehlern zu lernen. Einige reiften so mit der Erfahrung und regierten recht gut. Andere erzeugten Katastrophen am Fließband, manipulierten panikartig hier und dort, um dann in entscheidungsscheue Lethargie zu verfallen. Selbstsicherheit und beharrliche Geduld bei der Analyse von Fehlschlägen waren für den nachhaltigen Erfolg wichtiger als der Intelligenzquotient.

Inwieweit solche Studien aussagekräftig für das Denken und Handeln in wirklichen komplexen Situationen sind, darüber streiten sich die Gelehrten. Ein alarmierender Befund Dörners soll noch erwähnt werden: Jene Versuchspersonen, die nicht fähig waren, eine Stadt zu regieren und stattdessen Katastrophen erzeugten, neigten nicht nur dazu, die Verantwortung von sich wegzuschieben, sondern auch, sich reduktive Hypothesen auszudenken, also sich die Misere höchst simpel zu deuten und möglichst nur auf eine einzige Ursache zurückzuführen – und auf ihrer Pseudoerklärung immer verbohrter zu beharren. Könnte es sein, daß wir um so primitivere Theorien bevorzugen, je hilfloser und bedrohter wir uns in einer objektiv unverstandenen Situation fühlen? Dörner bringt denn auch die beobachtete Tendenz zur Billigerklärung mit Argumentationsmustern totalitären Denkens in Zusammenhang die die Welt mit Hilfe von simplen, einprägsamen Vorstellungen erklären wollen: „Nur das Profitstreben des großen Kapitals und der Multis", „Nur die subversive Aktivität des imperialistischen Sowjetkommunismus", „Nur das internationale Judentum…" und so weiter.

Die Philosophin Hannah Arendt macht in ihrem Buch *Elemente und Ursprünge totaler Herrschaft* darauf aufmerksam, daß es einer der Wesenszüge des modernen Totalitarismus ist, zu argumentieren und damit an die Einsicht zu appellieren. Mit diesem Versuch, die Welt und ihre Bewegungsgesetze in einer einleuchtenden Theorie oder Ideologie zu erklären und vor allem die Schuldigen am Unglück plausibel und nachvollziehbar zu identifizieren, unterscheidet sich totalitäre Herrschaft grundsätzlich von Terrorregimes, die auf nichts als simple Gewalt gegründet sind. Die politischen Ziele und die Brutalitäten, die durch diese Ziele legitimiert werden sollen, werden scheinbar zwingend aus der jeweiligen Welterklärung begründet. Totalitäre Bewegungen leben von Überzeugungstätern, und Propaganda ist eines ihrer wichtigsten Instrumente. „Dasselbe ist Denken und Sein", hatte Parmenides verkündet und auf dem Vorrang des Denkens vor der trügerischen Wahrnehmung beharrt. Hannah Ahrendt beschreibt, wie das in sich stimmige Netz von abstrakt logischen Deduktionen, Folgerungen und Schlüssen den Ideologen vor dem „Schock des Tatsächlichen" schützt. Nicht nur Mißtrauen gegen die Wahrnehmung, auch Mißtrauen gegen das Denken sind also angebracht angesichts unserer Tendenz, uns viel zu schnell und bequem mit halbwegs überzeugenden Theorien und Argumentationsmustern zufriedenzugeben.

Beispiel Welterklärung: Die aristotelische Kosmologie war zwar genial erdacht, doch keineswegs gedanklich in sich geschlossen. Trotzdem wirkte sie so überzeugend, daß die Entwicklung von anderen Möglichkeiten noch in der frühen Neuzeit auf höchste und allerhöchste Abwehr stieß – nicht nur aus machtpolitischen Gründen. Offensichtlich fällt es uns Menschen schwer, einmal geglaubte und „verstandene" Erklärungen grundsätzlich in Frage zu stellen und uns so der damit verbundenen geistigen Unsicherheit auszusetzen.

Was also? Weder Wahrnehmung noch Denken ersparen uns den Zweifel gerade in den Fällen, in denen wir dringend die Wahrheit kennen sollten. Wenn wir nur eine schlichte Aussage betrachten wie „Peter hat keinen Humor", dann wissen wir sogar, daß die Behauptung objektiv unentscheidbar ist. Selbst wenn sich alle einig sind – der vielleicht hochintelligente Peter wird mit guten Gründen den guten Gründen seiner Kritiker widersprechen. Trotzdem haben wir das Gefühl, daß man über Peters Humor oder Humorlosigkeit durchaus ernsthaft nachdenken und sich unterhalten kann. Solche Aussagen über Dinge des Lebens können wir zwar nicht zwingend begründen oder widerlegen, aber doch erhellen, wie der Philosoph Karl Jaspers sagt.

Wir sind also gezwungen, hier an die Möglichkeit von Wahrheit zu glauben, obwohl es sie objektiv nicht geben kann. Wenn wir etwa ethische Vorstellungen für beliebig hielten, würde jedes Nachdenken über unser Leben, jedes ernste Interesse daran sinnlos, und wir würden in einem Chaos von Unsicherheit und Gleichgültigkeit versinken. Größte Denker widmeten den praktischen und ethischen Problemen unserer Existenz ihre ganze Kraft, in dem vollen Wissen, daß es logisch unwiderlegbare Sicherheit gerade bei den für uns wichtigsten Fragen nicht geben kann.

Wie sich im Spannungsfeld von Leib, Seele und Geist die rechte Balance aus Gefühl und Verstand einstellt, die uns überleben läßt, ist in vielen Aspekten noch ein unerforschtes Terrain. So bleibt ein unheimliches Gefühl, daß wir ohne Nachdenken nicht verantwortungsvoll leben können – und daß trotzdem unser Denken immer vorläufig, höchst irrtumsanfällig bleibt und nie zum Ende kommt.

Markus Gastpar

Sucht und Wahn

Was bewirken die Stoffe, die unser Bewußtsein verändern, was ist Sucht, was ist Wahn, wie sind sie ineinander verzahnt? Welche Rolle spielen Drogen bei der Suche nach künstlerischer Inspiration, wo liegen die Grenzen zum Wahn? Die Not der Abhängigen zeigt, wie schmal die Distanz zwischen Erleuchtung und Absturz ist.

Seit Jahrtausenden suchen und finden Menschen Stoffe, die ihr Erleben, ihr Bewußtsein verändern. Was treibt sie dazu? Einige werden davon abhängig. Warum? Warum andere nicht? Archäologie und Geschichtswissenschaft liefern uns Belege darüber, daß psychoaktive pflanzliche Stoffe den Menschen auf seiner kulturellen Entwicklung begleiten und von ihm als wichtige Elemente seines Erkenntnisprozesses begriffen werden. Die frühesten uns bekannten Zeugnisse stammen aus dem 4. und 6. Jahrtausend vor Christus. Es handelt sich um Gräber und kultische Stätten, in denen Opiumkügelchen und Pflanzenreste von *Cannabis sativa* im Rahmen paläobotanischer Untersuchungen zum Beispiel in Spanien und Rumänien gefunden wurden. Außerdem geht man davon aus, daß das Prinzip der Gärung und der Bierherstellung, das heißt also der

Herstellung alkoholischer Getränke, im 4. vorchristlichen Jahrtausend in Mesopotamien entwickelt wurde. Diese Kenntnisse wanderten dann im Laufe von zwei weiteren Jahrtausenden an die Atlantikküste, wahrscheinlich mit den entsprechend wandernden keltischen Stämmen. Im Weiteren ist bekannt, daß halluzinogene Wirkungen mit Pilzen wie *Amanita muscaria* erzeugt wurden, obwohl die Belege für diese Technik bei den sibirischen Schamanen oder in Skandinavien nur durch Berichte und künstlerische Darstellungen, nicht jedoch durch paläobotanische Funde belegt sind. Diese Kenntnisse scheinen sogar bis an die Grenze der europäischen Neuzeit im Bewußtsein der Landbevölkerung haften geblieben zu sein. Entsprechend deutet man zum Beispiel die sogenannten Hexensalben, die über ihre halluzinogene Wirkung den Eindruck des Fliegens erzeugten.

Diese Befunde machen uns klar, daß der Mensch solche Substanzen von jeher als für ihn wichtig und als gleichzeitig über ihn Macht ausübend oder ihm Macht gebend eingeschätzt hat. Eine eindrückliche Darstellung stammt aus der Peyote-Kultur des alten Mexiko (siehe Abbildung), wo diese „Machtverhältnisse" sehr schön gezeigt sind. Der kleine Pilz ist in der Verfügungsgewalt des großen Menschen, der seinerseits von der übermächtigen Wirkung des Pilzes dominiert wird, dargestellt als dämonischer Riese. Der Mensch kann also den kleinen Pilz übersehen, kann ihn zertreten, kann ihn aber auch essen. Aber auch wenn er nach dem Genuß unter seiner Wirkung steht, bleiben ihm immer noch zwei Wege offen: Entweder kann er ehrfürchtig die übermächtige Wirkung des Pilzes zur Kenntnis nehmen, oder er kann sich auch mit der übermächtigen Wirkung identifizieren und somit in seinem subjektiven Erleben ein riesenhafter Dämon werden. Er wird möglicherweise von seinen nicht intoxikierten Mitmenschen als ein Übermächtiger empfunden auf Grund seines Verhaltens oder seiner Berichte über die Wirkung oder seine Interpretation des Lebens unter der Pilzwirkung.

Um im folgenden die Begriffe Sucht und Wahn in ihrem jeweiligen Zusammenhang besser verstehen und ihre einzelnen Facetten und gegenseitigen Zusammenhänge klarer erkennen zu können, folgt eine kurze Definition und Beschreibung des jeweiligen Bereichs, den die Begriffe in unterschiedlichen Zusammenhängen abdecken.

Eindrucksvolle Darstellung der Wirkung des „göttlichen Pilzes": Der pilzessende Indianer wird von einem anthropotheriomorph gestalteten mythischen Wesen am Hinterkopf berührt. Mexikanisches Bild aus dem 16. Jahrhundert (*Magliabecchiano Codex*, Nationalbibliothek Florenz)

DER BEGRIFF SUCHT

Viele Menschen denken, daß der Begriff
Sucht von suchen kommt und erinnern
sich dabei gerade heute an die vielen
opiatabhängigen Adoleszenten der sogenannten Szene, die täglich für viele
Stunden auf der Suche nach Stoff sind
und dafür die größten Leiden und Risi-
ken auf sich nehmen. Das folgende Wort-
spiel charakterisiert diese Denkweise: „Die
Sucht ist eine Leidenschaft, die mit Eifer
sucht, was Leiden schafft". Tatsächlich
stammt der Begriff aber aus dem mittel-
hochdeutschen *siech* mit der Bedeutung
krank. Entsprechend ist der Begriff *Sucht*
in der neueren medizinischen Nomen-
klatur durch das Wort Abhängigkeit ersetzt worden, das genauer das Verhalten
des Süchtigen beschreibt. Man unterscheidet dabei eine seelische Komponente der Abhängigkeit, die sich im in-
tensiven und nicht beherrschbaren Verlangen nach der Droge äußert, und eine
körperliche Abhängigkeit, charakterisiert
durch Dosissteigerung und Toleranz gegenüber der Droge. Im Extremfall beschäftigt sich der Abhängige Tag und
Nacht mit der Droge und ihrer Beschaffung und nimmt im konkreten Fall Dosen in einer Höhe zu sich, die der mehrfachen tödlichen Menge für einen gesunden Erwachsenen gleichkommen, was der
sogenannten pharmakologischen Toleranz entspricht.

DER BEGRIFF WAHN

Unter einem Wahn verstehen wir eine mit
der Realität nicht übereinstimmende,
unkorrigierbare Überzeugung. Zwar bemüht sich der Träger einer solchen Überzeugung andauernd, sie mit äußeren Er-
eignissen in ihrer Existenz abzustützen
und zu beweisen; in Wahrheit bedarf er
aber dieser äußeren Krücken nicht. Dies
zeigt sich unter anderem darin, daß der
Träger einer wahnhaften Überzeugung
bei nicht übereinstimmenden externen
Tatsachen eine hohe Motivation, ja sogar
einen unwiderstehlichen Drang entwickelt, diese Übereinstimmung wieder
herbeizuführen, im Zweifelsfall aber die
Dominanz des Wahninhaltes gegenüber
den äußeren Fakten leidenschaftlich ver-
teidigt. Interessant ist die Abgrenzung gegenüber der Glaubensgewißheit bei religiösen Überzeugungen, die sich darin
zeigt, daß Gläubige Differenzen zur Um-
gebungsrealität oder Paradoxien akzeptieren können, indem sie die Glaubensinhalte als außerhalb oder über der
aktuellen Realität stehend empfinden
und damit keine Bedrohung der aktuellen Lebensrealität erleiden. Daß in Zeiten
religiöser Hochstimmung oder religiöser
Auseinandersetzungen diese Grenzen gelegentlich unscharf werden, ist aus der
Geschichte des Christentums wohlbekannt.
So unterscheidet sich eben ein Nikolaus
Kopernikus von einem Giordano Bruno,
wobei der erstere die göttlichen Gesetze
des Weltalls als über den menschlichen
Streitereien existierend erlebt und um
ihre Wahrheit nicht fürchtet, während der
zweite letztlich daran scheitert, daß er
glaubt, nicht weiterleben zu können,
wenn er diesen Gesetzen in unserem jet-
zigen Leben nicht zur Anerkennung
verhilft. Ob in Zeiten der Verfolgung Gläu-
biger dieser Bekenntnisdrang nicht gelegentlich fast suchtartigen Charakter annimmt, muß offen bleiben. Immerhin fällt
in einer Reihe von Märtyrer-Geschichten

ein Drang nach Bekenntnisablegen mit dem sicheren Wissen des nachfolgenden Todes auf. Daß solchen Opfern dann vor dem Gang zum Schafott oder Scheiterhaufen oftmals psychoaktive Substanzen gegeben wurden, bildet eine Brücke zu unserem ersten Thema und zeigt, wie vielfältig Drogengebrauch, Wahnerleben und Sucht miteinander in Beziehung stehen und verflochten sind.

Ein erster Themenbereich, in dem Sucht und Wahn ineinander verzahnt sind, kann mit den Begriffen Glaube, Mystik, Macht und Politik umschrieben werden. Ausgangspunkt sind Bestrebungen des Menschen einerseits, mit einer jenseitigen Welt in Kontakt zu kommen und damit Neugier und Wissensdurst zu stillen, andererseits sein Bestreben, durch dieses höhere Wissen Macht über andere Menschen zu erlangen und seine eigene bedrohte Existenz in der Welt zu befestigen.

In der ersten Gruppe finden wir Künstler – Maler und Literaten – und Wissenschaftler des ausgehenden 19. und der ersten Hälfte des 20. Jahrhunderts, die sich mit Hilfe von Drogen auf die Suche nach Inspiration, Erweiterung des Bewußtseins und neuartigen Einsichten über die Welt machten. Sie befruchten damit nicht nur ihre eigenen künstlerischen Werke, wie etwa Salvadore Dali in seiner Surrealismus-Malerei, oder Charles Baudelaire in seinen literarischen künstlichen Paradiesen. Die intellektuelle Inspiration eines Bertrand Russell oder die kulturhistorischen Einsichten eines Rudolph Gelpke sind weitere Zeugnisse. Gerade im künstlerischen Bereich ist aber die Grenze zu Werken Wahnkranker gelegentlich nur schwer zu ziehen. Die Traumbilder Dalis

oder die Gedichte Gérard de Nervals entziehen sich deshalb auch der Interpretation des durchschnittlichen Betrachters oder Lesers.

Bereits vor diesen säkularisierten Zeugnissen einer anderen Welt haben in der Frühzeit der Menschheitsgeschichte Priester und Heiler die Wirkung halluzinogener Substanzen zur Kontaktaufnahme mit der überirdischen Welt oder ihrem Gott eingesetzt. Die Pythia in Delphi, berauscht von den aus der Erde aufsteigenden Dämpfen, findet Formulierungen und Sprüche, die der ängstlich Ratsuchende in seine Situation übersetzt, die in anderweitigem nüchternen Zusammenhang aber wohl kaum vom Reden eines Wahnkranken unterscheidbar wären. Und der heilende Schamane in der Grashütte eines Dorfes an der Elfenbeinküste findet nach dem Genuß einer entsprechend wirksamen Wurzel und begleitendem rhythmischen Tanz Formulierungen, die im nüchternen Zustand kaum verstehbar wären, in der Gefühlsspannung der Heilungszeremonie aber durchschlagende Wirkung erzielen.

Auf der Ebene der Politik begegnet uns Timothy Leary, der kürzlich verstorbene Psychologie-Professor der *Harvard University* in Boston, als Beispiel eines Wissenschaftlers, der die halluzinogene, das heißt bewußtseinsverändernde Wirkung von Substanzen wie LSD dazu benutzte, den rationalen Denkstil seiner in den täglichen Notwendigkeiten verstrickten Studenten aufzulösen und sie damit gegenüber den Verlockungen der organisierten Arbeitswelt immun zu machen. Sein Buch *Politik der Ekstase*, die Bibel der Hippie-Bewegung der 60er Jahre, war ein Beispiel dafür, wie es

beinahe gelungen wäre, in einem bestimmten Zeitpunkt einen entscheiden-
den Teil der jungen Generation zur Ab-
wendung von den herrschenden Regeln
der Gesellschaft zu bewegen und damit
den Mächtigen dieser Gesellschaft ihr
Machtinstrument, nämlich die ihr ge-
horchenden und sich einfügenden Menschen, wegzunehmen. Die Beziehung dieser Thematik zur Sucht liegt darin, daß
ein beträchtlicher Teil der Jugend der
60er Jahre durch die Einnahme zusätz-
licher anderer Drogen echt abhängig und
damit krank wurde, und daß auch zu
Anfang des Jahrhunderts eine Reihe von
Wissenschaftlern und Künstlern die Dro-
genexperimente nicht unbeschadet über-
standen und deshalb in Krankheit und
Elend endeten.

Ein zweiter Themenbereich umfaßt
Leistungssteigerung einerseits und Erholung von Leistung andererseits. Aus der
Entdeckungsgeschichte Südamerikas ist
bekannt, daß die spanischen Konquista-
dores sich der Wirkung des Kauens von
Coca-Blättern, also des Kokains bedien-
ten, um die Arbeitskraft einheimischer
Indios in den Bergwerken auszubeuten.
Die Folgen übermäßiger Kokaineinnah-
me liegen einerseits in der Ausschöpfung
der letzten Energieressourcen bis zum
tödlichen Kollaps und andererseits in der
Übersteigerung zentraler Funktionen bis
zum Ausbruch der klassischerweise para-
noid gefärbten Kokain-Psychose. Entsprechend sind nach zeitgenössischen Berichten Tausende dieser Indios krank geworden und umgekommen.

In der heutigen Zeit steht Kokain wiederum im Mittelpunkt intensiver Diskussionen über die Zulässigkeit seines Kon-
sums im Hinblick auf Sucht und Wahn-

entwicklung. In einer Zeit, wo glückliches
Leben und sexuelle Potenz erstrebte Ziele
einer übersättigten Gesellschaft sind, ist
Kokain die Droge der Wahl. Nicht mehr
der exaltierte Künstler der 20er Jahre ist
heute der typische Konsument, sondern
der im mittelmäßigen Geschäftsleben sich
gestreßt fühlende Bürger, der der Gefahr
einer Entwicklung von Sucht und Wahn-
erkrankung nur wenig entgegenzusetzen
hat. Der Münchner Skandal um einen
Starkoch und seinen Bekanntenkreis ist
dafür ein aktuelles Beispiel.

Wie schon in der Einleitung festgehal-
ten, wurde das Opium, gewonnen aus
dem Saft der unreifen Kapsel des Schlaf-
mohns, seit dem Altertum von Menschen
vielfältig verwendet. Seine Hauptwirk-
substanz, das Morphin, entdeckt 1805 von
Brandstätter, wurde nicht zufällig so genannt. Morpheus, der römische Gott des
Schlafes, stand Pate bei der Namensge-
bung, die also vor allem die beruhigende,
angstlösende und Müdigkeit erzeugende
Wirkung beschreibt. Entsprechend verwendet auch Sigmund Freud in seinem
berühmten Aufsatz über die Bedeutung
des Glaubens für die Menschen den Vergleich mit dem Opium. Den von ihm
leidenschaftlich abgelehnten religiösen
Glauben bezeichnet er als *Opium fürs Volk*
und meint damit, daß die Menschen eben
nicht nur in ihrem seelischen Schmerz
durch den Glauben Erleichterung erfahren, sondern letztlich betäubt gehalten
werden für die wichtigen Fragen der Zeit.
Die Hilfe des Glaubens hält er für einen
Wahn, also irreal, und plädiert für nüch-
terne Klarheit bei Problemlösungen. Daß
aber auch Freud diesen Dingen mit seiner
Rationalität nicht vollständig beikommen
konnte, zeigt die Tatsache, daß er, um

seine Arbeitsleistung zu steigern, eine Zeit-
lang Kokain einnahm, bis er feststellte,
daß er selber abhängig, also süchtig war.
Der Gerechtigkeit halber muß aber gesagt
werden, daß er nach Einsicht in die Zusammenhänge sich vom Kokain wieder
loslöste und entwöhnte. Auch die Tatsache, daß Kokain kein Heilmittel gegen
Morphinsucht sei, wie anfänglich vermutet, sondern zum Ersatz der Morphin-
durch Kokainabhängigkeit führt, wurde
ihm rasch klar.

Historisch für die Industrialisierung
von England ist belegt, daß das Opium
zum Ruhighalten des Volkes in der zweiten Hälfte des 19. Jahrhunderts tatsächlich verwendet wurde. *Laudanum*, ein
Opium enthaltendes Präparat, war zu
dieser Zeit in allen Apotheken frei erhält-
lich. Aus zeitgenössischen Berichten geht
eindrücklich hervor, wie die Tagelöhner
und Bergwerksarbeiter nach der letzten
Schicht am Wochenende zur Dorfapo-
theke gingen und sich dort ihre Wochen-
enddosis abholten. Schon damals wurde
in sozialkritischen Kommentaren vermutet, daß die Arbeitssituation auf andere
Weise wohl kaum auszuhalten wäre. Daß
viele dieser Wochenkonsumenten allmählich abhängig wurden, sicherte dem Dorf-
apotheker seinen regelmäßigen Absatz.
Offensichtlich abhängig geworden waren
auch viele Soldaten des amerikanischen
Bürgerkrieges von 1861 bis 1865, die im
Zusammenhang mit Verwundungen mit
Morphin behandelt worden waren und
nach der Entlassung noch Morphin für
die erste Zeit mit nach Hause bekommen
hatten. Die bei Weglassen des Morphins
sich entwickelnden Entzugssymptome
wurden aber nicht als suchtbezogen erkannt, sondern als eigenständige Krank-

heit, die sogenannte *soldier's sickness* bezeichnet.

Ein dritter Themenkreis betrifft das
Scheitern zur Krankheit und seine mögliche Sozialisierung in der Kunst. Grundlage dieser Entwicklung ist unser „säkula-
risiertes Bedürfnis nach künstlichen Paradiesen“. Im Gegensatz zu den Künstlern
der Jahrhundertwende, die tatsächlich unter Drogenwirkung noch Paradiese zu
schaffen versuchten, konsumiert der heutige Durchschnittsbürger psychisch aktive
Stoffe, das heißt Medikamente oder alko-
holische Getränke, um seine Stimmung
zu verändern oder eine unerträgliche
Problemlage zu erleichtern. Die Idee, die
nicht akzeptierbare Realität mit künstlichen Mitteln zu korrigieren, ist eine der
Hauptwurzeln unseres heutigen Sucht-
problems – frei nach der philosophischen

Erkenntnis, daß nur das existiert, was in meinem Bewußtsein da ist. Wenn ich die schwer zu bewältigende oder zu ertragende Umwelt nicht direkt verändern kann, oder nicht daran glaube, daß ich sie verändern kann, dann verändere ich sie in mir selbst durch Drogen oder Medikamente, das heißt, ich flüchte in eine nicht reale, eigentlich eine Wahnwelt. Genau dies ist auch die Formulierung, die oft von Beobachtern für das Verhalten von Wahnkranken, speziell von Schizophrenie-Erkrankten verwendet wird. Wie hängt das zusammen?

Nach der Entdeckung und Isolierung der halluzinogenen Stoffe wie LSD aus Mutterkorn durch Hoffmann oder von Psilocybin aus dem Pilz Teonanacatl wissen wir, daß wir damit Veränderungen des Fühlens und Denkens bewirken können, die einer psychotischen Erkrankung entsprechen. Man nennt dies wegen der Ähnlichkeit zu klassischen psychotischen Erkrankungen und ihrer künstlichen Erzeugung *Modellpsychosen*. Damit verband sich die Hoffnung, daß durch deren Beobachtung das spontane Entstehen psychotischer Erkrankungen beim Menschen besser verständlich werde. Obwohl sich diese Hoffnung nicht vollständig erfüllte, ließ sich durch das künstliche Erzeugen psychotischen Denkens etwas über das Denken schizophrener Patienten lernen. Die Experimente mit LSD ergaben zum Beispiel, daß das Erkennen eines Gesichtes zunehmend schwieriger und zuletzt unmöglich wurde, was aus der Sicht des Konsumenten sich als allmähliche Auf-

Gerard de Nerval
Die Töchter der Flamme

An Helene von Mecklenburg

Fontainebleau, Mai 1837

Das alte Schloß erwartet die sächsische Prinzessin, – die zur Rettung der Kinder der letzten Kapetinger herbeikommt; – achtsam auf ihre triumphierenden Schritte, ruft Karl der Große – Napoleon zu, daß Karl der Fünfte verzeihe.

Zwei Könige aber warten selber am Gitter; – welche Erinnerung läßt sie da so zitternd stehn: – der Ahn mit den erloschenen Augen könnte langsamen Schrittes wiederkehren – und es verschmähen, diese Kronenfischer zu züchtigen?

O Medici! sollten die Zeiten denn erfüllt sein? – Deine drei Söhne sind heimgekehrt unter die weiten Falten deines Kleides, – ein einziger aber bleibt, der sich an deinen Mantel klammert.

Ein Adlerjunges, ganz schwach, zufällig vergessen, – bringt er seinem Vater Cäsar den Donnerstrahl zurück… – Und er war es, der in den Lüften die Wetterwolken häufte!

Charles Baudelaire
Die Blumen des Bösen

Herbstgesang

I Bald werden wir in kalte Finsternisse fallen;
Licht unsrer allzu kurzen Sommer, lebe wohl!
Schon höre ich der Höfe Pflaster widerhallen
Vom Holz, das niederpoltert, unheilvoll und hohl.

Ganz Winter wieder ist es bald um mich geworden;
Zorn, Haß, Schauder, Grauen, harter und strenger Fleiß;
Der Sonne gleich in ihrem Höllenkreis im Norden
Ist dann mein Herz nur noch ein roter Block aus Eis.

Mit Zittern hör ich jedes Scheit, das fällt. Es tönt
So dumpf nicht, zimmert man ein Blutgerüst zusammen.
Mein Geist ist wie der Turm, der wankt und der erdröhnt
Unter des unermüdlich schweren Sturmbocks Rammen.

Vom Gleichmaß dieser Schläge bin ich wie benommen:
Ist es ein Sarg, in den man hastig Nägel haut …?
Für wen? – Gestern noch Sommer, ist der Herbst gekommen!
Es klingt wie Abschied dieser geisterhafte Laut.

Jim Morrison
The American Night

Ein amerikanisches Gebet

Wißt ihr etwas vom warmen Werden
    unter den Sternen?
Wißt ihr, daß es uns gibt?
Habt ihr die Schlüssel vergessen zum Königreich?
Seid ihr schon geboren & seid ihr lebendig?
Laßt uns die Götter neu erfinden,
    sämtliche Mythen der Vergangenheit
Symbole zelebrieren aus tiefen Urzeitwäldern
[Habt ihr die Lehren vergessen
    aus dem uralten Krieg?]

lösung des Gesichtes darstellte. Daneben zeigte sich aber auch, daß das Erleben dieser Veränderung von Stimmungsschwankungen und insbesondere Ängsten geprägt war, im Extremfall verlor der Konsument überhaupt das Gefühl für seine eigene Existenz im Sinne einer Depersonalisation. Diese Erfahrung, von seinen kognitiven und emotionalen Fähigkeiten über weite Strecken keinen richtigen Gebrauch mehr machen zu können, führt nach einer Phase der Verwirrung und Angst allmählich zur Resignation, zur Ergebung in das Schicksal. Der Patient richtet sich in seiner Wahnwelt ein. Die nicht einzuordnenden Wahrnehmungen und Empfindungen werden in ein eigenes, komplexes System eingebaut, das deren Existenz scheinbar erklärt oder mindestens für den Patienten in eine gewisse Ordnung bringt. Die Werke der Künstlerkolonie von Garching bei Wien sind wohl das Resultat einer solchen ausgesprochen konstruktiven und sozial adaptierten Form der Bewältigung. Ein weiteres, weltberühmtes Beispiel sind die kunstvollen, minutiösen Zeichnungen von Adolph Wölflin in Bern. Letztlich sind dies aber seltene gelungene „Sozialisierungen" eines für alle anderen gleichermaßen betroffenen Patienten schrecklichen Schicksals. Glücklicherweise läßt sich heute sagen, daß aufgrund der neuen psychopharmakologischen Entwicklungen neue Medikamente zur Verfügung stehen, die in Kombination mit pädagogischen und psychosozialen Maßnahmen dazu führen, daß nicht nur die verheerenden Störungen des Denkprozesses zu einem substantiellen Teil rückgängig gemacht werden können, sondern daß durch die Reintegration in das normale Leben die Veränderungen

bei schizophrenen Patienten insgesamt minimal gehalten werden können.

Spezielles Interesse verdienen die sogenannten Grenzgänger in diesem Bereich. Bezüglich der Durchlässigkeit zwischen Bewußtseinsebene und Unbewußtem ist wohl Salvadore Dali der ergreifendste Vertreter dieses Jahrhunderts. Seine *Frau mit Schubladen* oder seine *Über die Kante gelegte Uhr* rühren uns alle über unser Unterbewußtes an. Im Bereich der Literatur sind die Zeugnisse dieser Grenzüberschreitungen auch Teil der Weltliteratur geworden. *Les fleurs du mal* von Charles Baudelaire oder *The Doors of Perception* von Aldous Huxley und Ernst Jünger mit *Annäherungen* sind eindrückliche Zeugnisse von Grenzgängern zwischen Realität und Irrealität. Teilweise haben diese Künstler teuer dafür bezahlt, mit Sucht, Krankheit und Tod. Ihre Werke aber sind unabhängig, unsterblich, sind faszinierend schön.

So schließt sich der Kreis des vorzeitlichen, Cannabis essenden Schamanen über die weissagende Pythia, den traumhaften Salvadore Dali und den drogengeschwängerten Nabokoff zum vordergründig kranken Wölflin. Sie alle wachsen über Droge, Sucht und Wahn hinaus in eine uns faszinierende, fremde und in aufblitzenden Augenblicken uns gehörende Welt. Aber das Heer der Arbeitssklaven, die sich die Härte des Lebens mit Alkohol, Kokain oder Opium erleichtern, und die unzähligen drogenkonsumierenden Adoleszenten unserer lieblos gewordenen postmodernen Industriewelt mahnen uns: Die Distanz zwischen Erleuchtung und höllischem Absturz ist klein – wenige sind berufen, diesen Weg zum eigenen und zum Wohl der Mitmenschen zu gehen.

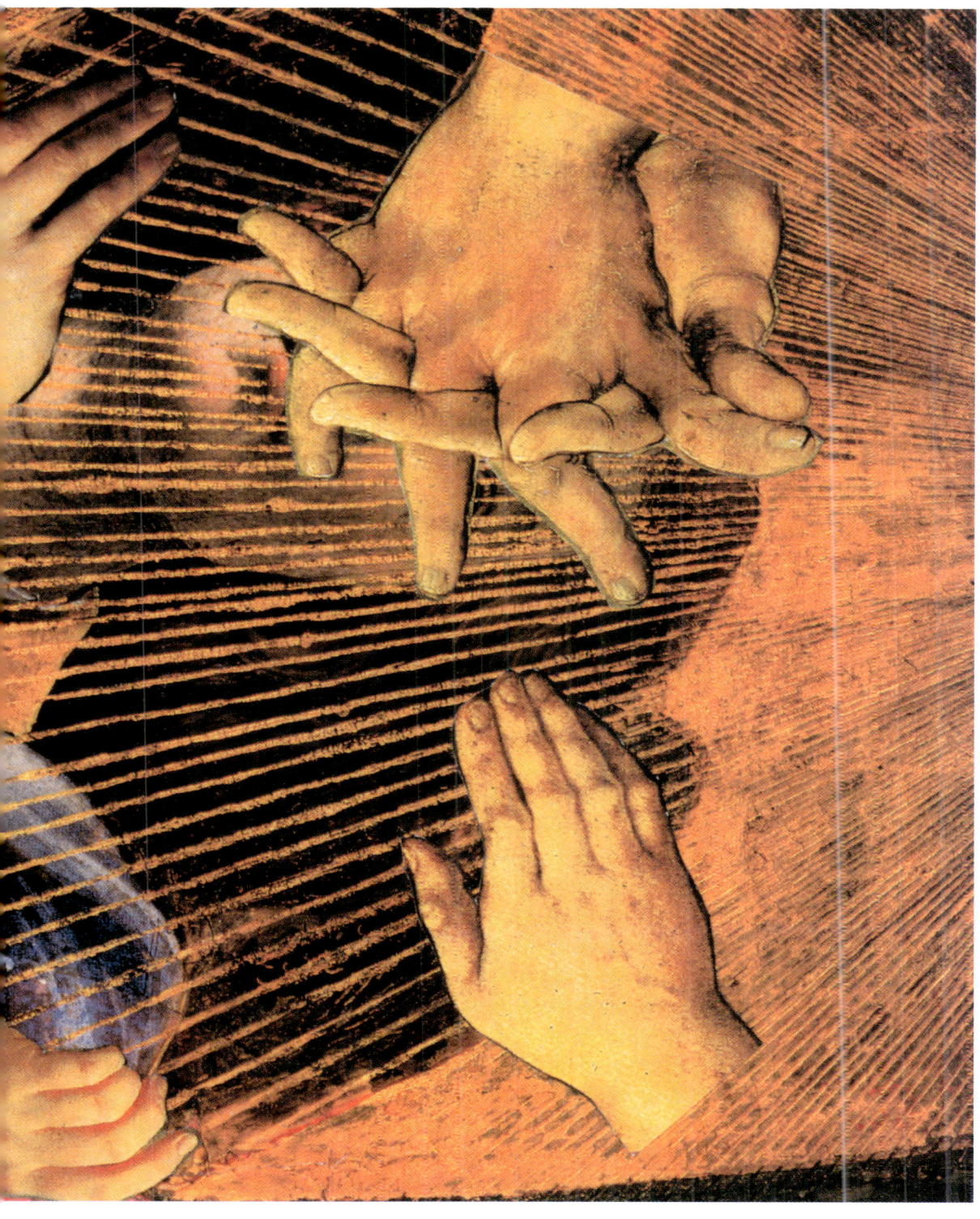

Ulrich Eberl

Leben im Globalen Dorf – mit dem Computer zum Weltbewußtsein?

Ohne soziale Einbettung ist der Mensch kein Mensch. Ohne dauernde Kommunikation entwickelt er kaum die Fähigkeit zu sprechen – er erleidet das Schicksal Kaspar Hausers, der weitgehend in Isolation aufwuchs. Wie werden sich in Zukunft die gesellschaftlichen Beziehungen des Individuums durch die neuen Kommunikationsmöglichkeiten ändern – weg von den klassischen Bindungen, hin zu einer global orientierten, virtuellen sozialen Identität?

Vielleicht wird es im Jahr 2020 im Rückblick heißen, in den neunziger Jahren hätte die letzte große Kulturrevolution auf der Erde ihren Anfang genommen. Vielleicht steht dann in den Lehrbüchern auch: Das Ende des zwanzigsten Jahrhunderts sei zugleich der Beginn des globalen Erwachens und der globalen Selbstfindung der Menschheit gewesen. Die massenhafte Einbindung von Abermillionen Menschen in einen gemeinsamen digitalen Marktplatz habe eine globale Kultur und Demokratie geschaffen. Mit den weltweiten Infonetzen sei das globale Dorf entstanden und mit ihm der Weltgeist, der – Datenströme kennen keine Grenzen – traditionelle Barrieren übersprang. Die Individuen hätten dadurch aus dem Trend der sozialen Vereinzelung herausgefunden und sich eingebettet in die virtuelle Gemeinschaft der Welt.

Das mag wie das Wunschdenken von Netzwerkfanatikern klingen, wie die Utopie von Cyberfreaks. Doch wie steht es damit tatsächlich? Für Leib und Seele, für das Spannungsfeld zwischen Materie und Geist, ist die Perspektive verlockend, die sich auftut, wenn durch die Kommunikationstechnik bisherige Beschränkungen fallen: Vom „Kaspar Hauser" der Singlegesellschaft zum wohlbehüteten Mitglied einer weltumspannenden Menschenfamilie? Noch ist wenig bekannt über die tatsächlichen Folgen der Netzwerkrevolution, die sich derzeit über den Planeten ausbreitet wie ein Buschfeuer. Nichts als Vermutungen, Befürchtungen, Heilsversprechen am Beginn eines neuen Zeitalters.

Auf der einen Seite stehen die Propheten der Transzendenz wie Roy Ascott, die theologische Beweggründe zu erkennen glauben: „Die Vernetzung der Computer gibt die Antwort auf unser tiefes psychologisches Verlangen nach Transzendenz – das Immaterielle, Spirituelle zu erreichen –, den Wunsch, außerhalb des Körpers zu sein, die Grenzen von Raum und Zeit zu überwinden, eine Art biotechnologischer Theologie."

Tatsächlich erinnern gewisse Aspekte an die Theologie: Ein Netzwerk wie das Internet, das alle Computer der Welt miteinander verbinden kann, wenn sie ausgestattet sind mit einem Modem, wurde von seinen Erfindern gerade so konstruiert, daß es physisch praktisch unzerstörbar ist. In seiner dezentralen, anarchischen Struktur wird eine Nachricht – auch wenn ein Teil des Netzes ausfällt – über andere Pfade zum Empfänger geleitet, so wie Ameisen ein Hindernis umgehen oder überklettern können, das ihnen im Weg steht.

Diese Unzerstörbarkeit des Netzes garantiert sozusagen seine Unsterblichkeit – zumindest solange Menschen Computer und elektrische Leitungen benutzen. Dazu tritt eine (bedingte) Allwissenheit: Die Daten, die täglich um den Globus kreisen, übertreffen bereits jetzt das gesammelte Wissen der Menschheit des neunzehnten Jahrhunderts. Und es wird nicht mehr lange dauern, bis das ganze heutige Wissen im Netz zur Verfügung steht, an jedem beliebigen Ort, zu jeder Zeit. Im digitalen Weltgeist als dem „diesseitigen Jenseits" addieren sich auf diese Weise die universellen Eigenschaften von Unsterblichkeit, Allwissenheit und Allgegenwart. Der *Cyberspace*, so kommentierte der *Spiegel* Anfang 1996, sei jene „körperlose Wirklichkeit, in der sich Science-Fiction, Wildwest-Stimmung und anarchi-

stischer Pioniergeist treffen. Und wenn Propheten recht behalten, dann wird das Netz in den nächsten Jahren nahezu jeden Aspekt des menschlichen Lebens verändern. Ob Politik, Wirtschaft, Kultur, Gesellschaft oder Wissenschaft – die Parole wird bald heißen: Nur wer vernetzt ist, existiert."

Das andere Extrem der Netzwerkanalysten hat für diese Allmachtsphantasien nur Spott übrig. „Alles Quatsch", poltert der amerikanische Computerkritiker Joseph Weizenbaum. Sprüche von globaler Gemeinschaft und Frieden auf Erden hätten „schon immer die Begleitmusik für jedes neue Medium abgegeben." Ebensowenig wie Radio und Fernsehen das Zusammenleben der Menschen verbessert hätten, dürfte man das vom Internet erwarten. Es sei einfach verrückt zu glauben, Information könne die Probleme der Welt lösen. Armut, Krieg und Klimaschäden gäbe es nicht deshalb, weil wir etwas nicht wüßten. Schon eher bestünde die Gefahr, daß statt eines *Global Brain* Orwells *Big Brother* oder schlicht eine riesige Ansammlung von Banalitäten entstünden.

Soziologen wie Meinhard Miegel betonen einen anderen Aspekt: Der einzelne habe heute oft keine ihn unmittelbar umgebende Gemeinschaft mehr – wie Familie, Verwandte, Nachbarn –, die ihn weiterhin sichern könnte. „Deshalb sucht er Zuflucht bei der einzigen Institution, die ihm noch belastbar erscheint, der größten und fernsten aller Gemeinschaften." Immer mehr, so behauptet etwa der Journalist Arthur P. Schmidt, ähnelten die weltweiten Kommunikationssysteme „den neuronalen Vernetzungen in unserem Gehirn, einem planetaren Nervensystem."

Worauf läuft es denn nun hinaus, das globale Netzwerk? Verstärkt es die Flucht aus der Wirklichkeit oder verbindet es uns zum globalen Gehirn, einem machtvollen Weltgeist? Die Spekulationen spiegeln die Unwissenheit über einen Prozeß ungeahnten Ausmaßes, den wir zwar gegenwärtig alle erleben, aber – gefangen zwischen Euphorie und Dämonie – noch nicht verstehen. Vielleicht hilft es, zunächst einmal die Grundlagen zu klären, auf die technologischen Anfänge zurückzublicken: Als Neil Armstrong am 21. Juli 1969 seinen Fuß auf die Mondoberfläche setzte, betrat ein Mensch zum ersten Mal einen anderen Himmelskörper. Doch für das Selbstverständnis der Menschheit war vielleicht noch wichtiger, daß die Astronauten die erste Fernsehkamera auf dem Mond installierten und sie auf die Erde richteten: Nie zuvor konnten Fernsehzuschauer sich selbst und all ihre Mitgeschöpfe von außen sehen – und das noch dazu vom Wohnzimmersessel aus.

Diesen historischen Blick auf den kleinen Planeten Erde stellte der Kommunikationswissenschaftler Marshall McLuhan an den Anfang seines in den siebziger Jahren entstandenen Buches *The Global Village* über die Auswirkungen der elektronischen Revolution. „Im nächsten Jahrhundert", prophezeite McLuhan, „wird die Erde wie in einem Weltdorf ein kollektives Bewußtsein erlangen." Damit diskutierte der Medientheoretiker visionär bereits zu Beginn des Computerzeitalters die gesellschaftlichen und psychologischen Veränderungen, die eine weltweite Vernetzung mit sich bringen würden. Der Einfluß des Kommunikationsmittels könne gar nicht hoch genug eingeschätzt

werden, formulierte McLuhan seine grundlegende These: „Die Form unserer Kommunikation prägt unsere Wahrnehmung und unser Bewußtsein."

Ohne Kommunikation, ohne den Gedankenaustausch mit seinesgleichen, verkümmert das Individuum. Wer wie Kaspar Hauser die prägenden Jahre seines Lebens auf sich allein gestellt verbringen muß, der wird für immer als Fremdling in der Gesellschaft isoliert bleiben. Der Mensch ist von Natur aus ein soziales Wesen, er definiert seine Identität im Wettstreit und Gleichklang mit anderen. Ob in der steinzeitlichen Jäger- und Sammlergruppe, den mittelalterlichen Zünften oder der modernen Konsumgesellschaft – die Menschen spielen nicht nur Rollen, sie sind: Mutter und Kind, Ehepartner und Bruder, Häuptling und Untergebener, Händler und Kunde, Freund und Fremder. Ohne Beziehung zu anderen, ohne Abgrenzung und Öffnung gegenüber dem Du kann sich kein Ich, kein Bewußtsein, keine Seele entwickeln.

Kommunikation ist also zweifelsohne ein Eckpfeiler der *conditio humana* und damit ein Grundbedürfnis des Menschen. Demnach kann es nicht überraschen, daß im Laufe der Zivilisation die Kommunikationsmittel immer weiter perfektioniert wurden. Es führt ein direkter Weg von den Urwaldtrommeln über die beweglichen Lettern Gutenbergs zur ersten Telegraphenlinie zwischen London und Kalkutta, die die Gebrüder Siemens vor 125 Jahren eröffneten. Auch galt die Geschwindigkeit der Informationsübertragung schon immer als Kennzeichen des Fortschritts: So verkürzte die London-Kalkutta-Linie die Zeit für die Übermittlung von Botschaften von dreißig Tagen auf 28 Minuten. Das britische Empire hatte – wie schon vor vierhundert Jahren der englische Philosoph Francis Bacon – erkannt, daß rechtzeitiges Wissen Macht ist, ob es sich nun auf Börsenkurse, Sturmwarnungen oder militärische Konflikte bezieht.

Doch in welche Richtung treiben uns die neuen Kommunikationsmittel: Computer und Satellitenkommunikation, Multimedia und Datenautobahnen? Wird tatsächlich ein Weltbewußtsein entstehen, ein globales Dorf, wie McLuhan glaubt, oder werden die Menschen ganz im Gegenteil vereinsamen, als elektronische Autisten vor einem flimmernden Bildschirm?

Am Beginn einer jeden neuen Epoche haben jedenfalls Mahner wie Propheten Hochkonjunktur. Dies war schon so beim Übergang vom oralen zum literalen Zeitalter, als Plato klagte, daß die Schrift das Gedächtnis verkümmern ließe. Doch der griechische Philosoph war sich der unaufhaltsamen Entwicklung wohlbewußt: Ironischerweise hat er sein Traktat über den zerstörerischen Einfluß der Buchstaben selbst niedergeschrieben. Heute stört es niemand mehr, daß an einem einzigen Tag mehr gedruckt wird, als in der Zeit zwischen Gutenberg und dem Ersten Weltkrieg zusammengenommen. Schrift und Buchdruck haben inzwischen die Welt verändert, Kulturen geschaffen, Umstürze ausgelöst, Wissen potenziert und gespeichert – und ebenso, prophezeit McLuhan, werde es mit den neuen Medien sein.

Doch genaue Voraussagen über die Wirkungen einer technologischen Umwälzung, wie wir sie derzeit erleben, sind schwierig. Rechner wurden beispielsweise

noch vor wenigen Jahrzehnten als reine Zahlenfresser betrachtet, von denen weltweit nur ein paar Dutzend nötig wären. Niemand dachte an die Einsatzgebiete, denen der Computer schließlich seinen Siegeszug verdankte: Textverarbeitung, Tabellenkalkulation, Datenbanken und – nicht zu vergessen – die Computerspiele!

Ein anderes Beispiel für verzögerte Entwicklung im Kommunikationsbereich ist das Faxgerät, das seinen Siegeszug durch Büros und Privaträume erst in jüngster Zeit angetreten hat, obwohl es als Bildtelegraph seit 1927 existiert. Den amerikanischen Medienkritiker Jeff Greenfield wundert das nicht: „Technische Möglichkeiten alleine sind noch keine Garantie für den Erfolg. Solange etwas in den Augen der potentiellen Benutzer nicht einfach, sinnvoll und preiswert ist, wird es sich auch nicht durchsetzen."

Werden also die digitalen Medien unser alltägliches Leben verändern und wenn ja, wie? Wird Telepolis, die Überstadt am Computernetz, entstehen, wie Ende 1995 eine Ausstellung in Luxemburg fragte? Werden wir uns größere individuelle Freiräume schaffen oder geht es nur um die Eroberung von Märkten, um Macht und die Kontrolle von Informationen? Werden neue soziale Organisationsformen entstehen, regionale Standorte und Stadtstrukturen an Bedeutung verlieren? Die Zukunftsforscher stochern im Nebel. „Noch ist Telepolis nur spärlich besiedelt, es gibt weiterhin große Spielräume für zukünftige Entwicklungen", rechtfertigten die Veranstalter der Luxemburger Ausstellung ihre vagen Trendaussagen. Oder, wie es Bill Gates, Chef der Software-Firma *Microsoft*, mit leuchtenden Augen formuliert: „Die digitale Revolution hat noch gar nicht stattgefunden."

Um beurteilen zu können, wie dramatisch der Weg ins Informationszeitalter verläuft, muß man sich ein paar Daten und technische Fakten ins Gedächtnis rufen. Der Weltmarkt der Informationswirtschaft – Computer, Telekommunikation, Medien – beträgt heute 3300 Milliarden Mark mit einem zehnprozentigen jährlichen Wachstum. Fast eine Milliarde Fernsehgeräte sind rund um den Globus in Betrieb, die ein Programm von einigen der 3000 Fernsehstationen empfangen können. Der Personalcomputer ist noch keine zwanzig Jahre alt und doch sind schon weltweit 170 Millionen Geräte installiert. Die meisten dieser Rechner fristen zwar noch ein Singledasein, aber sicher nicht mehr lange: Die größten Wachstumsraten melden die internationalen Datennetze, die die Rech-

ner untereinander kommunikationsfähig machen.

Am Internet, dem losen Zusammenschluß von rund 120 000 lokalen Computernetzen unter einer gemeinsamen *Protokollsprache*, beteiligen sich inzwischen etwa vierzig Millionen Menschen. Die Zahlen sind aufgrund der anarchischen Struktur der „Mutter aller Netze" nur Schätzungen – und sie wachsen um geschätzte zehn Prozent pro Monat. Noch schneller verbreiten sich die Programme *Mosaic* und *Netscape*, die den Querverweisen des 1989 erfundenen *World Wide Web* im Internet Piktogramme, Ton und Bilder hinzufügten und damit das Internet aus seinem reinen Textdasein erlösten: Die Nutzerzahlen von Mosaic stiegen 1993 um elf Prozent – pro Woche! Zugleich wurde damit das ursprünglich von Wissenschaftlern an Universitäten und Forschungsinstituten genutzte Internet für die allgemeine Öffentlichkeit interessant. Heute hat fast jede größere Firma oder Stadt eine *Homepage* im Netz, wo sie sich von ihrer besten Seite zeigt.

Ohne die Leistungsfähigkeit und den Preisverfall moderner Computer wäre diese rasante Entwicklung unmöglich gewesen. Ein Industriemanager hat die Mikrochips in den Rechnern einmal mit einem Automobil verglichen: „Bei gleichem Entwicklungsfortschritt, wie wir ihn bei den Speicherchips erlebt haben, wäre ein Auto heute etwa 50 Gramm schwer, 5000 Kilometer pro Sekunde schnell, käme mit einer Tankfüllung 500 000 Kilometer weit und würde ganze fünf Mark kosten."

Doch dies ist erst der Anfang. Bis zum Jahr 2010 wird sich die Speicherleistung von Rechnern noch einmal vertausendfachen. Der 16 Gigabit-Speicherbaustein wird dann auf der Fläche eines Fingernagels die Textmenge einer Bibliothek mit 400 dicken Wälzern enthalten können. Zugleich werden die Kosten pro Speichereinheit um den Faktor 150 sinken. Auch die Geschwindigkeit des eigentlichen Computergehirns, des Prozessors, wird bis in fünfzehn Jahren um das Hundertfache auf dann zehn Milliarden Rechenoperationen pro Sekunde steigen. Zur Veranschaulichung: Könnte ein Mensch in jeder Sekunde zwei mehrstellige Zahlen miteinander multiplizieren, bräuchte er bei ununterbrochenem Rechnen 320 Jahre, um das zu leisten, was ein solcher Prozessor in einer Sekunde schafft.

Parallel zur Leistungsfähigkeit der einzelnen Computer wächst die Kapazität des verbindenden Netzwerks: Es entstehen *Datenautobahnen* – ein Begriff, den der amerikanische Vizepräsident Al Gore bereits 1978 prägte. Für eine einfache Kontaktaufnahme zwischen Rechnern genügen eine Telefonleitung und ein sogenanntes Modem, das typischerweise etwa eine Textseite pro Sekunde übertragen kann. Sechs sogenannte ISDN-Leitungen zusammengekoppelt können bereits farbige Videobilder ohne Verzögerung – also *online* – übertragen. Dies wurde im Frühjahr 1996 eindrucksvoll in München demonstriert, als ein Arzt im Klinikum *Rechts der Isar* ferngesteuert ein Endoskop im Magen eines fünfzig Kilometer entfernten Patienten bewegte und die Live-Endoskopiebilder auf Großbildschirme im Klinikum projiziert wurden. Auf der absoluten Überholspur der Datenautobahn befinden sich die Datenpakete, die in Glasfaserkabeln reisen: In diesen Leitungen können jede Sekunde zwei Millionen

Textseiten oder eine halbe Million Telefongespräche gleichzeitig übertragen werden.

Allerdings würde sogar diese gewaltige Datenmenge „nur" für die Übertragung von rund 150 Fernsehkanälen ausreichen, wenn die Bilder unkomprimiert gesendet würden. Durch technische Tricks läßt sich jedoch die Informationsmenge bewegter Bilder auf rund ein Hundertstel zusammenpressen, wodurch dieselbe Leitung hundertmal besser ausgenutzt wird. So werden beispielsweise nur diejenigen Bildanteile übertragen, in denen sich ein Bild vom vorhergehenden unterscheidet.

Auch die drahtlose Kommunikation wird immer leistungsfähiger. Flächendeckende Mobilfunknetze sind schon fast eine Selbstverständlichkeit und ab 1998 soll darüber hinaus jeder Mensch, der dies will, überall auf der Erde – im Häuserdschungel von New York ebenso wie im Urwald auf Borneo – erreichbar sein. Die künstlichen Trabanten des *Iridium-Projekts* läuten dann die Mobilkommunikation per Satellit ein.

Doch all diese technischen Fortschritte wären nur Flickwerk und es gäbe keinen echten „Quantensprung" ins Informationszeitalter, sagt Nicholas Negroponte, der Gründungsdirektor des Medienlabors am *Massachusetts Institute of Technology (MIT)*, wenn der Umgang mit dem Computer nicht menschengerechter würde. „Jeder Hund erkennt seinen Herrn am Gang und spürt, wenn er wütend ist, doch der Computer weiß noch nicht einmal, daß jemand vor ihm sitzt." Erst wenn der Rechner Gestik, Mimik und Sprache seines „Herrn" verstünde, würde der Computer wirklich zum akzeptierten Alltagsgerät.

Die Forscher sind nicht mehr weit davon entfernt: Irfan Essa, ein Mitarbeiter von Negroponte, konstruiert zur Zeit einen Rechner, der nicht nur menschliche Gefühlsausdrücke wie Freude oder Trauer richtig interpretieren kann, sondern auch selbst Computergesichter mit realistischer Mimik passend zur Situation erzeugt. Pattie Maes und Alex Pentland – ebenfalls am Medienlabor des MIT – haben einen *Magischen Spiegel* entworfen, in dem sich der Benutzer nicht nur selbst sieht, sondern wo er auch mit imaginären Computerfiguren – etwa einem Pudel – kommunizieren kann. Er kann mit dem virtuellen Hund Ball spielen oder ihn zu dressieren versuchen.

Christoph Maggioni vom *Siemens-Forschungslabor* in München hat einen Personalcomputer entworfen, der sich mit Kopf- und Handbewegungen steuern läßt. Ärzte können damit beispielsweise dreidimensionale Tomographiebilder begutachten. Wenn sie den Kopf neigen, registriert dies eine Kamera und der Computer zeigt ihnen das Bild aus der entsprechend geänderten Perspektive. Einem derartigen Rechner kann auch problemlos die Gebärdensprache der Gehörlosen beigebracht werden.

„Mit dem Computer sprechen zu können" ist ebenfalls keine Utopie mehr. Immer zahlreicher und überzeugender werden die Demonstrationen von „hörenden Schreibmaschinen" und „verstehenden Computern", die nicht nur mit einzelnen Worten, sondern auch mit natürlich gesprochenen Sätzen zurechtkommen. Noch ist der Wortschatz, den sie beherrschen, auf einige tausend Wörter begrenzt – etwa auf medizinisches Vokabular –, aber die Fortschritte sind unverkennbar. Auch die Übersetzungsprogramme vom Deutschen ins Englische oder Japanische und umgekehrt werden immer leistungsfähiger. Die Barrieren für eine wirklich weltweite Kommunikation von Mensch zu Mensch und Mensch zu Computer sinken also rapide.

„In wenigen Jahren wird der Umgang mit dem Computer so selbstverständlich sein wie das Tragen einer Armbanduhr", ist Nicholas Negroponte überzeugt. Der Pionier der Computerkommunikation geht in seinem Buch *Total digital* sogar noch weiter: „Genaugenommen wollen wir die Rechner eigentlich gar nicht benutzen – wir wollen, daß sie etwas für uns tun." Elektronische Butler sollen sie sein, die unsere Eigenheiten und unseren Geschmack kennen und uns die Informationen besorgen, die wir benötigen: Flugpläne und freie Parkplätze, Kochrezepte und Gesundheitstips, Lexikonartikel und Schachpartner.

Diese *Personal Digital Assistants* oder *Intelligenten Agenten*, die für uns durch die Datennetze flitzen und mit nützlichen Ergebnissen zurückkommen, sind derzeit das heißeste Thema vieler Forschungs- und Entwicklungsanstrengungen. Denn die Netze mit ihrer Unzahl an Informationen sind längst zu unübersichtlich geworden. Zwar findet ein geduldiger „Internet-Surfer" alles, was er sich wünscht, doch meist auch das, woran er nicht einmal im Traum gedacht hätte: Höhlenmalereien aus Südfrankreich und den Füllstand der Kaffeemaschine in Cambridge, medizinische Prüfungsfragen und blaue Hunde, die rechnen können, erotische Versandhauskataloge und explodierende Präsidentenköpfe. Das Internet ist so chaotisch, daß man ohne Pfadfinder schnell die Orientierung verliert. Ein elektronischer Helfer am Handgelenk, der mit sich reden läßt, der unsere Vorlieben kennt und sich über Funk ins weltweite Informationsnetzwerk einklinkt – dies ist der Traum von Nicholas Negroponte. Ein Traum, der angesichts der Leistungssteigerungen von Computern und Datennetzen nicht so unrealistisch ist ...

Auch bei *Siemens* ist man überzeugt, daß „wir schon in wenigen Jahren weltweit elektronisch präsent sein werden, immer und überall erreichbar" und daß wir „Informationen aus beliebigen Datenquellen interaktiv und audiovisuell nutzen und uns im Begegnungsraum Computer treffen werden." Wir würden auch weiterhin all das tun, was wir heute machen: in die Schule und ins Büro gehen, den Arzt aufsuchen, Kinofilme sehen und einkaufen gehen, Freunde treffen, reisen, Nachrichten hören und lesen, aber wir werden „eine neue Dimension in all diesen Dingen dazugewinnen".

Der amerikanische Vizepräsident Al Gore hat ganz in diesem Sinne im Jahre 1993 eine Art „Apollo-Programm der Kommunikationstechnik" gestartet, als er proklamierte: „Laßt uns bis zum Ende dieses Jahrhunderts die Informationsrevolution in jedes Klassenzimmer, in jedes Krankenhaus und in jede Bücherei tragen!" In manchen Gegenden der USA laufen inzwischen Projekte, jede Schule ans Internet anzuschließen und auch in öffentlichen Gebäuden Computerterminals zu installieren, um breiten Bevölkerungsschichten einen Zugang zur schönen neuen Informationswelt zu ermöglichen. Am Ende, so die Überlegungen, könnten einmal alle lästigen Behördenformulare – von der Kraftfahrzeug-Zulas-

sung bis zur Steuererklärung – am heimischen Computer ausgefüllt werden und vielleicht sogar Wahlen und Volksabstimmungen per Knopfdruck stattfinden.

In den Schulen stößt Al Gores Initiative auf breite Zustimmung. Wer schon einmal Kinder am Gameboy spielen sah, weiß, wie selbstverständlich sie mit Computern umgehen. Sie kennen keinerlei Berührungsängste und die reinen Computerfreaks, deren soziale Kontakte verkümmern, sind eher Ausnahmefälle. Untersuchungen von Psychologen der britischen *Middlesex University* haben gezeigt, daß Computer-Kids zur aktivsten und selbstbewußtesten Gruppe der Jugendlichen gehören. Sie sind interessiert, probieren gerne Neues aus und sind von unintelligenten Programmen schnell gelangweilt. Außerdem mache nur gemeinsames Spielen am Computer wirklich

Spaß, gaben 85 Prozent der Befragten an. Anders als der Fernsehapparat ist der Computer kein passives Kommunikationsgerät, er regt die Jugendlichen an und fordert ihre Beteiligung.

Diese Interaktivität prädestiniert den Computer als Lernmittel, insbesondere, wenn der Lernstoff multimedial präsentiert wird, das heißt nicht nur in Form von Texten, sondern auch über Sprache, Geräusche, Musik, Bilder und Videos. Der Physiologie des Menschen als multimedialem Wesen, das möglichst viele Informationskanäle gleichzeitig nutzt, entspricht diese neue Form des Lernens wesentlich mehr. Forscher haben herausgefunden, daß wir uns Informationen besser merken können, wenn wir beim Lernen hören, sehen und agieren, als wenn wir nur passiv zuhören. Das spielerische „Learning by doing" ist die effizienteste Art des Lernens.

Computer-Lernprogramme können zudem hervorragend auf die individuellen Fortschritte des einzelnen Schülers eingehen und bei Schwächen gezielt nachhaken. Der menschliche Lehrer müßte mehr und mehr die Rolle eines Trainers übernehmen, der auch darauf achtet, daß über der Beschäftigung mit dem Computer nicht das Lernen in der Gruppe und das Arbeiten im Team verlorengehen.

Bibliotheken werden durch die Multimediafähigkeit des Computers neue Dimensionen gewinnen. Lexika, die bei einem Stichwort mit einer einfachen Berührung oder einem Klick mit der Computermaus zusätzliche Informationen bereitstellen, die bei einer Biographie von Mozart *Don Giovanni* erklingen lassen oder eine Videoaufzeichnung aus dem Wiener Opernhaus abspielen, sind in dieser Hinsicht einer klassischen Enzyklopädie überlegen.

Noch beeindruckender sind die Fortschritte der *Virtual Reality*-Technik, die der Betrachter inzwischen ohne schwere Sichthelme erleben kann: Heute genügt eine speziell konstruierte Brille – eine sogenannte Shutterbrille –, um beispielsweise ein Gebäude, das nur im Computer existiert, besichtigen zu können und einen realistischen, dreidimensionalen Eindruck zu bekommen.

Die Arbeitswelt wird sich durch die immer leistungsfähigeren Computer und Datennetze wesentlich stärker ändern, als dies vielen von uns bewußt ist; denn schon heute ist ein Großteil der Arbeitnehmer mit der Beschaffung, Bearbeitung und Weiterleitung von Daten beschäftigt, also genau in der Domäne der elektronischen Assistenten – und Konkurrenten. Die ersten global agierenden Firmen beginnen mit weltweiter Arbeitsteilung: So lassen sich beispielsweise über große Videowände Konstruktionszeichnungen in Deutschland und Amerika gleichzeitig betrachten und bearbeiten.

Mehr als eine Million Heimarbeiter am Computer gibt es inzwischen in Europa, die meisten in Großbritannien. Doch die bisherigen Erfahrungen sind nicht nur positiv. Telearbeiter berichten von einem Gefühl der Isolation zu Hause, von einer zunehmenden Entfremdung von ihrer Firma und den Kollegen. Wieder einmal zeigt sich, daß – wie Marshall McLuhan immer betont – das Kommunikationsmittel die Basis des sozialen Gefüges schafft, das „Medium das Bewußtsein bestimmt". Nicht jeder will sein soziales Arbeitsumfeld mitsamt Kaffeeplausch gegen eine kalte Bildschirmoberfläche in den eigenen vier Wänden tauschen. Büros werden nicht aus unserem Alltag verschwinden, aber der Trend ist klar: Die Zahl der Telearbeiter wird weiter wachsen.

Doch die wirkliche Umwandlung der Weltwirtschaft stehe uns erst noch bevor, behauptet Lewis Branscomb, der ehemalige Direktor des amerikanischen *National Bureau for Standards* und Vizepräsident von *IBM*. Seit vielen Jahren berät Branscomb die US-Regierung in Technologiefragen der Kommunikationsindustrie. „Bisher hat die Informationsrevolution noch wenig an Wirtschaftswerten geschaffen, weil der Marktanreiz fehlte." Die Datenautobahn nur mit Reklame zu pflastern genüge nicht. „Florierender Handel braucht eine elektronische Währung und elektronisches Eigentum." Wenn man für einzelne Informationen geringe Geldbeträge berechnen könne, würde der Markt sofort in Bewegung kommen. „Wer wäre nicht bereit", fragt Branscomb, „für einen fundierten Lexikonartikel oder die Übertragung der Steuererklärung ein paar Pfennige zu bezahlen?"

Die technischen Voraussetzungen dazu existieren. Mit geeigneten Verschlüsselungsverfahren können Dokumente mit „elektronischen Wasserzeichen" versehen werden, die die Urheberschaft beweisen und eine unrechtmäßige Veränderung des Dokuments verhindern. Ebenso lassen sich damit fälschungssichere „elektronische Unterschriften" leisten, und Banken können „elektronisches Geld" ausgeben. Erste Großversuche, in den Netzen auch Handel zu treiben, starteten bereits.

Joseph Weizenbaum sieht sich wieder einmal in seiner Skepsis bestätigt: „Nichts

von diesen interaktiven Angeboten braucht irgend jemand wirklich." Ein Blick auf das Konsumentenverhalten von Zeitschriftenlesern und Fernsehzuschauern scheint ihm Recht zu geben: Anstrengende Sachinformationen und intelligente Essays sind beim Publikum weniger gefragt als Unterhaltungssendungen oder Sportberichte.

Vielleicht sind digitale Tageszeitungen ein sinnvollerer Weg als das digitale Fernsehen. Wenn Zeitungsverlage und Agenturen ihre ohnehin elektronisch erfaßten Artikel in Datennetzen zugänglich machen, dann kann ein „elektronischer Butler" daraus für seinen menschlichen „Herrn" eine individuelle Zeitung zusammenstellen: Je nach den vorgegebenen Interessensgebieten sucht er sich beispielsweise die Beiträge über Wirtschaftspolitik, die Fußballergebnisse und das aktuelle Kinoprogramm und präsentiert sie in ansprechendem Layout. Prototypen einer solchen Telezeitung gibt es bereits. „Noch kann man sich mit einer Computerzeitung nicht ins Bett kuscheln", sagt Nicholas Negroponte, „aber es gibt kein prinzipielles Hindernis, flache, biegsame, ja papierähnliche Computerbildschirme zu entwickeln." Die Maschine hat sich den Bedürfnissen des Menschen anzupassen und nicht umgekehrt.

Wo also bleibt der Mensch im Computer- und Informationszeitalter? Er schwankt zwischen Hoffnung und Angst. Er fragt sich, was bedeutet das alles für mein alltägliches Leben? Verliere ich meinen Job? Kann ich mit dieser rasenden Entwicklung noch mithalten? Kaum einer, der glaubt, daß die neue Technik direkt ins Land Utopia führt, wo alle Menschen Datenbrüder werden und am gemeinsamen Weltwissen partizipieren. Selbst der

Visionär Negroponte befürchtet „Obdachlose im Cyberspace", neue Analphabeten, die mit Computern nichts anfangen können und am Rande des Weltdorfes dahinvegetieren. Wie bei jeder neuen Technologie droht eine Zwei-Klassen-Gesellschaft, eine Zersplitterung in die Teilhabenden und die, die nicht mithalten können oder wollen – eine äußerst schwierige Aufgabe für die Politik und unser Erziehungs- und Sozialsystem.

Doch was werden selbst jene, die wissen, wie man sich in das pulsierende Nervensystem des digitalen Weltbewußtseins einklinkt, mit all den Informationen anfangen, die auf sie einströmen? Wird der Mensch in den weltweiten Kommunikationsnetzen nicht nur reduziert auf seine elektronische Identität, auf seine Kreditbiographie, seine Krankengeschichte, sein Einkaufsverhalten, seine Vorlieben und Abneigungen? Sicher wird es eine der wichtigsten und schwierigsten Aufgaben des Computerzeitalters sein, die individuelle Persönlichkeit zu erhalten, um die Geburt von Orwells allwissendem *Big Brother* zu verhindern.

Auf der anderen Seite: Werden wir durch die globale Verständigung nicht auch unabhängiger, freier, selbstbestimmter als verantwortungsbewußte Weltbürger? Repressive Staaten haben schon heute Probleme mit den offenen Kommunikationswegen. Manche Regime würden am liebsten den Zugang zu den Datennetzen verbieten. Doch um Nachrichten und Bilder zu verschicken, genügen ein Computer, ein Telefon und ein Modem. Gleichwohl versuchen es die Regierungen: Im Frühjahr 1996 mußten sich beispielsweise die rund hunderttausend chinesischen Internet-Benutzer bei der Polizei melden.

Verbindungen ins Ausland dürfen seitdem nur noch über die Leitungen des Telekom-Ministeriums laufen. Und auch das Ministerium für Information und Kunst in Singapur zensiert den Datenverkehr seiner Untertanen.

Doch clevere Hacker bekämpfen Technik mit Technik und finden immer einen Weg. Ebenso wie im anarchischen Internet eine Zensur von rassistischen Äußerungen, Gewalt oder pornographischen Darstellungen kaum durchführbar ist, ebensowenig können auch Meldungen von Menschenrechtsverletzungen unterdrückt werden. So kann die weltweite Kommunikation zu einer der stärksten Kräfte zur Unterstützung von demokratischen Prinzipien werden. Während des Putsches in Rußland waren im August 1991 die Computernetze das einzige Informationsmedium, das durchgehend funktionierte. Wo immer eine Verbindung im Netzwerk unterbrochen wurde, da standen schon andere Knotenrechner bereit, die die Nachrichten an die internationale Öffentlichkeit weiterleiteten.

Vielleicht kommt die globale Vernetzung gerade noch zur rechten Zeit. Probleme, die die ganze Erde bedrohen – Bevölkerungsexplosion, Treibhauseffekt, Ozonloch, Umweltverschmutzung und Ressourcenvernichtung –, können auch nur global gelöst werden. „Think global, act local" fordern Unternehmensführer, Politiker und Umweltverbände unisono. Dazu bedarf es aber eines weltweiten Netzwerks und des Bewußtseins, gemeinsam für den Erhalt der Erde verantwortlich zu sein. Nur wem in den Fernsehbildern aus dem Weltall klargeworden ist, wie klein und verletzlich die Erde ist, der wird sich auch aufgerufen fühlen, sie zu

Möchten Sie noch mehr über unser Verlagsprogramm wissen, dann schicken Sie uns bitte einfach diese Karte zurück.

Absender:

Name

Straße

PLZ/Ort

Ich interessiere mich für:

☐ Architektur und Kunst
☐ Geschichte und Politik
☐ Memoiren und Erinnerungen
☐ Belletristik
☐ Philosophie, Religion, Psychologie

Diese Karte entnahm ich dem Buch:

Umseitige Abbildung wurde dem Band
»Im Totengarten« entnommen.

Postkarte

Deutsche Verlags-Anstalt
Abt. MB
Neckarstraße 121
70190 Stuttgart

schützen – über alle Länder- und Nationalitätengrenzen hinweg.

Wie der Computerexperte Marvin Minsky in seinem Buch *The Society of Mind* vorhersagt, kann das kollektive Verhalten einer Vielzahl von Rechnern, die sich synchronisieren und dann wie ein Ganzes wirken, zu neuen intelligenten Lösungen führen. Gelangen wir also über ein Netzwerk von Rechnern schließlich doch zu Marshall McLuhans „Weltbewußtsein", zum globalen „Über-Ich"? Große Visionen geben eine Richtung vor, doch letztendlich werden die Menschen nur das akzeptieren, was ihnen ihre Arbeit erleichtert, persönliche Probleme löst und Bedürfnisse befriedigt. Nicht zu unterschätzen sind dabei die ganz alltäglichen, scheinbar kleinen Hürden: „Wenn ich von jedem Hotelzimmer der Welt aus kommunizieren will", sagt Nicholas Negroponte, „nehmen die Stecker, die ich bei mir tragen muß, mehr Platz weg als mein ganzes Computer-Equipment." Allein in Europa gebe es zwanzig verschiedene Stromstecker und weltweit einhundertfünfundsiebzig unterschiedliche Telefonstecker. Dies bringt selbst Visionäre schnell wieder auf den Boden der Tatsachen zurück.

Aber auch die Schreckensbilder der mahnenden Propheten, wir entwickelten uns zu elektronischen Autisten, zu Kaspar Hausers vor dem flimmernden Bildschirm, seien sicher übertrieben, sagt Lewis Branscomb, ebenso wie die Erfindung der Videokonferenz nicht das Reisen ersetzt habe. „Ganz im Gegenteil. Meist will man sein elektronisches Gegenüber auch persönlich kennenlernen." Der Mensch sei nun einmal ein soziales Wesen, und das persönliche Gespräch werde bestimmt nicht untergehen.

Schon das Telefonieren brachte ja bereits eine erste Abstraktion in die menschliche Interaktion. Wer zum Hörer greift, der entledigt sich der prägnantesten Eigenschaft des Dialogs: der physischen Präsenz. Eher schon brachte der zweite Schritt der Massenkommunikation, Radio und Fernsehen, beträchtliche Veränderungen in das Leben der Familien. Das weltweite Datennetz soll diese simplen Effekte der „Entmenschlichung" noch übertreffen. So schildert Branscomb, wie in einem Dorf in den Rocky Mountains öffentliche Dinge des Gemeindelebens per Netz bekanntgemacht, diskutiert und auch schon einmal elektronisch entschieden werden. Die Verallgemeinerung zur digitalen Basisdemokratie liegt auf der Hand.

Doch Branscomb glaubt nicht, daß die virtuellen Welten an die Stelle der realen Gesellschaft treten werden, in der die Konflikte noch „handgreiflich" ausdiskutiert werden. Wie zur Bestätigung dieser These schießen überall in den größeren Städten – so auch in Köln, Hamburg oder München – Internet-Cafés aus dem Boden: Treffpunkte, in denen Computer mit Anschluß an die weltweite Internet-Gemeinde stehen, aber wo man auch ganz altmodisch und in Ruhe seinen Kaffee trinkt, sich unterhält und streitet, flirtet und lacht.

Weltweit verbunden und doch an einem Ort zu Hause. Ein Netz aus Computern wird auch in Zukunft immer nur ein Netz aus Menschen sein. Auch

morgen werden Liebesbotschaften nicht ausschließlich per e-mail versandt werden, sondern mitunter ganz konventionell mit handgeschriebenen Briefen oder einem Blumenstrauß an der Tür. Doch die allgegenwärtigen Informationen auf Knopfdruck werden unsere sozialen Beziehungen nicht unverändert lassen.

Die Menschen in ihrem Streben nach dem Nutzwert der Dinge werden sich mit dem heraufziehenden „Weltgeist" zu arrangieren wissen. „Auch im Wunderland der morgigen Medien", so schrieb *Die Zeit*, „wird der Normalbürger mit seinen begrenzten Bedürfnissen dominieren." Realistisch betrachtet, wird – wie so oft – das scheinbar Banale über all die düsteren und all die euphorischen Prophezeiungen die Oberhand gewinnen. Und das ist gut so.

Joachim Fischer

Der Körper, die Seele und der Tod

Die Leib-Seele-Dualität gerät beim Tod in eine Grenzsituation: In sogenannten Nahe-Tod-Erlebnissen berichten „zurückgekehrte" Unfallopfer von oft einander ähnlichen Erfahrungen. Was ist der Tod, wie mißt ihn die Medizin? In welchen Konflikt zwischen aktiver Sterbehilfe und Euthanasie gerät der handelnde Arzt?

„Rega eins gestartet, Männedorf sieben Minuten" funkte der Pilot zur Basis. Der rote Hubschrauber stieg in einer steilen Kurve in den verregneten Februarsonntag. Der Arzt an Bord hatte das Wichtigste auf einem kleinen Zettel notiert: Zehnjähriger Junge, mit Herzstillstand ins örtliche Krankenhaus eingeliefert, Diagnose unbekannt, künstliche Beatmung, Kreislauf jetzt stabil.

Zwei Stunden später bat der Oberarzt der Intensivstation die Eltern in ein Besprechungszimmer. „Schwierige Situation" hatte die Schwester am Telefon gesagt. Die Worte kreisten im Kopf der Mutter: „Schwierige Situation. Was heißt das? Schwierige Situation. Wird er aufwachen?" Der Arzt begann zu sprechen: „Frau Marzuk, ich fürchte..." Den Rest hörte die Mutter nicht mehr richtig. Hatte er da gerade „wird nie mehr auf-

wachen, verstehen Sie, sein Gehirn ist tot" gesagt?

In ihrer Erinnerung liefen die letzten vierundzwanzig Stunden ab: Gestern hatte sich ihr Sohn nicht wohl gefühlt. Sie hatte nur etwas erhöhte Temperatur gemessen, aber seine sonderbar gräuliche Gesichtsfarbe hatte sie beunruhigt. Der Arzt vom Wochenendnotdienst, sonst Spezialist für Frauenheilkunde, diagnostizierte eine gewöhnliche Grippe, hatte Bettruhe empfohlen und Aspirin rezeptiert. Wenn es schlimmer würde, solle sie ihn wieder anrufen. Wahrscheinlich habe ihr zehnjähriger Sohn Christoph den gleichen Infekt wie Schulkameraden und Nachbarskinder.

Hatte Christoph nicht am Nachmittag vom Sofa gefragt: „Mami, das Schlimmste ist, wenn das Gehirn tot ist und das Herz weiterschlägt?" Oder hatte sie die Worte und ihren Schreck darüber nur geträumt? Heute morgen jedenfalls hatte ihr Sohn schwerer geatmet und über Kopfschmerzen geklagt. Als er gegen Mittag auf der Toilette zusammenbrach, trugen sie und ihr Mann den Jungen ins Auto. In der Notfallaufnahme des Krankenhauses fühlte eine Schwester den Puls, rief plötzlich „Rea" und dann war große Hektik ausgebrochen. Die Bahre mit ihrem Sohn wurde eilig in ein anderes Zimmer gerollt. Als sich die blaßblau gestrichene Tür schloß, las sie in roten Lettern die Aufschrift „Schockraum".

Für die Ärzte auf der Intensivstation war der Fall nach zwei Stunden klar. Die Pupillen von Christoph Marzuk reagierten nicht mehr. Aus den Bildern der Computertomographie ließ sich herauslesen, das Gehirn sei geschwollen, die Nervenzellen höchstwahrscheinlich zerstört. Das bakteriologische Labor hatte gemeldet, die entnommene Probe Rückenmarkswasser enthalte Bakterien. Christophs Erkrankung war keine Wintergrippe, sondern eine besonders heimtückisch verlaufende Gehirnhautentzündung. Das anschwellende Gehirn und die entzündeten Gehirnhäute hatten zuerst Kopfschmerzen verursacht. Schließlich hatte sich das weiter schwellende Gehirn aus dem Hinterhauptsloch in Richtung Rückenmark gedrückt und dadurch seine eigene Blutversorgung stranguliert, die Nervenzentren für Atmung und Kreislauf gequetscht. Christophs Gehirn war damit aller Erfahrung nach „irreversibel geschädigt". Die Ärzte im Bezirkskrankenhaus hatten das in der Notfallsituation nicht wissen können und Christophs Herz nach allen Regeln notärztlicher Kunst erfolgreich wiederbelebt. Jetzt war er auf der

Kinderintensivstation, scheinbar schlafend, angeschlossen an eine Beatmungsmaschine und Meßgeräte für Blutdruck, Herzströme, Sauerstoff- und Kohlendioxidkonzentration im Blut, das Gehirn tot, das Herz schlagend. Man würde einige Stunden abwarten, die wichtigsten Untersuchungen nochmals wiederholen und die Hirnströme messen. Die Ärzte wußten indes, all das würde ihre Gewißheit nur nochmals beweisen.

Die Eltern konnten das alles im ersten Moment nicht fassen: Hier lag Christoph, mit warmer rosiger Haut. Man konnte seinen Puls fühlen, man sah die Zacke jedes Herzschlages auf dem Monitor, die Brust hob und senkte sich und er solle tot sein? „Hirntod, wissen Sie..." hatte der Arzt gesagt. „Er wird nicht mehr lachen können, nicht mehr sprechen, nicht mehr laufen, nicht einmal mehr alleine atmen können...." hatte eine Schwester übersetzt.

Wahrscheinlich hatte Christoph jene Schwelle bereits überschritten in „das unentdeckte Land, von des Bezirk kein Wanderer wiederkehrt". Die Meßgeräte für Hirnströme jedenfalls zeigten eine Nullinie, keine Aktivität. Was lebte an Christoph, war sein Körper. Gestorben waren indes mit Sicherheit jene Zellen im Hirnstamm, die den Takt für Bewußtsein, Schlaf und Wachen und für das Atmen geben. Ohne diesen Taktgeber aber kann der Mensch nicht leben: Fällt der Atem aus, sind die Sauerstoffvorräte des Blutes in weniger als einer Minute erschöpft. Zuerst erlischt die Aktivität des Gehirns, schließlich versagt auch das Herz. Etwa zehn bis fünfzehn Minuten nach einem Kreislaufstillstand läßt sich der Hohlmuskel nicht mehr zum Schlagen erwecken. Bereits zuvor ist das Gehirn irreversibel geschädigt. Länger bleiben nur Organe erhalten, die unempfindlicher für Sauerstoffmangel sind. Die letzten Zellen der Unterhaut etwa sterben erst nach einigen Tagen ab, bei Männern erkennbar an nachtodlich gewachsenen Bartstoppeln.

Hirntod, klinisch tot, biologisch tot – die Begriffe verwischen sich. Im Mittelalter galt als tot, wer nicht mehr atmete. Untrügliche Probe war eine auf die Lippen gelegte Vogelfeder. Bewegte sich die Feder, so lebte der Mensch. Findige Mönche verhalfen dank dieser Probe bereits Verstorbenen, die die letzte Ölung nicht erfahren hatten, nachträglich doch noch zum rechtmäßigen Sakrament. Sie erhitzten ein Feuer unter dem Rücken des Toten, das die Restluft der Lungen erwärmte und sie zu einem letzten Ausatmen dehnte, das die Feder bewegte. Die wissenschaftliche Medizin des neunzehnten Jahrhunderts definierte als Zeitpunkt des klinischen Todes den Herz- und Kreislaufstillstand. Moderne Wiederbelebungstechnik indes kann Menschen, die früher als gestorben galten, während weniger Minuten auch nach einem Kreislaufstillstand noch ins Leben zurückrufen. Zwar erlischt das Bewußtsein mit dem letzten Herzschlag innerhalb weniger Sekunden, doch das Gehirn bleibt einige Minuten intakt und wiedererweckbar, sofern genügend rasch wieder sauerstoffreiches Blut zu fließen beginnt. Erst jenseits dieser Minutenfrist versagen die grauen Zellen ihren Dienst für immer.

Das empfindliche Gehirn ist ringsum eingeschlossen von der harten knöchernen Schale des Schädels. Über wenige enge Kanäle an der Schädelbasis verlassen die Nerven zum Auge und zum Gesicht die Schädelhöhle. Nur zur Halswirbel-

säule hin öffnet sich die Schädelgrube zum etwas mehr als fünfmarkstückgroßen Hinterhauptsloch. In dieser knöchernen Kugel schwimmt das Denkorgan im Gehirn- und Rückenmarkswasser, in der Fachsprache *Liquor* genannt. Eine feine, spinnengewebsartige Haut spannt sich zwischen Gehirnoberfläche und äußerer, harter Gehirnhaut. Bei schweren Entzündungen oder nach Unfällen mit Kopfverletzungen schwillt das Hirn an. Dann wird der knöcherne Schutz zur Falle: Das Gehirn quillt aus dem Hinterhauptsloch heraus und stranguliert dabei den Hirnstamm, knapp über der Öffnung zum Rückenmark gelegen. Der Hirnstamm ist nicht nur Hauptverteiler eines komplizierten Telefonnetzes, über den sämtliche Nerven zwischen Gehirn und Gliedmaßen verlaufen. In diesem entwicklungsgeschichtlich alten Teil des Gehirns sitzen auch jene kleinen Gruppen grauer Zellen, die Atmung und Kreislauf regulieren oder etwa Schlafen und Wachen steuern. Ohne ihre Impulse bleibt auch ein intaktes Großhirn stumm, ist Bewußtsein unmöglich. Ohne funktionierenden Hirnstamm ist das Denkorgan so brauchbar wie eine raffinierte elektronische Armbanduhr ohne ihren Quarzkristall.

Fortschritte der Intensivmedizin setzten für manche Patienten die bisherige Definition von Tod als Kreislauf- und Atemstillstand außer Kraft. Seit den späten sechziger Jahren behandelten Ärzte etwa Unfallopfer nach Verkehrsunfällen, bei denen das Gehirn zerstört war: Mit Beatmungsgeräten, kreislaufstützenden Mitteln und künstlicher Ernährung konnten die Ärzte die Körper dieser Menschen zumindest zeitweise am Leben erhalten. Erfolgreiche Organtransplantationen in den sechziger Jahren riefen nach einer präziseren Definition des Todeszeitpunkts. Eine amerikanische Expertenkommission empfahl 1968, den irreversiblen Tod des Gehirns, genauer des Hirnstammes, als entscheidendes Kriterium zu wählen, einen Menschen als tot zu bezeichnen. Im gleichen Jahr transplantierte der Kapstädter Herzchirurg Christian Banard erstmals erfolgreich das Herz eines Unfallopfers mit zerstörtem Gehirn.

Das Jahr markierte einen Wendepunkt im ärztlichen Denken: Der Mensch starb nicht mehr am Versagen seines Herzens, sondern am Versagen seines Gehirns. Die alte Auffassung vom *klinischen Tod* war degradiert zur nachrangigen Beurteilung. Wessen Gehirn zerstört ist, der ist tot. Sobald dieser *Hirntod* zweifelsfrei gesichert ist, entsteht in Deutschland ein rechtsfreier Raum: Der Mensch, dessen Leib noch durch intensivmedizinische Bemühung erhalten wird, ist juristisch gesehen bereits keine rechtsfähige Person mehr. Er kann weder einen Willen äußern noch ihn ausführen. Sein Körper gilt für das Gesetz bereits als Leiche, als eine Sache. Manche Patienten, wie etwa Christoph, werden knapp zu spät wiederbelebt: Das Gehirn ist durch notärztliche Bemühungen nicht mehr zu retten, gleichwohl das Herz und die übrigen Organe. Ist nicht, wie bei Christoph, eine schwere Infektion Grund für den Kreislaufstillstand, sind solcherart „Gerettete" ideale Spender für Transplantationsorgane.

Die knappe Frist zwischen einem Kreislaufversagen und dem Hirntod ermöglicht erfolgreiches Wiederbeleben. Zwar kommen die Retter meist zu spät, doch bis zu zehn Prozent aller „Reanimierten"

kehren von der Schwelle zum Tod zurück. Einige Patienten können aus den Minuten der Wiederbelebungsbemühungen klare Erinnerungen berichten, trotz bereits erloschenem Bewußtsein und festgestelltem klinischen Tod. Die Erlebnisse aus der Nähe des Todes werden in der Forschung *Near Death Experiences* oder kurz *NDE* genannt. Sie überraschen durch ihre Ähnlichkeit über alle Kultur-, Alters- und Religionsgrenzen hinweg: Zuerst schwindet aller körperliche Schmerz, er wird abgelöst von einem Gefühl des Friedens. Anschließend erleben die Betroffenen, wie sie sich von ihrem Körper ablösen. Manche berichten, sie schweben über der Szene und können in diesem Augenblick die Gedanken der umstehenden Menschen wahrnehmen. In einzelnen Fällen wissen die Wiederbelebten

Details der Reanimationsszene, die ihnen unmöglich bekannt sein konnten. In dieses Erleben blendet sich eine Lebensrückschau unterschiedlicher Intensität ein: Manche berichten, ihr Leben habe sich wie ein rückwärts vorgeführter Film vor ihnen abgespult, andere erzählen von blitzartigen Bildern, die das Leben von der Kindheit an gleich einer Diapanorama-Schau vortragen.

Oft verbindet sich diese Lebensrückschau mit einer durchdringenden Selbstbewertung: Gleichzeitig mit der Erinnerung erleben die Todnahen die volle Tragweite der Wirkung ihrer vergangenen Handlungen und Gedanken. Einige berichten von der Gegenwart eines alles umflutenden Lichtwesens, einer „Gestalt aus purem Licht". Diese Gestalt verströme das Gefühl einer bedingungslosen Liebe. Im Licht dieser Liebe erschienen manche „Erfolge" des zurückliegenden Lebens schal, zählten innere Werte. Manche schließlich berichten von einer Reise wie durch einen Tunnel und Begegnung mit verstorbenen Angehörigen. Die Rückkehr in den Körper wird als ruckartig und oft als ausgesprochen unangenehm und schmerzhaft erlebt. Der Schweizer Psychoanalytiker Carl Gustav Jung, dem 1944 in schwerer Krankheit ein Nahe-Tod-Erlebnis widerfuhr, schreibt: „Das Leben und die ganze Welt kamen mir wie ein Gefängnis vor, und ich ärgerte mich maßlos darüber, daß ich das wieder in Ordnung finden würde."

Wie häufig Menschen an der Grenze zum Tod solches tatsächlich erleben, ist unbekannt. Der amerikanische Kardiologe Michael Sabom befragte einhundertsechzehn erfolgreich wiederbelebte Patienten. Nur zwei konnten über ein Nahe-Tod-Erlebnis berichten. Kenneth Ring untersuchte neunundvierzig Patienten, die sich an die Erlebnisse an der Schwelle zum Tod erinnerten. Davon berichteten zwölf über eine Lebensrückschau, sie waren mehrheitlich Unfallopfer. Trotz der unterschiedlichen Angaben zur Häufigkeit ist die Existenz dieser Nahe-Tod-Erlebnisse unter Wissenschaftlern unbestritten. Offen bleibt indes, wie diese Erlebnisse erklärt werden könnten: Sind sie die Bilder epileptischer Anfälle im Schläfenlappen, die ihre Spuren in das Kurzzeitgedächtnis schreiben, hervorgerufen durch Sauerstoffmangel? Oder etwa Hinweise auf ein Sein nach dem Tod, wie andere vermuten? Sind es die letzten Bilder aus der Tiefe des Unbewußten, ehe Leib und Seele gemeinsam erlöschen? Oder sind es die ersten Stadien einer Seelenreise, wie es die Mythen und Religionen der Welt beschreiben?

Die Fragen treffen das Leib-Seele-Problem auf dem Punkt, ohne es zu lösen: Denn im Gehirn aller so ins Leben Zurückgerufenen waren noch genügend Nervenzellen aktiv, um die Spuren des Erlebten ins Langzeitgedächtnis zu schreiben. Auf manche wirkte das Nahe-Tod-Erlebnis sehr intensiv. Es stürzte ihr Weltbild und ihre Wertvorstellungen um, als sei die Chemie ihres Denkens neu gemischt. Für diese Menschen kommt das Nahe-Tod-Erlebnis dem Beweis einer Existenz jenseits der Materie gleich. Das Gehirn sehen sie als Instrument, durch das die Seele die ganze „Musik" menschlicher Psyche erklingen läßt: Alles Denken, Hoffen, Planen, Lieben oder Zürnen. Ist das Instrument zerstört, ist das nicht das Ende der Musik. Das leibfreie Sein gleicht ihnen der Musik im Kopf eines Komponisten, ehe er die Partitur notiert. Mozart berichtet über sein Komponieren, er habe, bevor er die Noten niederschrieb, seine Stücke im Kopf gehört, auf sonderbare Weise gleichzeitig Anfang, Schluß und alle Stimmen. Nicht wenige kritisieren eine solche Sicht. Sie werfen ein, sobald der letzte Ton verklungen sei, gebe es auch keinen Beweis für das Fortbestehen der Musik. Jedes neue Leben sei eine neue Improvisation der Natur. Leben sei gebunden an seine Moleküle. Ähnlich einem Jazzabend ende mit dem letzten Ton auch das jeweilige Konzert als einmaliges, unwiederbringliches Ereignis.

Der Disput um dieses Rätsel hat Geschichte: Im Gegensatz zur damaligen Volksreligion, glaubte der antike Philosoph Platon an eine unsterbliche Einzelseele. Er schrieb seinem Lehrer Sokrates die Worte zu: „Und ich ziehe aus diesen Geschichten folgenden Schluß: Der Tod ist offenbar nichts anderes als die Trennung zweier Dinge voneinander, der Seele und des Körpers. Wenn sie aber getrennt sind, dann haben beide noch etwa dieselbe Beschaffenheit wie zur Zeit, als der Mensch noch lebte… Wenn einer von Natur oder infolge seiner Ernährung oder durch beides bei Lebzeiten einen großen Körper hatte, so ist nach seinem Tode auch sein Leichnam groß… Ich glaube nun aber, daß es mit der Seele ganz dasselbe ist. Wenn sie vom Körper befreit ist, dann wird an ihr alles sichtbar, sowohl ihre natürliche Anlage als auch die Merkmale, die der Mensch durch Beschäftigungen aller Art in seiner Seele empfangen hat." Daraus zieht Sokrates den Schluß: „Weil die Seele unsterblich ist, gibt es für sie keine Sicherheit und

kein Entkommen vor dem Bösen, es sei denn, sie wird so gut und weise, wie es in ihren Kräften steht." Diese Sicht, so Platon, sei den meisten Menschen auf der Erde verschlossen. Er vergleicht sie mit den Bewohnern einer Höhle, Gefangenen, die unfähig sind, ihren Kopf zum Höhlenausgang zu wenden. Sie könnten nurmehr die Schatten betrachten, die ein Feuer hinter ihrem Rücken auf die Wände der Grotte wirft. Diese Schatten hielten sie für die Wahrheit. Gelegentlich gelänge es jedoch einem Gefangenen, sich ans Tageslicht zu befreien und der beschränkten Sicht zu entkommen. Der Höhlenbewohner, der die Schattenbilder verlassen habe, kehre mit der Überzeugung zurück, dem richtigen Sehen näher gewesen zu sein.

Die Sokratiker lehrten, die Lebensweise auf der Erde resultiere in entsprechenden Folgen nach dem Tod. Diese Ansicht erinnert stark an die hinduistische und buddhistische Lehre vom *Karma*. Manche Interpreten sahen dies als Zeichen für indische Einflüsse auf Platons Philosophie. In der späteren griechisch-römischen Philosophie entwickelten sich die Ansichten über den Tod in gegenläufige Richtungen weiter. Epikur lehrte, der Tod brauche uns nicht zu beunruhigen, denn alles beruhe nur auf Wahrnehmung: „Das schauerlichste Übel also, der Tod, geht uns nichts an; denn solange wir existieren, ist der Tod nicht da, und wenn der Tod da ist, existieren wir nicht mehr… Wir sind ein einziges Mal geboren. Zweimal geboren zu werden, ist nicht möglich. Die ganze Ewigkeit hindurch werden wir nicht mehr sein." Der Gedankenfaden läßt sich von Epikurs These bis in die Neuzeit verfolgen: Knapp zweitausend Jahre später schrieb René Descartes: *Cogito ergo sum – ich denke, also bin ich*. Die seit 1968 gültige Todesdefinition definiert den Verlust der Möglichkeit zu denken, den Hirntod, als das Ende der Existenz als Mensch.

Furchtlosigkeit gegenüber dem Tod empfahl auch der Römer Seneca. In den Briefen an Lucilius schreibt er: „Der Tod jedoch, der sich erst nähert, aber unvermeidlich kommt, verlangt gelassenen, festen Mut, und der ist selten und findet sich nur bei Weisen... Wer den Tod ablehnt, lehnt das Leben ab. Denn Leben ist uns nur mit der Auflage des Todes geschenkt; es ist sozusagen der Weg dorthin." Da das Leben kurz sei, käme es nicht darauf an, ein hohes Alter zu erreichen. Wichtig sei nur, gut, das heißt tugendhaft zu leben. Senecas Begriff *Virtus*, nur ungefähr mit Tugend übersetzbar, umschreibt das höchste Lebensziel. Wer dieses Gut erfahren oder erreicht habe, habe das Recht oder sogar die Pflicht zu sterben.

Im Gegensatz zu Sokrates, der den Selbstmord ausdrücklich ablehnt, empfiehlt ihn Seneca, wenn das Leben seinen eigentlichen Sinn verloren hat, um noch nach weiterer Tugend streben zu können. Wo dies unmöglich ist, spricht Seneca von *in viva morari*, bereits gestorben sein, ehe der natürliche Tod eintritt. Senecas Gedanken sind verwandt zur Argumentation neuzeitlicher Sterbehilfe: Tod als Erlösung von unwertem Sein. So folgte George Eastman, der Gründer der Firma Kodak, 1932 dem römischen Schriftsteller Seneca in den Freitod mit den Worten „The work is done, why wait", und der Begründer der Psychoanalyse, Sigmund Freud, ließ sich 1939 durch eine Über-

dosis Morphium von seinem Leiden an Gaumenkrebs erlösen.

Platons Ansicht, die Seele lebe nach dem Tod weiter, findet sich, in unterschiedlichen Facetten, in den Religionen vieler Völker wieder: von dem Glauben der Maori in Neuseeland oder der Aborigines in Australien über den Hinduismus in Indien, den Buddhismus in Tibet bis hin zu den Jenseitsvorstellungen der Indianervölker Nordamerikas. Besonders eindrücklich schildert das tibetanische Totenbuch, der *Bardo Thödol*, was die Seele beim Übertritt in das Sein unter anderen Bedingungen erwarte. Das Totenbuch enthält das zu wissende Ritual für die ersten neunundvierzig Tage nach dem Hinscheiden. Es soll während der Totenwache dem gerade Verstorbenen vorgelesen werden, da der Tote die Worte zunächst noch hören könne. Doch ist die Schrift nicht nur eine Anweisung zur Sterbebegleitung, vielmehr wendet sich der Bardo Thödol nach Lama Anagarika Govinda an alle, „die das Leben noch vor sich haben und denen zum ersten Mal die volle Bedeutung ihres Daseins – insbesondere ihres Menschseins – zum Bewußtsein kommt". Er beschreibt die Phasen der Existenz vom Tod bis zur erneuten Wiedergeburt. Vor allem der erste Abschnitt des tibetanischen Totenbuches, der *Tschikai-Bardo*, ist für die Forschung über Nahe-Tod-Erlebnisse interessant: Er schildert die Ereignisse unmittelbar beim Tod. Danach erfährt der Verstorbene direkt nach dem Tod höchste Einsicht und Erleuchtung. Anagarika Govinda schreibt dazu, das Mitgeteilte gründe sich „auf Tatsachen meditativer Erfahrung".

Offen bleibt, was mit diesen „Tatsachen" gemeint ist. Während sowohl Hin-

duismus wie Buddhismus die Wiedergeburt lehren, sind beide Religionen uneins
darüber, was weiterbesteht. Nach der
Lehre der Upanischaden, einer der heili-
gen Schriften des Hinduismus, ist das
Selbst substanzlos und besteht durch alle
Ewigkeit fort. Buddha hingegen lehrt,
nur das Karma, die Wirkungen der Taten,
bestünden fort. Das Selbst hingegen sei
eine Täuschung, es sei in Wirklichkeit
zusammengesetzt aus verschiedenen Da-
seinsfaktoren, die sich mit dem Tod auf-
lösten. Eknath Easwaran übersetzt: „Unser Leben ist durch den Geist geformt;
wir werden, was wir denken. Ein böser Gedanke zieht Leiden nach sich, so wie ein
Ochse die Räder des Karrens zieht; … einem reinen Gedanken folgt die Freude
wie ein Schatten, der einen nie verläßt."

Auch das Christentum kann das Rätsel
um Leib und Seele im Tod nicht lösen.
Thomas von Aquin sieht die Seele als
unica forma corporis, als einzige Form des
Leibes. Der Tod ist das Sterben des ganzen Menschen. Thomas lehnt die Trennung von Seele und Leib wie Platon ab,
denn Leib und Seele sind für ihn eins,
kein Zusammengesetztes. Die Seele bleibt
für ihn insofern unzerstörbar, als sie den
Faden oder die Brücke zur Auferweckung
am Jüngsten Gericht bietet. Gegen Ende
des Mittelalters, einer Zeit, in der durch
Seuchen, horrende Kindersterblichkeit
und weit kürzere Lebenserwartung der
Tod allgegenwärtig war, glaubte man, alle
Taten und Gedanken des Lebens würden
im *Buch des Lebens* verzeichnet. Dieses
Buch verwahre der Teufel auf, um aus
den bösen Taten seinen Anspruch auf die
Seele abzuleiten. Nach dem Tod enthülle
sich der Seele die im Buch verzeichnete
Chronik. Dann sei die Seele versucht, auf

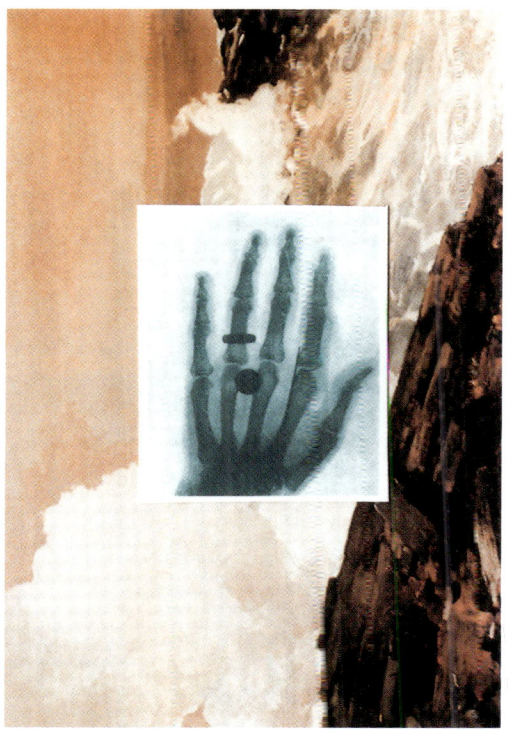

diese Konfrontation mit „Hochmut, Verzweiflung und Hängen am Weltlichen" zu
reagieren. Der britische Philosoph David
Lorimer schreibt: „In der Stunde ihres
Todes ist die Seele aufgefordert, ihr gläu-
biges Vertrauen auf die göttliche Barmherzigkeit unter Beweis zu stellen, nicht
aber ihre guten Taten zur Schau zu stellen." Die Gnade und die Barmherzigkeit
stehen in dieser Weltsicht höher als die
tätige Liebe. Die Lehre vom Jüngsten Gericht, mit darauf folgendem Urteil zur
ewigen Verdammnis oder zur Wohnstatt
im Himmel, schenkte nicht nur Hoffnung
auf ein Fortbestehen nach dem Tod. Die
Angst vor dem Urteil hat Gläubige über
Jahrhunderte unter einem nicht unbe-
trächtlichen moralischen Joch geknech-
tet. Spätestens im Mittelalter vermischten
sich Glaubensinhalte und Ansprüche

weltlicher Obrigkeit zu einem undurchdringlichen Geflecht, aus dem die Abirrungen des praktizierten Christentums, nämlich Ablaßhandel, Loskauf von Sünden und später die Inquisition entstanden. Aus dieser Zeit finden sich indes auch die Schriften der Mystiker, die an die Berichte von Nahe-Tod-Erlebnissen erinnern.

Mystiker wie Meister Eckhart suchten auf meditativem Weg die Erleuchtung, die *unio mystica*. Der flämische Meister Jan van Ruysbroeck schreibt im vierzehnten Jahrhundert: „Und alle Menschen, die über die leibliche Erschaffenheit entrückt sind in ein schauendes Leben, die sind eins mit diesem göttlichen Lichtglanz." Kaum anders liest sich der wörtliche Bericht eines heutigen Menschen über sein Nahe-Tod-Erlebnis: „Als ich mit dem allgegenwärtigen Licht eins wurde, wurde sein Wissen auch meines. In einem einzigen Augenblick wußte ich, was mein Leben gewesen und was daran von Bedeutung war." Und Carl Gustav Jung berichtet: „Ich bestand aus meiner Geschichte und hatte durchaus das Gefühl, das sei nun ich ... ich war das, was ich gelebt hatte."

Jung vertritt mit seiner Ansicht – „die Antwort auf das menschliche Leben ist innerhalb der Beschränktheit des menschlichen Lebens nicht zu finden" – eine heute unpopuläre Position. Der Philosoph Oswald Spengler schreibt in seinem Buch *Der Untergang des Abendlandes*: „Die Ethik ist über ihren Rang als Teil einer abstrakten Theorie hinausgewachsen. Von nun an ist sie die Philosophie, welche die anderen Gebiete sich einverleibt; das praktische Leben rückt in den Mittelpunkt der Betrachtung." Wenn das Leben, wie Sartre sagt, ohnehin eine „nutz-

lose Passion" ist, bricht eine metaphysische Weltsicht zusammen. Dagegen bieten die Angebote und Lehren der christlichen Kirchen kein glaubwürdiges Fundament für eine neue Weltanschauung.

Dennoch ist ein religiöses oder spirituelles Grundbedürfnis des Menschen nicht zu leugnen. Der Band *Kunst des Liebens* des humanistischen Psychologen Erich Fromm stand ein Vierteljahrhundert nach seinem Erscheinen für längere Zeit an der Spitze der Bestsellerliste für Sachbücher. Immer mehr Menschen wenden sich östlichen Meditationspraktiken oder *Yoga* zu, auf der Suche nach einer neuen Ganzheit. Freilich helfen diese Praktiken nicht, die Frage nach Leib und Seele angesichts des Todes zu beantworten.

Verschiedenste Forscher haben versucht, Nahe-Tod-Erlebnisse neurophysiologisch zu deuten. Bereits vor dem Zweiten Weltkrieg machte der amerikanische Neurochirurg Wider Penfield eine überraschende Entdeckung. Er untersuchte mit einer elektrischen Sonde das Gehirn einer nur örtlich betäubten Patientin und befragte sie über die jeweils durch den elektrischen Reiz ausgelösten Wahrnehmungen oder Gefühle. Als er eine bestimmte Stelle am rechten Schläfenlappen berührte, fühlte die Patientin sich plötzlich wie in einer Zeitmaschine in längst vergangene Ereignisse zurückversetzt. Alle damaligen Sinnesempfindungen, einschließlich des Geruchs, waren ihr wieder gegenwärtig. Mittels Reiz an einer besonderen Stelle des *Sulcus Lateralis*, einer tiefen Gehirnfurche oberhalb des rechten Ohres, konnte Penfield bei anderen Personen außerkörperliche Erfahrungen auslösen. Schwächere Reize unweit seitlich davon ließen manche Versuchspersonen Visionen verstorbener Freunde und Verwandter schauen.

Die beiden amerikanischen Forscher Stanislav Grof und Ernst A. Rodin verweisen darauf, daß Teile des limbischen Systems, beteiligt auch am Erinnern, länger als Bezirke der äußeren Hirnrinde ohne Sauerstoff auskommen können. Sie vermuten daher, die steigende Sauerstoffnot des Gehirns löse die Nahe-Tod-Erlebnisse aus. Grof weist darauf hin, daß künstlich erzeugter Sauerstoffmangel, etwa durch Untertauchen bei der Taufe im Urchristentum oder durch besondere Atemtechniken beim Yoga, transzendentale Erlebnisse vermitteln könne. Andere Forscher untersuchten die Wirkung hoher Kohlendioxydspiegel, wie sie im Gehirn bei Kreislaufstillstand rasch entstehen. Sie ließen Freiwillige ein Gemisch aus dreißig Prozent Sauerstoff und siebzig Prozent Kohlendioxyd einatmen. Die Probanden berichteten von ekstatischen Gefühlen und Erinnerungsfilmen. Auch reine Todesangst kann solche Schwellenerlebnisse auslösen. Der Neurophysiologe Daniel Carr schließt aus diesen Beobachtungen, Neuropeptide wie *Endorphine* und *Enkephaline*, die das Gehirn bei starkem Streß freisetzt, seien an diesen Wahrnehmungen beteiligt. Das Halluzinogen *LSD* schließlich verursacht, allerdings in verzerrter Form, ähnliche Erlebnisse jenseits des gewöhnlichen Bewußtseinshorizonts.

Die neurophysiologischen Befunde erhellen die notwendigen körperlichen Voraussetzungen der Erlebnisse an der Schwelle des Todes. Nach dem amerikanischen Kinderarzt Melvin Morse indes reichen sie nicht aus, alle Befunde zu erklären. Keiner der Forscher konnte ex-

perimentell jenen Zustand erzeugen, in dem telepathisch nicht nur das Handeln, sondern sogar die Gedanken der Beteiligten während der Wiederbelebung erfaßt werden. So bleibt auch durch neurophysiologische Forschung die Frage nach dem Fortbestand des Bewußtseins oder der Seele über den Tod hinaus unbeantwortet.

David Lorimer weist noch auf eine ganz andere Gefahr hin, versucht man einer rein materialistischen Anschauung dieser Erfahrungen zu folgen: „Für die Neurowissenschaft ist das Denken nicht mehr als ein chemischer Transfer zwischen Synapsen; das Bewußtsein ist vollkommen von seinem materiellen Substrat abhängig und kann die Auflösung des Hirngewebes unmöglich überleben. Der Mensch ist von seinen Erbanlagen bestimmt, von seiner Umgebung, seinen unbewußten Trieben oder von einer Kombination dieser Faktoren. Im Gefolge dieses Weltbildes muß man dem Menschen auch seine moralische Verantwortung absprechen, denn man hat jede tragfähige Basis für eine moralische Ordnung beseitigt."

Solcher vereinfachenden Ansicht traten, wie Lorimer berichtet, gerade führende naturwissenschaftliche Denker entgegen. Der Schöpfer der Relativitätstheorie, Albert Einstein, schrieb: „Der Mensch ist ein Teil des Ganzen, das wir ‚Universum' nennen, ein durch Zeit und Raum begrenzter Teil. Er erlebt sich selbst, seine Gedanken und Gefühle als etwas von den anderen Getrenntes – eine Art optischer Täuschung seines Bewußtseins." Einstein erinnert dabei an das Höhlengleichnis von Platon: „Diese Täuschung ist für uns eine Art Gefängnis, das uns auf unsere persönlichen Entscheidungen und auf die Zuneigung zu den wenigen Nächsten beschränkt. Unsere Aufgabe ist es, uns aus diesem Gefängnis zu befreien, indem wir den Radius unseres Mitgefühls so ausweiten, daß wir alle Lebewesen und die ganze Natur in ihrer Schönheit umfassen."

Ob die Nahe-Tod-Erfahrungen nun Hinweise auf ein Sein nach dem Tod bedeuten oder nicht – jedenfalls ähneln sie sich in allen Berichten. Sie sind verwandt zu den Aussagen Erleuchteter, zu der unio mystica der mittelalterlichen Mystiker, und können sich bei existentieller Gefahr einstellen. Sie sind damit so etwas wie der Urgrund der menschlichen Psyche, gleich einem Talboden, der frei wird, wenn alles Wasser aus einem Stausee abgelassen ist. Am Grund des Seins mag die Ursache dieser Phänomene sogar genetisch fixiert sein. Der Schweizer Psychiater Carl Gustav Jung benannte solche, über alle Kulturen, Zeitepochen und Lebensalter verwandten Inhalte der Psyche das *kollektive Unbewußte*. Jung schrieb dazu: „Ich habe den Ausdruck ‚kollektiv' gewählt, weil dieses Unbewußte nicht individueller, sondern allgemeiner Natur ist, das heißt, es hat im Gegensatz zur persönlichen Psyche Inhalte und Verhaltensweisen, welche überall und in allen Individuen cum grano salis die gleichen sind."

Noch weiter als Jung geht James Lovelock in seiner 1979 veröffentlichten *Gaia Hypothese*: Lovelock sieht die ganze Erde, einschließlich Atmosphäre, Ozeanen, Pflanzen- und Tierwelt und auch dem Menschen, als ein aufeinander bezogenes System. Nach dieser Systemtheorie ist jeder einerseits Individuum und andererseits unlösbar eingebettet und verstrickt in Wechselwirkungen mit anderen,

mit der Natur. Die lebende Materie als Ganzes ist nach Lovelock ein einziges Lebewesen, dessen Ziel es ist, ein bestmögliches Umfeld für Leben auf der Erde zu schaffen. Zu diesem Zweck kann es sogar die Atmosphäre beeinflussen. Aus dieser Sicht ist es unmöglich, einzelnen einen Vorteil auf Kosten anderer zu sichern, ohne nicht langfristig über die Rückkoppelungsmechanismen zum eigenen Nachteil zu wirken.

Genau diese Einsicht bedeutet für manche Menschen, die von der Schwelle zum Tod zurückkehrten, eine Lebenswende. Trägt man das Charakteristische dieser Veränderung zusammen, so ragen drei Elemente heraus: Diese Menschen haben keine Angst mehr vor dem Tod; sie sind überzeugt, das Bewußtsein bestehe nach dem Tod weiter. Sie suchen eine innere Neuorientierung, die Werte wie Liebe oder Achtung vor dem Leben über äußere Rituale, wirtschaftlichen und gesellschaftlichen Erfolg stellt. Sie schätzen den Wert des Lebens höher, der Sinn für Schönes und der Wert kleiner Dinge steigen.

Solch veränderte Weltsicht ist indes nicht nur auf Menschen beschränkt, die selbst die Nähe des Todes erlebten. Oft berichten Eltern nach dem Verlust eines Kindes oder nach einer überstandenen lebensbedrohlichen Erkrankung, daß ihnen danach vieles aus dem bisherigen Leben schal und abgeschmackt vorkam. Ein Autolackierer beispielsweise sollte, kurz nachdem sein Kind an einem Herzfehler gestorben war, während seiner Arbeit in der Fabrik einen Zierstreifen auf eine Nobelkarosse spritzen. „In diesem Moment hakte es bei mir voll aus. Ich ging zum Chef und sagte ihm, ich könne das nicht mehr." Pfleger und Schwestern auf Intensivstationen, die ein sterbendes Kind pflegten, berichten, ihnen verginge das Lachen über die gewöhnlichen Witze professioneller Spaßmacher in Talkshows. Befragt, was denn helfe, den Tod des betreuten Patienten zu bewältigen, nennen die meisten Gespräche mit Freunden, Musik oder Naturerlebnisse.

Die Tage, da man über den Tod nicht sprach, sind gezählt. Kinderärzte, die kleine Patienten mit Krebs behandeln, zogen mit als erste Lehren aus den Arbeiten der Sterbeforscherin Elisabeth Kübler-Ross. Die nach Chicago ausgewanderte Schweizer Psychiaterin hatte in den sechziger Jahren Sterbende über ihre Gefühle, Gedanken, Hoffnung und Trauer befragt. Kübler-Ross machte einer breiten Öffentlichkeit bewußt, daß die eigene Annäherung an den Tod in Stadien verläuft. Dabei spüren nahezu alle Menschen, wann ihre Stunde naht. In vielem gleicht die dann folgende psychische Annäherung an den Tod einem Trauerprozeß, wie ihn etwa Eltern beim Verlust eines Kindes erleben. Zunächst wird die Nachricht oft abgelehnt, nach dem Motto: „Es kann nicht wahr sein." Wenn die Einsicht dann doch das Bewußtsein ergreift, werden viele von den folgenden Emotionen überwältigt. Notwendigerweise sucht die Psyche Auswege zur Bewältigung. In dieser Phase entscheiden Begleitung, Gespräche und Initiative, wie das weitere Leid überwunden wird. Oft schießen Fragen nach dem Warum durch das Bewußtsein. Warum gerade ich? Oder bei verlorenen Kindern: Warum mein Kind? Womit hat es das verdient? Wie kann Gott dies zulassen? Alles das sind unbeantwortbare Fragen, in denen das

Gewicht der mit dem Abschied verbundenen Trauer liegt. Andere in dieser Phase gestellte Fragen sind: Wieviel Zeit bleibt noch? Wieviel Zeit läßt sich noch herausholen? Erst wenn diese Fragen ohne Antwort durchlitten sind, kann das Unausweichliche angenommen werden. Erst dann ist es möglich, bewußt darauf hinzuschreiten, mit jener inneren Ruhe, die Seneca nur Weisen zubilligt.

Es ist sehr schwierig und braucht ein gehöriges Maß inneren Mutes, in diesen Gesprächen mit so vielen unbeantwortbaren Fragen Begleiter zu bleiben. Vielleicht ist das der Grund, warum bis vor kurzem in vielen Krankenhäusern über den Tod nicht gesprochen wurde. Solcherart Gesprächsführung wirft jedoch jene schwierig zu überwindenden Gräben von Nichtwissen, Mutmaßen und peinlicher Angst vor dem Blick des Gegenüber auf. So wird etwa den Angehörigen mit-

Aspekte des Hirntodes aus juristischer Sicht

Die Fortschritte der Medizin, besonders der Intensivbehandlung und der Transplantationschirurgie, haben den überlieferten Begriff des klinischen Todes in Frage gestellt. Danach war Tod der „irreversible Stillstand von Kreislauf und Atmung, verbunden mit dem Aufhören der Tätigkeit des zentralen Nervensystems und gefolgt vom Absterben aller Zellen und Gewebe des Organismus". Der prozeßhafte Charakter der Todesdefinition und ihre Abhängigkeit von ärztlich-therapeutischen Aspekten kommen darin deutlich zum Ausdruck. Die Definition war ohne Frage theologisch ausgerichtet. Die Grenze zwischen Leben und Tod sah man dort, wo der Arzt mit seinen Eingriffsmöglichkeiten am Ende war. Man setzte die Zäsur auf den Zeitpunkt, von dem an der Sterbeprozeß unaufhaltsam geworden war, das heißt, eine Therapie nicht mehr fortgesetzt werden konnte. Man wußte dabei, daß es sich beim Tod nicht um einen Moment, sondern um einen bestimmten Punkt in einem länger dauernden Prozeß handelte.

Dieser klinische Todesbegriff war unter zwei Aspekten zweifelhaft geworden. Atmung und Kreislauf können über den spontanen Stillstand hinaus durch künstliche Maßnahmen aufrechterhalten werden. Bliebe der klinische Tod der Anknüpfungspunkt, so könnten bereits bei Stillstand der Atmungs- und Kreislauftätigkeit die Pflicht des Arztes zur weiteren Behandlung des schon Toten entfallen und die Reanimation im Belieben des Arztes stehen. Die prinzipielle Umkehrbarkeit des Ausfalls von Atmung und Kreislauf zeigte, daß der „klassische" Todesbegriff jedenfalls in dieser Hinsicht unbrauchbar geworden war.

Andererseits hat die Möglichkeit der Organtransplantation ein Interesse daran entstehen lassen, eine Explantation von Organen nicht erst nach dem endgültigen, irreversiblen Stillstand von Kreislauf und Atmung vornehmen zu können.

Als Ausweg wurde auf den Hirntod abgestellt. Ausschlaggebend waren dafür zunächst durchaus pragmatische Gesichtspunkte. Hinzu kamen aber auch grundsätzliche Erwägungen. Die menschliche Individualität ist an die Struktur des Gehirns gebunden. Daher erscheint es richtig, einen Menschen mit erloschenen Hirnfunktionen auch dann schon als Leichnam zu behandeln, wenn biologisch noch nicht alles Leben in ihm erloschen ist. Mit dem totalen Verlust der Hirnfunktionen ist diejenige Eigenschaft verloren, auf der das Menschsein beruht: Beim Hirntod wird der Tod des zentralen Organs mit dem Gesamttod des Individuums gleichgesetzt.

Die Hirntodthese hat in Medizin und Recht weitgehende Anerkennung gefunden. Dabei besteht auch inzwischen nahezu vollständige Einigkeit, daß unter Hirntod die Zerstörung des Hirns in seiner Gesamtheit zu verstehen ist. Von juristischer Seite wird allerdings mit Recht darauf hingewiesen, daß es sich beim Todesbegriff nicht einfach um eine medizinische Vorgegebenheit handelt, sondern um eine Konvention, die freilich entscheidend anhand medizinischer Daten, aber auch aufgrund rechtlicher Funktionszusammenhänge festgelegt worden ist. Dabei geht es um den Schutz menschlichen Lebens und die an sein Ende anzuknüpfenden Folgerungen. Das hat auch zur Konsequenz, daß der Hirntod nicht für alle Rechtsgebiete als Anknüpfungspunkt geeignet erscheint, zum Beispiel nicht für die Datierungsfragen des Zivilrechts, etwa für das Erb-, Ehe- und Versicherungsrecht oder für das Sozialversicherungs- und Beamtenrecht. Für diese Bereiche wird weiterhin der Herz- und Kreislauftod maßgeblich sein müssen. Für die Fragen der ärztlichen Behandlungspflicht und die Transplantation ist dagegen der Hirntod bestimmend.

(Quelle: Professor Dr. Hans-Ludwig Schreiber, Göttingen: „Kriterien des Hirntodes").

geteilt, der Patient leide an metastasierendem Krebs, dem Kranken selbst gegenüber aber von „Entzündungsbeulen" geredet, „die schon wieder werden". Manche Mediziner flüchten sich noch immer lieber in Aktionismus, installieren auch bei hoffnungslosen Fällen noch neue Apparate. Solches ist verständlich, denn die sichersten und erfolgreichsten Abwehrmechanismen für die eigene psychische Hygiene sind geplante Aktivität und Rationalisieren. Freilich hilft dies weder dem Sterbenden noch seinen Angehörigen, jene Zeit zu nehmen, die Abschied braucht. Es läßt den Sterbenden auf seinem inneren Weg allein. Die Einsamkeit gipfelt dann in Handlungen des Pflegepersonals, etwa zur besseren Nachtruhe anderer die Todkranken zum Sterben aus dem Krankenzimmer auf das Stationsbad zu schieben.

Heute diktieren zuweilen andere Grundsätze das Handeln. So ist das neue Credo auf manchen Intensivstationen, allen Beteiligten von vorneherein nach bestem Wissen Auskunft zu geben. Ärzte und Pflegeteam sehen ihre Aufgabe nicht nur darin, das Leben zu erhalten, sondern den Patienten auf ihrem Krankheitsweg möglichst gut beizustehen; unabhängig, wohin sich das Geschick wenden wird. Wichtig ist, jenen Zeitpunkt zu erkennen, an dem die Hoffnung auf Gesundung soweit geschwunden ist, daß weitere Intensivmedizin oder Therapie nicht mehr sinnvoll erscheinen. Dann muß dem Patient oder den Eltern und dem Kind offengelegt werden, daß medizinische Kunst keine Hoffnung mehr anbieten kann. Dabei ist für die Ärzte und das Pflegepersonal selbst wichtig, den Tod annehmen zu können und darin nicht

ein Versagen zu sehen, sondern den unabänderlichen Weg, den das jeweilige Leben in dieser Situation einzuschlagen hatte.

Schwierig ist, die Zeichen für den Anfang der Reise ohne Wiederkehr auszumachen und den rechten Entscheid zu treffen, das Lebensschiff der Patienten nicht mehr am diesseitigen Ufer festbinden zu wollen. Meist beruht der Entscheid auf Zeichen irreversiblen Hirnschadens, aber auch darin ist Irrtum möglich. Etwa wie bei Markus, der nach einer schwierigen Herzoperation eine ausgedehnte Hirnblutung erlitt. Überzeugt, mit weiterer Intensivmedizin kein Heil zu stiften, entschlossen sich Ärzte und Pfleger gemeinsam mit den Eltern, die Beatmung zu sistieren. Allein, Markus atmete wieder Erwarten selbst, sein Kreislauf stabilisierte sich. Heute, eineinhalb Jahre später, hat der Junge, der sich nur noch in Zuckungen bewegen konnte, Laufen und Sprechen gelernt. Eltern und Kind sind glücklich aneinander.

Die Meßlatte des „nicht mehr lebenswerten Lebens" läßt sich an dieses Kind kaum anlegen. Die Eltern berichten, vor allem ihre Liebe zum Detail, ihre Freude über kleine Fortschritte und ihre Leidensfähigkeit seien in dieser Zeit gewachsen. Das Ziel von Sterbebegleitung auf der Intensivstation oder in Sterbehospizen ist, dem Sterben seine Würde zurückzugeben und den Patienten vor ungerechtfertigtem medizinischen Aktionismus zu bewahren. Ein feiner Unterschied trennt jene Sterbehilfe durch Verzicht auf lebensverlängernde technische Maßnahmen von der anderen Art Sterbehilfe, einem psychisch oder unter Schmerzen leidenden, aber körperlich noch intakten Menschen aktiv Medikamente zu injizieren, die das Leben beenden sollen.

Seit der geduldeten Liberalisierung der Euthanasie in den Niederlanden rangiert der durch aktive Maßnahmen herbeigeführte Tod in der Liste der Todesursachen noch vor dem Verkehrsunfallstod. Die üblicherweise injizierten Medikamente sind in Dosierung und Zusammensetzung genau die gleichen, mit denen in amerikanischen Gefängnissen Mörder hingerichtet werden.

Eine Alternative zur Euthanasie zeigt der britische Forscher und Psychologe David Aldridge anhand eines Todesfalls aus seinem Freundeskreis auf. Als Ärzte, Patient und Familie einsahen, das Geschick der Krankheit nicht mehr wenden zu können, baten sie Aldridge hinzu. Er ließ die Ärzte dafür sorgen, daß ihr Patient nicht unter Schmerzen zu leiden hatte. Freunde und Familie kamen wiederholt, besuchten den Todkranken oft, beteten für und mit ihm, sprachen mit ihm. Als der Freund schließlich in den Armen seiner Frau starb, hatten Ärzte wie Aldridge das Gefühl, sie hätten zwar nicht die Krankheit bezwungen, doch ihr Freund habe sie in Frieden verlassen, innerlich „geheilt". Diese letzte Phase des Lebens nicht abzukürzen, sondern auszuhalten, sei für alle von großer Bedeutung gewesen.

Zweifel sind darum angebracht, ob die hohe Zahl von Euthanasiefällen in den Niederlanden nicht auch den Schwund der Fähigkeit aufzeigt, sich dem Leid zu stellen. Es ist einfacher, Unangenehmes rasch aus dem Leben zu schaffen, als es

auszuhalten, wie etwa Markus' Eltern das Überleben ihres zunächst schwerst behinderten Sohnes. In einer Zeit, in der Begriffe wie Geduld, Selbstlosigkeit, Liebe ohne garantierte Gegenliebe oder Mitgefühl ein Schattendasein im öffentlichen Bewußtsein führen und die Einstellung des „The winner takes all" gilt, ist es schwer, im Leid einen Sinn zu sehen. Nur dort, dessen sind Bewältigungsforscher gewiß, wo der Mensch einer Situation einen Sinn geben kann, wird er das als bereichernde Erfahrung auf seinen weiteren Lebensweg mitnehmen können.

Nach der neuen medizinischen Definition war Christoph bereits tot, als seine Eltern mit Paten und Pfarrer am Abend nochmals kamen. Spanische Wände schufen eine gewisse private Sphäre in der Betriebsamkeit und Geräuschkulisse der Intensivstation. Die Eltern blieben lange, erzählten von Christoph. Die Schwestern hatten mitgebrachte Fotos am Fußende des Bettes aufgehängt. Die Eltern baten um Zeit. Zeit, das Unfaßbare zu überschlafen, Zeit für den endgültigen Abschied. Am nächsten Morgen kamen sie zurück. Die Ärzte hatten Monitore und Meßgeräte ausgeschaltet. Christophs Brustkorb hob und senkte sich, synchron zum Zischen des Beatmungsgeräts. Unter der rechten Brust schlug sichtbar das Herz. Ob er als leibfreies Bewußtsein im Raum Zeuge der Szene wurde oder das Bewußtsein längst erloschen war, bleibt ungewiß: „Das Tor, das sich nur einmal öffnet" hatte sich bereits geschlossen. Die Ärzte schrieben 10.45 Uhr als Todeszeit in die Krankenakte, fünf Minuten nach dem Abschalten des Beatmungsgerätes.

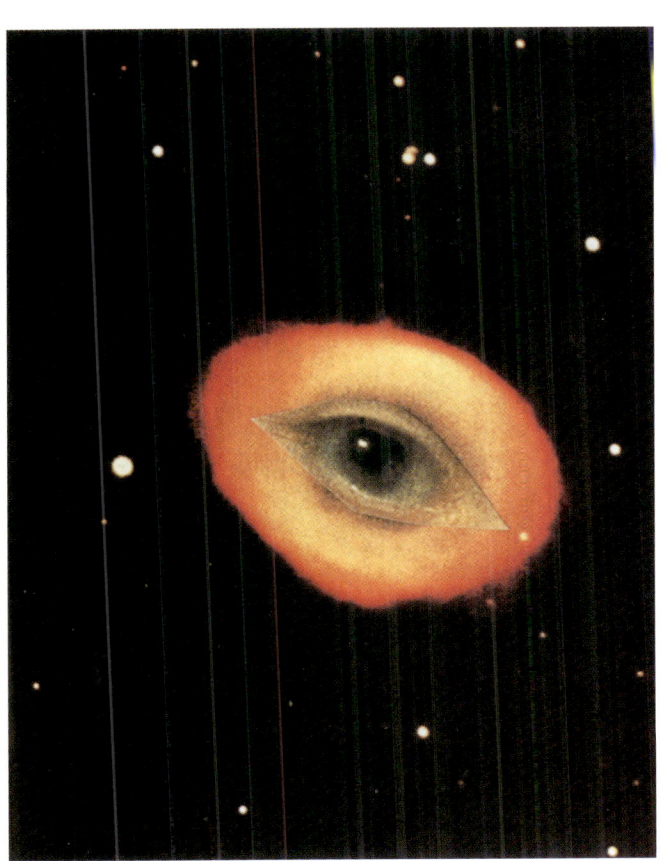

LITERATUR

BEITRAG H. BREUER

Breck, Allen D. et al. (Hg.), Biology, History, and Natural Philosophy (Plenum Press, New York, London, 1972)

Metzinger, Thomas (Hg.), Bewußtsein. Beiträge aus der Gegenwartsphilosophie (Ferdinand-Schöningh-Verlag, Paderborn, 1995)

Fontaine, P. F. M., The Light and the Dark. A Cultural History of Dualism. Volumes I–X (Gieben, Amsterdam, 1986–1995)

Mainzer, Klaus, Thinking in Complexitiy. The Complex Dynamics of Matter, Mind, and Mankind (Springer-Verlag: Berlin, Heidelberg, New York u.a., 1994)

Rieber, R.W. (Ed.), Body and Mind. Past, Present and Future (Academic Press, New York, 1980)

BEITRAG ROTH

Crick, Francis, Was die Seele wirklich ist. (Artemis & Winkler, München, 1994)

Dennett, Daniel C., Philosophie des menschlichen Bewußtseins (Hoffmann und Campe, Hamburg, 1994)

Eccles, John C., Wie das Selbst sein Gehirn steuert (Piper, München, 1994)

Metzinger (Hg.), Bewußtsein – Beiträge aus der Gegenwartsphilosophie (Schöningh, Paderborn, 2. Aufl. 1995)

Nieuwenhuy, Rudolf, Voogd, Jan, und Huijzen, Christian van, Das Zentralnervensystem des Menschen (Springer, Berlin, 1991)

Roth, Gerhard, Das Gehirn und seine Wirklichkeit (Suhrkamp, Frankfurt, 4. Aufl. 1996)

BEITRAG METZGER

Averill, James R. und Nunley, Elma P., Die Entdeckung der Gefühle (Kabel, Hamburg, 1993)

Bacqué, Marie-Fréderique, Mut zur Trauer, Akzeptanz eines notwendigen Lebensgefühls (Artemis & Winkler, München, 1994)

Becker, Peter und Abele, Andrea, Wohlbefinden (Juventa, Weinheim, 1992)

Csikszentmihalyi, M., Flow – Das Geheimnis des Glücks (Klett, Stuttgart, 1994)

Damasio, A. R., Descartes' Error, Emotion, Reason and the Human Brain. (Grosset/Putnam, 1994)

Darwin, C., Rimé, B. und Scherer, K. R., Les émotions (Delachaux et Niestlé, Neuchâtel, 1992)

Elbert, T. und Rockstroh, B., Psychopharmakologie. Anwendung und Wirkungsweisen von Psychopharmaka und Drogen (Hogrefe, Göttingen, 1993)

Faust, V., Psychopharmaka. Arzneimittel mit Wirkung auf das Seelenleben (Thieme, Stuttgart, 1994)

Frank, R., Strategie der Emotionen (Oldenbourg, München, 1992)

Goleman, D., Emotional Intelligence (Bantam Books, New York, 1995)

Gordon, R. M., The Structure of Emotions: Investigations in Cognitive Philosophy (Cambridge, 1990)

Grunert, S. C., Essen und Emotionen. Die Selbstregulierung von Emotionen durch das Eßverhalten (Beltz, Weinheim und Basel, 1993)

Lewis, M., Shame – the Exposed Self (Macmillan, New York, 1992)

Minker, M., Hormone und Psyche. Im Wechselbad der Gefühle (Kunstmann, München, 1990)

Morris, D. B., Geschichte des Schmerzes (Insel, Frankfurt/M., 1994)

Pöppel, E. und Edingshaus, A.-L., Geheimnisvoller Kosmos Gehirn (Bertelsmann, München, 1994)

Rufer, M., Glückspillen. Ecstasy, Prozac und das Comeback der Psychopharmaka (Knaur, 1995)

Voigt, J., Das Rätsel der Gefühle. Liebe-Trauer-Mitleid-Haß-Angst-Hoffnung (Heyne, München, 1991)

BEITRAG MECHSNER

Einführung in den Konstruktivismus (Serie Piper 1165, München, 1992)

Lyotard, Jean-Francois, Die Phänomenologie (Hamburg, 1993)

Merleau-Ponty, Maurice, Phänomenologie der Wahrnehmung (Berlin, 1966)

Gibson, James J., Wahrnehmung und Umwelt (München, 1982)

Rock, Irvin, Wahrnehmung (Heidelberg, 1985)

Serres, Michel, Die fünf Sinne: Eine Philosophie der Gemenge und Gemische (Frankfurt, 1993)

BEITRAG KERNER

Becker-Carus, Christian (Hg.), Aktuelle psychophysiologische Schlafforschung, Forum Streß und Schlafforschung Bd. 1, 1995

Freud, Sigmund, Die Traumdeutung, Studienausgabe Band II (Frankfurt, 1972)

Godwin, Malcolm, Der Traum. Eine Reise durch die Welt des Wachens und Schlafens (München, 1995)

Hobson, J. Allan, Schlaf- Gehirnaktivität im Ruhestand (Heidelberg, 1990)

Kari, Avi et al., Dependence on REM Sleep of Overnight Improvemenet of a Perceptual Skill, ebenda S. 676

Strauch, Inge, und Meier, Barbara, Den Träumen auf der Spur. Ergebnisse der experimentellen Traumforschung (Bern, 1992)

Mitler, Elizabeth A. und Merill M., Der Traum vom guten Schlaf – 101 Fragen und Antworten zum Thema Schlaf und Träume (München, 1993)

Volk, Stephan, Schlafstörungen (Heidelberg, 1995 – mit Adressen von Schlaflabors)

Wilson, Matthew A., McNaughton, Bruce L., Reactivation of Hippocampal Ensemble Memories During Sleep, Sience, Vol. 265, S. 679

Zimmer, Dieter E., Schlafen und Träumen. Die Nachtseite unseres Lebens (Frankfurt/M., Berlin, 1986)

Zulley, Jürgen (Hg.), Weißbuch Schlafmedizin (Regensburg, 1995 – mit Adressen von deutschen Schlafzentren, der Deutschen Gesellschaft für Schlafforschung und Schlafmedizin sowie Selbsthilfegruppen)

BEITRAG R. BREUER

Gribbin, John, Rees, Martin, Ein Universum nach Maß (Birkhäuser, Basel, 1991)

Kleinig, Hans u. Sitte, Peter, Zellbiologie (Fischer, Suttgart, 1992)

Heidmann, Jean, Bioastronomie (Springer, Berlin, 1994)

BEITRAG FISCHER

Besedovsky, H. und Del Rey, A., Endocrine Rev. 17, 1–39 (1996).

Cohen, S., Tyrrell, D. A. und Smith, A. P., N. Engl. J. Med. 325, 606–12 (1991).

Ernst, C., Gibt es eine Krebspersönlichkeit? 1–65 (Zürich, 1996)

Felten, D. in: Die Kunst des Heilens. Vom Einfluß der Psyche auf die Gesundheit (eds. Moyers, B.) 203–224 (Artemis und Winkler, München, 1994)

Spiegel, D., Kraemer, H. C., Bloom, J.R. & Gottheil, E. Lancet II, 888–91 (1989)

Spiegel, D., Cancer 74, 1453–7 (1994)

Spiegel, D. in: Die Kunst des Heilens. Vom Einfluß der Psyche auf die Gesundheit (Ed. Moyers, B.) 155–166 (Artemis und Winkler, München, 1994)

Apley, J. in: One Child (Hg. Apley, J. & Ounsted, C.) (Spastics International Medical Publications, London, 1982)

BEITRAG DRÖSSER

Gelernter, D., The Muse in the machine (The Free Press, New York, 1994)

Kurzweil, R., Das Zeitalter der Künstlichen Intelligenz (Hanser, München/Wien, 1993)

Penrose, R., Schatten des Geistes (Spektrum Akademischer Verlag, Heidelberg/Berlin/Oxford, 1995)

BEITRAG MECHSNER

Gardner, Howard, Dem Denken auf der Spur (Stuttgart, 1989)

Gardner, Howard, Frames of Mind. The Theory of Multiple Intelligence (New York, 1983); deutsche Ausgabe: Klett-Cotta, Stuttgart

Dörner, Dietrich, Problemlösen als Informationsverarbeitung (Stuttgart, 3. Aufl. 1987)

Dörner, Dietrich, Die Logik des Mißlingens

Örter, Rolf, Psychologie des Denkens (Donauwörth, 6. Aufl. 1980)

Waldmann, Michael & Weinert, Franz, Intelligenz und Denken (Göttingen, Toronto, Zürich, 1990)

Wertheimer, Max, Produktives Denken (Frankfurt, 1964)

BEITRAG GASTPAR

Behringer, K.: Der Meskalinrausch, Springer-Verlag Berlin-Heidelberg-New York, 1969

Freud, S.: Schriften über Kokain, S. Fischer-Verlag Frankfurt, 1996

Gelpke, R.: Drogen und Seelenerweiterung, Kindler-Verlag München, 1966

Hole, G.: Über das Gewissheitselement im Glauben und Wahn. Conf. psychiat. 14, 1971, 145–173

Abhängigkeit und Sucht, Band 3 der Psychiatrie der Gegenwart (herausgeg. K.P. Kisker et al.), Springer-Verlag Berlin-Heidelberg-New York, 1987

Leary, T.: Politik der Ekstase, Wegner Hamburg, 1970

Völger, G.; v. Welck, K. (Hrsg.): Rausch und Realität, Drogen im Kulturvergleich, Bd. 1,23, Rowohlt Hamburg, 1982

BEITRAG EBERL

Brauner, Josef, Bickmann, Roland, Die Multimediale Gesellschaft (Campus Verlag, Frankfurt/Main, 1994)

McLuhan, Marshall, Powers Bruce R., The Global Village, Der Weg der Mediengesellschaft in das 21. Jahrhundert (Junfermann Verlag, Paderborn, 1995)

Maier, Gunther, Wildberger, Andreas, In 8 Sekunden um die Welt (Addison-Wesley, 1994)

Negroponte, Nicholas, Total Digital, Die Zukunft der Kommunikation (Bertelsmann, München, 1995)

BEITRAG FISCHER

Basforth, Terry K., The near death experience. An annotated Bibliography (Garland Publishing, New York, 1990)

Grof, Stanislav; Halifax, Joan, The human encounter with death (E. F. Dutton, New York 1977); deutsche Ausgabe: Die Begegnung mit dem Tod (Klett-Cotta, Stuttgart, 1980)

Lovelock, James., Gaia: A New Look at Life on Earth (Oxford, 1979)

Moody, Raymond, Life after death (Mockingbird, Atlanta, 1975); deutsche Ausgabe: Leben nach dem Tod (Rowohlt, Reinbeck, 1977)

Morse, M., Castillo, P., Venecia, D. e. al., Childhood Near-Death Experiences. American Journal of Diseases of Children., 140, 1110 (1986)

Ring, Kenneth, Heading toward Omega (Quill, New York, 1984; deutsche Ausgabe: Den Tod erfahren, das Leben gewinnen (Scherz-Verlag Bern, 1985)

Sabom, Michael B., Recollections of Death (Simon & Schuster, New York, 1982); deutsche Ausgabe: Erinnerungen an den Tod – Eine medizinische Untersuchung. (Goldmann, München, 1986)

AUTOREN

BERND BEXTE

Jahrgang 1947, studierte an der Gesamthochschule in Kassel bei Prof. Hans Hillmann. Nach dem Studium war er unter anderem Leiter der Kinderwerkstatt des Frankfurter Kunstvereins, Artdirector von „Transatlantik", Herausgeber eines Film- und eines Kinderkalenders und zahlreicher Bücher, zuletzt „Alles Mögliche" (1994). Er arbeitet als Illustrator für die Süddeutsche Zeitung, seit 1985 regelmäßig für das Magazin der Frankfurter Allgemeine Zeitung. Nach Lehraufträgen in Kassel, Würzburg und Stuttgart 1989 Berufung an die Hochschule für Künste in Bremen. Bexte lehrt dort als Professor im Bereich Visuelle Kommunikation mit dem Schwerpunkt Illustration.

HUBERTUS BREUER

Jahrgang 1967, studierte in Regensburg Philosphie und Germanistik und promoviert derzeit als Visiting Scholar an der Yale University (USA) über ein Thema aus der Analytischen Ästhetik. Daneben arbeitet Hubertus Breuer als Autor für die Frankfurter Allgemeine Zeitung, GEO und DIE ZEIT.

REINHARD BREUER

Dr. rer. nat. habil., Jahrgang 1946, studierte Theoretische Physik an den Universitäten Würzburg, Michigan, Maryland und Oxford und promovierte 1973 in Würzburg. Als Wissenschaftler am Max-Planck-Institut für Astrophysik habilitierte er sich 1979 in München und unterrichtete seitdem an den Universitäten München, Hamburg und Tübingen. Von 1984 bis 1990 arbeitete Breuer bei GEO in Hamburg, seitdem in Stuttgart in der industriellen Öffentlichkeitsarbeit. Neuere Bücher: „Der Flügelschlag des Schmetterlings – Ein neues Weltbild durch die Chaosforschung" (1994), „Immer Ärger mit dem Urknall" (1993), „Mensch + Kosmos" (1990).

CHRISTOPH DRÖSSER

Jahrgang 1958, studierte in Bonn Mathematik und Philosophie. Er lebt als freier Autor für Zeitschriften, Fernsehen und Hörfunk in Hamburg. Bücher: „Fuzzy Logic – Methodische Einführung in krauses Denken" (1994), „rororo special: Fernsehen" (1995).

ULRICH EBERL

Jahrgang 1963, promovierte in Biophysik und schreibt seitdem nicht nur über Physik, Biologie, Chemie und Technik (vor allem in der Süddeutschen Zeitung, in Bild der Wissenschaft und GEO), sondern verfaßte auch Drehbücher und drehte Spielfilme. Aus der Photosynthese-Forschung an der Technischen Universität München wechselte er 1993 in die industrielle Öffentlichkeitsarbei.

JOACHIM FISCHER

Jahrgang 1957, studierte Medizin an den Universitäten von Freiburg, Christchurch und Dunedin in Neuseeland sowie in Heidelberg, promovierte 1988 und betrieb als Stipendiat der Studienstiftung des Deutschen Volkes ethnomedizinische Forschung in Südamerika, ist Oberarzt auf der Intensivstation an der Universitats-Kinderklinik Zürich. Seine Forschungsschwerpunkte sind Psycho-Neuro-Immunologie und Bewältigung von Krisensituationen. Bei GEO erschienen mehrere Reportagen über Themen aus seinem Berufsgebiet, zuletzt 1994 ein Buch über die Grenzen der Medizin.

MARKUS GASTPAR

Prof. Dr. med., Jahrgang 1941, studierte Medizin an der Universität Basel, Promotionsarbeit über „Arzt und Heilkunde bei Plato" während der Assistenzzeit im Anatomischen Institut, anschließend Facharztausbildung an der Psychiatrischen Universitätsklinik Basel mit einem Jahr an der Zweiten Medizinischen Universitätsklinik Basel. 1974 Forschungsaufenthalt an der State University of New York bei Prof. Max Fink. 1975 bis 1986 Oberarzt und später Leitender Arzt der Depressions-Forschungs-Abteilung an der Psychiatrischen Universitätsklinik Basel, Habilitation 1979 in Basel mit dem Thema „Diagnose und Therapie depressiver Patienten in der Praxis", seit 1987 Ärztlicher Direktor der Rheinischen Landes- und Hochschulklinik und Ordinarius für Psychiatrie an der Universität-Gesamthochschule Essen. 1985 bis 1989 Präsident der Schweizerischen Gesellschaft für Psychiatrie (SGO). 1991 bis 1995 Vorsitzender der Arbeitsgemeinschaft für Neuropsychopharmakologie und Pharmakopsychiatrie (AGNP).

CHARLOTTE KERNER

Jahrgang 1950, studierte in Mannheim Volkswirtschaft und Soziologie und arbeitete zunächst wissenschaftlich u. a. in Kanda und China. Seit 1979 ist sie als freie Buchautorin tätig. Neuere Bücher: „Alle Schönheit des Himmels – Die Lebensgeschichte der Hildegard von Bingen" (1993), „Nicht nur Madame Curie... – Frauen, die den Nobelpreis bekamen" (1990).

FRANZ MECHSNER

Jahrgang 1952, ist Neurobiologe und Autor. Als Mitarbeiter der Abteilung Neuroinformatik der Universität Ulm beschäftigt er sich mit der Entwicklung von theoretischen Vorstellungen zur Hirnfunktion.

DAGMAR METZGER

Jahrgang 1962, studierte Psychologie in Mannheim. Seitdem arbeitet sie, zunächst als Robert-Bosch-Stipendiatin, als freie Wissenschaftsjournalistin mit Schwerpunkt Psychologie und Medizin für Zeitschriften und Rundfunk. Metzger lebt in Brüssel und München.

GERHARD ROTH

Jahrgang 1942, studierte Philosophie, Germanistik und Musikwissenschaft in Münster und Rom und promovierte 1969 in Philosophie an der Universität Münster. Dort promovierte er nach einem Zweitstudium in Biologie 1974 auch in Zoologie. Seit 1976 ist Roth Professor für Verhaltensphysiologie an der Universität Bremen und Direktor des Instituts für Hirnforschung. Zuletzt erschien von Roth „Das Gehirn und seine Wirklichkeit" (1994).

ÖFFENTLICHE WISSENSCHAFT IN DER DVA

Dennis Meadows u. a.
Die Grenzen des Wachstums
1. Bericht des Club of Rome
zur Lage der Menschheit
183 Seiten mit 48 Abbildungen

Donella Meadows/Dennis L. Meadows/
Jorgen Randers
Die Neuen Grenzen des Wachstums
Die Lage der Menschheit:
Bedrohung und Zukunftschancen
319 Seiten mit 99 Schaubildern und
Diagrammen
(Programm auch auf Diskette lieferbar)

Donella H. Meadows
Die veruntreute Erde
Ökologie im Alltag
253 Seiten mit 5 Grafiken

Eugen Seibold
Entfesselte Erde
Vom Umgang mit Naturkatastrophen
288 Seiten mit 122 Abbildungen

Hans Elsässer
Weltall im Wandel
Die neue Astronomie
352 Seiten mit 128 Abbildungen

Reinhard Breuer (Hrsg.)
Der Flügelschlag des Schmetterlings
Ein neues Weltbild durch die Chaosforschung
239 Seiten mit 58 farbigen Abbildungen

Lawrence M. Krauss
Nehmen wir an, die Kuh ist eine Kugel ...
Nur keine Angst vor Physik
256 Seiten mit 40 Abbildungen

Rudolf Kippenhahn
Abenteuer Weltall
240 Seiten mit 27 farbigen Abbildungen

Rudolf Kippenhahn
Atom
Forschung zwischen Faszination
und Schrecken
352 Seiten mit 88 Abbildungen

Hariolf Grupp
Der Delphi-Report
Innovationen der Zukunft
256 Seiten

DVA